Duell der Admirale

## Das Buch

Er hatte den besten Lehrmeister der Flotte. Günther Prien, der Held von Scapa Flow, brachte ihm bei, was man ihm Krieg mit einem U-Boot machen kann. Dennoch scheitert U-Lützow.
Nach dem tragischen Ende seines *U-136* trat Korvettenkapitän Lützow in den Dienst der US-Navy. Als ehemaliger deutscher Ritterkreuzträger wird er dort zur Zielscheibe zahlreicher Anfeindungen und lehnt einen Geheimauftrag ab, bis der Präsident der Vereinigten Staaten ihn persönlich bittet, den verschwundenen Frachter *Pazific Sun* zu suchen. Das Schiff hat die gefährlichste Geheimwaffe aller Zeiten an Bord: H-Bomben, die in der Südsee getestet werden sollen.
Als Commander Lützow entdeckt, daß es sich bei dem Piratenadmiral, der den Frachter kaperte, um seinen alten Erzfeind Brandenburg handelt, stellt er sich und seine gesamte Erfahrung in den Dienst der nahezu unlösbaren Aufgabe. Er aktiviert ein altes 7-C-Atlantik-Kampfboot und seine ehemalige Besatzung. Dann folgt er den Piraten auf ihrer tödlichen Spur bis Malaysia. Daß Admiral Lützow und seine Männer dabei fast vor die Hunde gehen, ist Berufsrisiko.

## Der Autor

C. H. Guenter wurde 1924 in Franken geboren. Wie viele seiner Altersgenossen legte er im Krieg das Notabitur ab und wurde dann zur Marine eingezogen, der er bis Kriegsende angehörte. Seine wichtigsten Einsätze erlebte er als Seeoffizier, zum Teil auf U-Booten. Seine Laufbahn als Schriftsteller begann C. H. Guenter mit dem Schreiben von Schlagertexten und Kurzgeschichten. Später folgten Drehbücher und Kriminalromane. Viele seiner Romane erschienen in den USA, in England, Frankreich, Brasilien, Italien und Rumänien.

C. H. Guenter

# Duell der Admirale

Band III:
*U-136* auf tödlicher Fahrt

Roman

Weltbild

Genehmigte Lizenzausgabe
für Weltbild Verlag GmbH, Augsburg 2001

Veröffentlicht 1998 im Ullstein Verlag, Berlin
Umschlaggestaltung: Peter Gross, München
Umschlagmotiv: Viktor Gernhard
Gesamtherstellung: Ebner Ulm
Printed in Germany 2001

ISBN 3-8289-0643-5

# Vorwort

Dieser Roman ist die Fortsetzung der Bände AVALON I und II. Er beschreibt noch unbekannte Einzelheiten über Feindfahrten von *U-136,* die Kapitänleutnant Lützow berühmt machten – aber auch seine erbitterte Gegnerschaft zu dem U-Boot-Kommandanten Sigurd Brandenburg.

Nach dem Zweiten Weltkrieg kreuzten sich noch einmal die Wege des in Diensten der US-Navy stehenden Lützow mit dem Rivalen Brandenburg, dem As aller Piraten, der sich in den Besitz des größten Staatsgeheimnisses der USA gebracht hat. Dabei kommt es zum letzten Duell der Admirale.

I. TEIL

# Ein Mann und sein Boot

# 1

Am 3. September 1939 stand *U-47* im Atlantik am Rande zur Biskaya, als der Funkspruch einlief: Krieg!

Zwei Tage darauf hatten sie ihren ersten Dampfer versenkt, die britische *Bosnia*, und am nächsten Tag kamen noch einmal zwei Dampfer dazu. Dann rief der Befehl *U-47* nach Kiel zurück. Dort lag es mit vier anderen Booten an der Tirpitz-Mole. Ende September wurde *U-47* neu ausgerüstet. Doch wußte niemand wofür.

Den U-Booten gegenüber, ebenfalls an der Tirpitz-Mole, hatte links die *Hamburg* festgemacht. Die *Hamburg*, ein alter umgebauter Kreuzer, diente als Wohnschiff für die Männer der 7. U-Flottille, wenn sie nicht im Einsatz waren. Am 1. Oktober, einem Sonntag, wurde der Kommandant von *U-47*, Kapitänleutnant Günther Prien, in der Messe der *Hamburg* aufgerufen. Das Marineverkehrsboot brachte ihn von der Tirpitz-Mole durch das klare blaue Wasser der Förde hinüber zur Blücher-Brücke. Dort lag die *Weichsel*, der Stützpunkt des F.d.U., des Führers der Unterseeboote, Admiral Dönitz. Erst nach drei Stunden kehrte das Verkehrsboot zurück.

Unerwartet tauchte Prien in der Zentrale von *U-47* auf, grüßte flüchtig und sagte zu seinem Obersteuermann: »Ich brauche ein paar Karten, nördliche Nordsee und Schottland.«

Auf die Frage des Obersteuermanns, wohin es gehen sollte, antwortete Prien nicht.

»Außerdem die Gezeitentafel und das Segelhandbuch für die nördliche Nordsee«, fügte Prien hinzu. »Ich weiß selbst noch nicht, was wir machen werden.«

Mit dem Material verschwand Prien in seinem Schapp und riß den grünen Filzvorhang hinter sich zu.

In den nächsten Tagen rief Prien seinen I. Offizier, Endraß, und den Obersteuermann in die O-Messe. Vor sich hatte er Seekarten ausgebreitet. Als der Obersteuermann darauf den Namen einer englischen Bai erkannte, war sein Blick voller Staunen. Es war die Karte der Bucht von Scapa Flow mit ihren sieben Eingängen.

Nach einiger Zeit äußerte Prien skeptisch lächelnd: »Da sollen wir hinein. Angeblich liegen schwere und leichte Einheiten en masse herum. Sie fühlen sich sicher wie bei Vater Abraham. *U-14* hat das erkundet. Natürlich ist vor der Haustür alles mit Minensperren, Netzsperren, Kettensperren und versenkten Wracks dicht verrammelt.« Prien deutete auf die Karte: »Bis auf eine Stelle. Hier hat Scapa Flow, der Liegeplatz der britischen Heimatflotte, sein Lindenblatt. Hier am Kirk-Sound, der nördlichsten Passage.«

Jeder von ihnen begann nun, einen Vorschlag auszuarbeiten, die Angriffszeit unter Berücksichtigung von Strömung, Ebbe und Flut sowie Mondsituationen zu berechnen. Hier gab es drei versenkte Blockschiffe, dort Felsenriffe, an anderer Stelle wurde das Wasser so flach, daß das Boot nicht tauchend passieren konnte. Nur im Norden bot sich eine kleine Lücke.

»Ist das Ufer bewacht?« fragte Oberleutnant Endraß.

»Angeblich nicht.«

Prien drängte nicht. Als jeder mit seiner Arbeit fertig war, legte er das Ergebnis vor. Unabhängig voneinander hatten sie den gleichen Zeitpunkt, die Nacht vom 13. auf den 14. Oktober 1939, ermittelt.

»Das könnte Englands Seemacht ganz hübsch erschüttern«, bemerkte Prien lakonisch.

Zu dieser Stunde meldete sich ein Offizier der Luftwaffe bei der Befehlsstelle des Führers der U-Boote. Dönitz selbst stand mit dem Luftwaffenleutnant vor dem Tisch mit den Aufnahmen. Eine Weile wurde alles gelupt und wenig dazu gesprochen.

Der Flugzeugführer des Fernaufklärers, einer Focke Wulf-Condor, Leutnant Newe, hatte die Fotos frühmorgens an diesem Tag über Scapa Flow gemacht.

Nun lieferte er seinen Kommentar dazu: »Die Sicht war ausgezeichnet, die Schiffe in der Südwestecke vor der Insel Hoy am Ankerplatz der britischen Homefleet wie gestochen auszumachen. Gezählt haben wir einen Flugzeugträger, fünf schwere Einheiten, zehn Kreuzer und eine Reihe von Zerstörern.«

Dönitz massierte sein Kinn, ehe er es gegen den Krawattenknoten drückte.

»Scapa Flow ist die sicherste Seekriegsbasis der Welt. Die britische Flotte hält dort ihren Dornröschenschlaf.«

»Die Chance eines U-Bootes da rein und wieder raus zu kommen ist äußerst gering«, meinte einer der Stabskapitäne. Aber Dönitz hatte schon den Entschluß gefaßt. Er wandte sich an seinen Nachrichtenoffizier: »Befehl an *U-47*: Klarmachen zum Auslaufen.«

Nach einer Weile kam der Offizier zurück.

»Prien hat den Empfang bestätigt«, meldete er.

*U-47* hatte umgerüstet. Ganz offen gab das Boot seine Preßlufttorpedos ab und übernahm die neuen elektrischen. Ein Teil des Proviants wurde wieder von Bord geschafft, ebenso Treibstoff und Frischwasser.

Was soll das, fragten sich die Männer der Besatzung, denn das deutete auf eine kurze Unternehmung hin.

*U-47* legte ab, lief durch den Kaiser-Wilhelm-Kanal in die Nordsee, nahm südlich von Helgoland Probetauchen vor.

»Vierzig Sekunden«, las Prien von der Stoppuhr. »Das muß schneller gehn, Herrschaften. Noch mal dasselbe, aber mit Gefühl.«

Dann hielt *U-47* Kurs Borkum und war am 9. Oktober unterwegs zur Doggerbank. Sie marschierten über Wasser, tauchten jedoch bei der geringsten Spur einer Rauchfahne am Horizont. Das Barometer fiel, die Wolken hingen tief, der Wind trieb sie wild vor sich her. Drunten saß der Oberfunkmaat untätig vor seinen Geräten. Er wußte nur, daß für das Unternehmen ein eigener Code ausgearbeitet worden war, der aber nur in Notfällen verwendet werden sollte.

Querab von Kinnairds Head änderte *U-47* den Kurs und lief auf die englische Küste zu. Prien stoppte, als er das Teufelsloch, eine Tiefe von zweihundert Metern, unter dem Kiel hatte.

Staunend verfolgte die Besatzung, was sich jetzt abspielte.

Der II. Wachoffizier stieg mit einem gefüllten Seesack auf den Turm. An dem Sack hingen Bleigewichte, Ersatzteile der Batterie. Der Sack wurde über Bord geworfen. Mit ihm sanken alle wichtigen Dokumente, Funkunterlagen, Signalhandbuch, Kommandantenhandbuch et cetera auf den Grund.

Am 12. Oktober stand *U-47* querab von den Orkneys. Die Nacht war stockdunkel und windig. Prien hatte das Glas vor den Augen. Er mußte den Weg in das Labyrinth finden. Dabei kam er sich vor wie ein Blinder.

Doch dann plötzlich, Punkt 22 Uhr, ein heller Scheinwerferstrahl; das Leuchtfeuer von Rose-Ness. Es war kurz eingeschaltet worden, um Schiffe hinein- oder herauszulotsen. Sie peilten es an und korrigierten ihren Standort. Auf der Hundert-Meter-Linie legte Prien sein Boot auf Grund. Wo das Boot aufkam, war weicher Sand.

Die Männer schliefen befehlsgemäß. Bleich wirkten ihre Gesichter im Licht der vergitterten Lampen.

Um acht Uhr war Wecken. Gegen ein Schott gelehnt, hielt der Kommandant eine kurze Ansprache.

»Wir laufen nach Scapa Flow ein. Die englische Flotte liegt dort vor Anker. Angeblich sind die pikfeinsten Pötte versammelt. Und jetzt wieder alles in die Kojen. Bis sechzehn Uhr.«

Es war still im Boot. Man hörte die Strömung an den Außenwänden rauschen. Schon vor der Zeit war alles wach. Es gab Schinken mit Ei, das Beste vor einem Einsatz. Geredet wurde nicht viel in der nach Öl und Dieseldunst stinkenden Stahlröhre. Prien ließ sicherheitshalber Sprengladungen im Boot anbringen. Dann tauchten sie auf.

»Vierzehn Meter!« rief der LI.

Prien nahm erst einen Rundblick durch das Sehrohr vor.

»Verdammt! Es ist so hell. Der Mond kann es nicht sein.«

»Vielleicht ein brennendes Schiff, Herr Kaleu.«

Plötzlich fiel Prien etwas ein. »Nordlicht. Daran haben wir nicht gedacht.«

Aber jetzt konnte er die Selbstmörderpartie nicht mehr abbrechen. Das Boot stieß durch, die Diesel sprangen an. Klein und drahtig, wie er war, kletterte Prien als erster durch das Turmluk. Tief trieben Wolken über das dunkle Wasser daher. Der Rudergänger fragte nach dem Kurs und erhielt ihn durch das Sprachrohr. Der I WO, Endraß bemerkte: »Gutes Schußlicht. Die sehen uns zwar, aber wir sehen sie noch besser.«

Mit einem Mal rief der II WO: »Schiff läuft auf uns zu, Herr Kaleu!«

Sofort ließ Prien tauchen. Schon in dreißig Meter Tiefe schlug das Boot hart am Grund auf. Keine Sekunde zu früh. Die Männer vernahmen kreissägenartige Schraubengeräusche und die von Turbinen. Typisch für schnelle britische Einheiten. Ein Zerstörer lief über sie hinweg.

Um 23 Uhr 30 tauchte *U-47* wieder auf. In den Nachtgläsern war nichts zu sehen. Die Horchgeräte lieferten keine Ortung. Also hörten auch andere die Diesel nicht.

Plötzlich zeigte der Tiefenmesser nur noch zehn Meter. Prien gab hart Steuerbord und fürchtete, daß sie den falschen Kurs hatten. Außerdem kamen die bekannten Wracks nicht in Sicht. Offenbar waren sie in den Skerrysound geraten.

Das Boot drehte scharf nach Steuerbord. Wenig später

wurde es von starker Strömung erfaßt und immer schneller. Jetzt tauchten auch die Wracks auf.

An einem von ihnen lief das dicke Stahlkabel für die Minensperre schräg herunter. Prien wollte sich dicht an der Bordwand des Wracks, wo Platz war, durchmogeln. Es gelang. Doch das Stahlseil schrammte über den Netzabweiser, daß das Boot bebte. – Durch und frei schoß es in der Strömung nach Nordwesten.

»Wir sind drinnen!«

Ein Wachboot glitt an ihnen vorbei. Droben auf der Straße fuhr ein Auto mit offenen Scheinwerfern. Die zweite Minensperre überquerten sie leicht, denn die Strömung hatte die Minen unter Wasser gedrückt. Die Blockschiffe waren bald auszumachen, auch das nächste Wachboot. Aber sonst nichts. Dieses Nichts war zwar gut, aber auch zuwenig.

Gegen null Uhr dreißig wurde es ziemlich hell. Obwohl die Bucht wie in Nordlicht getaucht schien, zeigte sich keine Spur von den großen Schlachtschiffen. Die Reede war wie leergefegt.

»Das darf nicht wahr sein!« stöhnte Prien.

*U-47* wendete in der sechs Meilen breiten Bucht von Scapa Flow und ging auf Gegenkurs. Die Rückkehr würde weitaus gefährlicher werden als das Hereinschleichen. Kein Erfolg, trotz vollem Risiko.

»Verdammt! Verdammt! Verdammt!« fluchte Prien.

Die Bucht blieb so unheimlich still wie ein schottisches Hochmoor ohne Gespenster. Niedergeschlagen suchten sie ständig die See ab.

Plötzlich flüsterte der II. Wachoffizier: »Herr Kaleu, sehen Sie sich das an. Zwei Strich backbord.«

Prien richtete das Glas in die angegebene Richtung, stellte es scharf. Fast blieb ihm das Herz stehen. Er erkannte ein dunkles Etwas, schwarze Umrisse, Kreuzermasten, Geschütztürme.

Sofort lief er darauf zu. Aus der Entfernung war zu schließen, daß es sich um einen großen Pott handelte. Und dahinter ankerte noch einer.

»Sieht aus wie ein Schlachtschiff«, schätzte Endraß frohgemut.

Prien wollte beide kriegen. Als sie noch neunhundert Meter entfernt waren, zeigte sich die hintere Hälfte eines dritten Schiffes. Nahe dabei ankerten Zerstörer. Alles lag schlafend in der Bucht, aber wie auf dem Servierbrett.

Kurz vor 01 Uhr Ortszeit fuhr Prien den Angriff. Er nannte die Schußwerte für den Rechner.

»Lage fünfundvierzig. Entfernung neunhundert. Tiefeneinstellung zwokommafünf Meter. Zwanzig Knoten.«

Von den Torpedos kam Klarmeldung.

»Schuß!«

Die Hebel wurden umgelegt. Drei Bugtorpedos verließen die Rohre. Wie erleichtert schüttelte sich das Boot.

Jetzt mußten sie warten. Das ging an die Nieren. Der Obersteuermann ließ die Stoppuhr laufen. Nach einer Minute kam er beim Zählen noch bis fünfzehn. Das nördliche der beiden Schiffe verschwand hinter einer Wasserfontäne. Doch das zweite Schiff lag wie unberührt an der Boje. Wieder einmal Torpedoversager?

Fluchend drehte Prien auf Gegenkurs. Beim Abdrehen feuerte er einen Torpedo aus dem Heckrohr. Nach vier Minuten wieder kein Treffer.

Im Bugraum wurde hektisch gearbeitet. Inzwischen zog das Boot langsam über das Wasser. Binnen zwölf Minuten waren die Bugrohre nachgeladen. In Rekordzeit.

Draußen in der Bucht hatten die Zerstörer noch immer nicht kapiert oder gar abgelegt. Offenbar glaubten sie nicht an einen feindlichen Angriff, hielten ihn gar für unmöglich.

Als *U-47* wieder auf tausend Meter heran war, gab der Kommandant den Schuß frei.

01 Uhr 18 trafen die Torpedos des Dreierfächers. Das Ziel, das 29150 Tonnen große Schlachtschiff *Royal Oak*,

verschwand hinter einem tödlichen Vorhang aus Wasser und Feuer. Es war, als ginge flammend die Mitternachtssonne auf.

*U-47* wendete.

»Es ist vorbei«, meinte einer auf der Brücke erleichtert.

»Es ist erst vorbei, wenn es vorbei ist«, sagte Prien.

In der Bucht wurde es jetzt lebendig. Während sie sich davonschlichen, suchten Scheinwerfer das Wasser ab. Sirenen heulten, die Zerstörer warfen Leinen los.

Nach neunzig Minuten in der Bucht von Scapa Flow lief *U-47* die Küste entlang seewärts. Niemand folgte ihnen. Aber sie spürten die Strömung jetzt gegen sich. An der Minensperre kamen sie kaum noch vorwärts. Es war, als stehe das Boot still.

»Beide Maschinen äußerste Kraft!« forderte Prien an und ließ die E-Maschinen zuschalten.

*U-47* zitterte bis hinauf ins Schanzkleid. Die Schrauben peitschten das Heckwasser schaumig.

Ein Ausguck meldete: »Zerstörer in neunzig Grad!«

Der Engländer morste sie an. Im Glas sah Prien endlich, wie die Landmarken drüben immer rascher zurückblieben. Er verhielt sich, als interessiere ihn der Zerstörer nicht im geringsten.

»An Funkraum!« sagte er. »Meldung für BdU: *Royal Oak* versenkt, *Repulse* schwer angeschlagen.«

In der Bucht war jetzt die Hölle los. Zerstörer suchten wie wild nach dem Angreifer. Wasserbomben fielen.

Endraß sagte leise zu seinem Kommandanten: »Ehrlich gesagt, ich hab' die Hosen voll.«

Prien lächelte nur . . .

»Ehrlich gesagt, ich habe mir schon beim Ablegen in Kiel in die Hosen geschissen.«

Immer noch fielen Wasserbomben. Die Engländer führten sich auf, als seien sie wahnsinnig geworden vor Empörung. Aber bald klangen die Detonationen der Wabos wie in Watte gepackt. *U-47* hetzte zwischen den Blockschiffen durch. Es hielt sich so dicht am Ufer, daß es einmal rumste, als hätte sie einen Landungssteg gerammt und glatt weggeputzt. Um 02 Uhr 15 schwenkte sie auf neuen Kurs Südost.

Keiner der Männer dachte an Schlafen. Prien war hinter dem grünen Vorhang des Kommandantenraumes verschwunden und verfaßte seinen Bericht für das Kriegstagebuch. Als letzten Satz schrieb er hinein: 06.30 Uhr liegen getaucht.

Erst am Abend des 14. Oktober tauchte *U-47* wegen Sauerstoffmangels wieder auf. Die Sicht war schlecht.

Prien hatte überlegt, daß die Engländer das beschädigte Schlachtschiff zur Reparatur abschleppen würden. Das nächste große Dock war aber in Edingburgh. Also beschloß Prien, sich im Firth of Forth auf die Lauer zu legen, um die angeschlagene *Repulse* abzufangen. Er hatte noch fünf Torpedos.

In Überwassermarschfahrt liefen sie Kurs 280 Grad.

Die E-Maschinen drehten in Generatorschaltung mit. Sie luden damit die Batterien auf. Prien ließ seine Lieblingsschallplatte auflegen.

Mit ihrer Glockenstimme sang Rosita Serrano:

»Rodder Monn, warum wälgs du denn schonn . . .«

# 2

Nach längerer Werftliegezeit ging *U-47* zu seiner siebten Feindfahrt in See. Das war im Frühsommer 1940. Prien hatte inzwischen zweihunderttausend Tonnen feindlichen Schiffsraums versenkt. Trotz Dutzender Torpedoversager. Immer wieder hatte man ihm bei der Torpedoversuchsanstalt versichert, die neuen Aale seien in Ordnung. Voll Optimismus lief er aus.

Priens bewährter I WO, Endraß, hatte ein eigenes Boot übernommen. Für ihn war ein neuer Mann auf *U-47* eingestiegen. Mittelgroß, drahtig, dunkelhaarig glich er in vielem Prien. Vielleicht war er sogar noch etwas wortkarger.

Weil es nicht mehr üblich war, bei der Ausfahrt Musikkapellen antreten zu lassen, legte der Funkmaat die Platte mit dem Engeland-Lied auf.

»Laß den Unsinn!« sagte Prien. »Wenn ich um Rosita Serrano bitten darf.«

Die Nordsee empfing das Boot mit schweren Äquinoktialstürmen. *U-47* schlug sich gen Westen durch. Ständig fing es Funksprüche von Geleitzügen auf. Aber wenn Prien mit äußerster Kraft auf sie zulief, war von den Schiffen meist nichts zu sehen. Zu weit, zu endlos grau dehnte sich der Nordatlantik. Von Tag zu Tag wurde das Wetter schlechter. Ringsum Tieffronten mit Regen, heftigen Orkanböen. Die Wachen standen angeschnallt auf dem Turm. Trotz Isländer, Lederpäckchen und Ölzeug durchnäßt, froren sie bis auf die Knochen.

Nach zwanzig Tagen spürte *U-47* endlich einen Geleitzug auf. Prien meldete den Standort, durfte aber nicht angreifen, ehe noch andere Boote heran waren. Zunächst sollte er als Fühlungshalter am Konvoi bleiben. Das nagte an den Nerven. Stunden voller Spannung vergingen.

Prien, der sich mit seinem neuen I WO gut verstand, erzählte von dem Kampf in Scapa Flow, der ihm das Ritterkreuz eingebracht hatte.

»Aber so heldenmäßig war das auch wieder nicht«, meinte er, »mit Abstand betrachtet war es tollkühn bis dumm. Unsere Chancen standen tausend zu eins.«

»Und warum tragen Sie Ihr Ritterkreuz nicht, Herr Kaleu?« fragte der neue I WO.

»Weil es beim Hinundherbaumeln kratzt. Vielleicht laß ich mir eines aus Gummi schnitzen. Eigentlich wollte ich es Dönitz zurückgeben, als wir in einer Nacht acht Torpedoversager hatten und beinahe koppheister gegangen wären.«

Endlich nach siebzehn Stunden mühsamen Kontakthaltens waren die anderen Boote herangejagt.

»Kann's ja wohl endlich man losgehen«, seufzte Prien deutlich resignierend.

Kein Zweifel, der Mann war krank, mit den Nerven am Ende. Manchmal, beim Essen in der Messe, hatte er Schweißausbrüche, schloß die Augen und begann zu zittern.

Mit a.K. beider Diesel fuhren sie drei Angriffe. Dabei verschossen sie zehn Torpedos und erzielten keinen einzigen Treffer. Beim Ablaufen stellten sie fest, daß die Feuerleitanlage ausgefallen war.

Sie tauchten schnell vor einem Zerstörer. Das Boot sackte weg. Wie ein Stein schoß es in die Tiefe. Erst auf einhundertzwanzig Meter gelang es dem LI, das Boot abzufangen. Kein Zweifel, *U-47* war irgendwie nicht in Bestform.

Prien überwand mit Energie einen Anfall und griff erneut an. Der Torpedo traf einen Tanker. Um den U-Bootjägern zu entgehen, wollte Prien seinen von ihm erfundenen Trick anwenden, nämlich unter dem sinkenden Schiff hindurchtauchen. Der I WO ahnte, daß das diesmal nicht klappen würde. Der brennende Tanker zerbrach in der Mitte, sank zu schnell, und *U-47* war nicht voll manövrierfähig.

Zu Prien, der am Sehrohr hing, sagte er: »Das wird nichts, Herr Kaleu.«

Da sah er, daß Prien nahezu ohnmächtig an den Griffen hing.

Prien keuchte nur noch: »Übernehmen Sie, I WO. Bringen Sie uns bloß hier raus.«

Der I WO drehte sofort scharf nach Steuerbord und versuchte in Schlängelfahrt den Verfolgern zu entkommen.

Der Wabo-Angriff dauerte Stunden und hinterließ schwere Schäden. Aber am 21. Juni hatten sie es nahezu geschafft. Im Kriegstagebuch erfolgte eine Eintragung:

– Kommandant ausgefallen. I WO hat *U-47* übernommen. Erbitte Erlaubnis Rückmarsch Heimat zur Grundüberholung. gez. Lützow –

Der I WO von *U-47* und jetziger Kommandant hieß mit vollem Namen Toni Lützow. Sein Rang: Oberleutnant zur See.

Lützow setzte sich mit dem Leitenden zusammen. Sie listeten die Schäden auf.

Ausgefallen waren Hauptlenzpumpen, Trimm- und Backbordkühlwasserpumpe, die gesamte Feuerleitanlage, Kommandoanlage, Torpedosteuerungssysteme, sämtliche Abgasklappen waren undicht. Bei höheren Fahrstufen traten Ölverluste auf. Defekte gab es an Torpedorohrklappen, Diesel-E-Maschinen und Preßluftanlage. Insgesamt eine Latte von 29 Punkten. Die Abgabe erfolgte durch FT-Meldung an den Befehlshaber der U-Boot-Waffe.

»Na ja«, meinte Lützow, »die halbkaputten Sachen halten am längsten.«

Sie tauchten auf. Die See war ruhig, nur ein paar lächerliche Sterne flimmerten am Himmel. Das Thermometer sank. Plötzlich wurde es sehr kalt.

Der II. Wachoffizier kam herauf und meldete, daß sie noch für vierzehn Tage Proviant und Dieselöl hatten.

»Wir ziehen den Schwanz nicht ein, ehe der letzte Tropfen Diesel verfahren ist.« Dann befahl Lützow: »Schicken Sie mir den Torpedomechaniker.«

Der Obermaat kletterte auf die Brücke.

»Können Sie die paar Aale noch klarkriegen?« wollte Lützow wissen.

»Die Geradelaufapparate springen nicht an, Herr Oberleutnant. Die Aale laufen, wohin sie wollen.«

»Woran liegt es?«

»Der Kreisel kommt nicht auf Touren. Wohl fehlerhafte Kugellager.«

»Keine Ersatzteile?«

»Bis wir die haben, ist der Krieg zu Ende und gewonnen, Herr Oberleutnant.«

»Mit Sicherheit«, bemerkte Lützow ironisch.

Sie fingen den Funkspruch eines anderen Bootes auf. *U-101* meldete einen Geleitzug nahe dem Rückweg von *U-47* .

Sie marschierten den ganzen Tag und die folgende Nacht mit hoher Fahrt. Obwohl ein verwundeter Wolf, pirschte sich *U-47* an den Geleitzug heran. Lützow setzte sich vor, ließ sich hineinsacken und schoß noch einen Frachter und einen Tanker heraus. Die Schiffe zerbarsten in rotgelben Stichflammen, ehe schwarze Wolken sie einhüllten.

Leergeschossen setzte Lützow den Rückmarsch fort.

Es war wie immer. II WO und LI stellten ihre Bestandsverzeichnisse und Anforderungslisten auf. Allein die Defekte nahmen drei Seiten auf dem Werftreparaturbogen ein. Immer wieder lüfteten sie das Boot durch. Der Geruch von Öl, Batteriesäure und WC ließ sich kaum beseitigen. Doch bald wurde er vom Duft des Eau de Cologne, mit dem die Männer sich jetzt landfein wuschen, überlagert.

Anfang August lief *U-47*, das Boot mit dem Stier am Turm, in Wilhelmshaven ein. Prien verabschiedete sich zu einem Sanatoriumsaufenthalt. Um seine Depressionen loszuwerden, wie es hieß. Oberleutnant z. See, Toni Lützow, wurde zum Vortrag beim BdU nach Sengwarden bestellt. Als Auszeichnung dafür, daß er das Boot gerettet, zurückgeführt und noch zwei Schiffe mit insgesamt 23000 Tonnen versenkt hatte, erhielt er das Deutsche Kreuz in Gold und das Kommando über ein nagelneues U-Boot, das soeben Blohm & Voss fertiggestellt hatte.

Es war ein Typ 7-C und bekam die Nummer 136.

# 3

Das Boot stank noch nach Werft wie ein neuer Opel nach Fabrik. Lützow zog mit seinen Klamotten auf *U-136* um. Beim Abschied wollte ihm Prien die Rosita-Serrano-Platte schenken. Er bat also den Funkmaat um die schwarze Schellackscheibe.

Der Funker zeigte ihm zwei Hälften.

»Ist leider beim Wabo-Angriff kaputtgegangen.«

Lützow bekam dafür eine kaum bespielte Zarah-Leander-Platte. Er las das Etikett: »›Ich weiß, es wird einmal ein Wunder geschehn . . .‹ Auch gar nicht so übel. Danke, Herr Kaleu.«

In den nächsten Tagen suchte sich Lützow aus der U-Boot-Reserve seine neue Besatzung zusammen. Und dies nach wichtigen Regeln.

»Regel Nummer eins«, hatte ihm Prien eingeschärft: »angenommen ein U-Boot hätte zwei Herzen, dann ist das eine Herz der Kommandant und das andere der Leitende Ingenieur. Die müssen unisono schlagen.«

Nach kurzem Gespräch entschied sich Lützow für Leutnant Ing. Behrens, einen gestandenen Typen von irgendwoher, wo Württemberg an Bayern stößt, mit der Haut von Schifahrern im März und studierter Maschinenbauer.

Der II WO hieß Wessel, Leutnant z. See, ein fröhliches Kerlchen, ziemlich vorlaut, aber ein Typ mit ironischem Witz.

Schon wie er sich vorstellte: »Gestatten, Wessel, nicht Horst mit der Fahne hoch, sondern Wessel, Otto, der mit Flagge auf und nieder, hin und wieder . . .«

So einer, wie man ihn auf einem U-Boot brauchen konnte. Für seinen Stellvertreter, den I. Wachoffizier, hatte sich Lützow noch nicht entschieden.

Frühmorgens kam ein Kurier des Personalchefs der 7. Flottille angerauscht und brachte ihm Papiere. Man hatte ihm seinen I WO einfach aufs Auge gedrückt. Es handelte sich um Führungsbogen und Zeugnisse eines Leutnant z. See, Sohn eines Großbauern irgendwo im Märkischen, der es nebenbei zum Kinobesitzer, Hotelier und zum Gauleiter gebracht hatte.

Das Abitur hatte der Leutnant mühsam ›cum achocrachoque‹, also mit Ach und Krach, geschafft. Nicht gerade als strahlende Leuchte. Aber er hatte die NAPOLA besucht, die nationalsozialistische Lehranstalt, und war sogar ein halbes Jahr auf der Ordensburg Vogelsang, der Kaderschmiede für spätere Nazipolitiker, weltanschaulich gedrillt worden.

Das alles hatte Lützow nicht sonderlich mißfallen, denn es ließ sich ohnehin nicht ändern. Was ihm einen Schock versetzte, war der Name des für sein Boot auserwählten I WO. Er hieß Sigurd Brandenburg, und das war das denkbar Schlimmste. Was für ein grausamer Zufall hatte ihm diesen sportlichen Meisterboxer und Hitlerjungen Quex aufs Auge gedrückt.

Mein Gott, ausgerechnet Herzensfeind Brandenburg, dachte er, der hat mir noch gefehlt. Mit Brandenburg würde er all seine Sünden abbüßen, mit dem an Bord würde es die Hölle werden. Warum ausgerechnet dieser Brandenburg, die Geißel von Wotan dem Donnergott!

Leise sprach er den schlicht ergreifenden Seemannswunsch aus, mit dem man Feinde belegte: »Der Blitz soll ihn beim Scheißen treffen!«

Was war das damals in Flensburg doch für ein Affenzirkus gewesen . . .

Im Sommer 1938 war Lützow auf die Marineoffiziersschule in Flensburg Mürwik kommandiert worden. Dort gehörte er der sogenannten Crew 4/38 an. Eine Crew war ein Ausbildungsjahrgang. Meist bildete der Crewgeist ein stärkeres Band als Familienzugehörigkeit.

Im Unterricht tat sich Lützow leicht, speziell bei Themen der Seemannschaft und der Navigation. Kein Wunder, er hatte einige Erfahrung darin. Um seine verwitwete Mutter zu entlasten, war er frühzeitig zur See gefahren. Erst auf einem norwegischen Segler. *Kirgensund* hieß die Bark. Als Schiffsjunge ohne Heuer ging es bis Ostasien. Er hatte bei Sturm brav gekotzt, hatte noch in Hängematten geschlafen, hatte Rost geklopft, Rümpfe geteert, in den Häfen gelöscht und geladen. Bis zur Vergasung. So war er um die Welt gekommen. Auch mit anderen Schiffen. Auf elenden Frachtern und Seelenverkäufern hatte er sich durchgebissen und immer eisern gespart.

Auf der Seefahrtschule in Finkenwerder hatte er sein Steuermannsexamen für Große Fahrt und sein Funkpatent gemacht. Allerdings mit Note fünf in deutscher Geschichte. Und warum? – Weil der Professor ein sturer Bock war. In seinem Aufsatz über das Nibelungenlied hatte Lützow behauptet, Siegfried von Xanten sei ein Stenz gewesen, ein Weiberheld und Heiratsschwindler. Hagen von Tronje, der Siegfriedmörder, habe hingegen die erhebenste Rittergestalt des Mittelalters dargestellt. Tapfer, treu und unbestechlich. An König Etzels Hof, als Tausende von Nibelungen erschlagen waren, wurde Hagen von Kriemhild vor die Wahl gestellt: Herausgabe des Nibelungenschatzes oder Kopf ab. Da war Hagen seinem König Gunther lieber in den Tod gefolgt . . .

Zum Glück fiel man auf der Seefahrtschule wegen einer Fünf in deutscher Geschichte nicht durch. Aber Lützow lernte, was es bedeutete, angefeindet zu werden.

Anschließend war er zur Kriegsmarine ausgehoben worden. Man konnte sagen, daß ihm alles Seemännische zuflog. Darin war er ein Naturtalent, der Herr hatte es ihm in die Wiege gelegt. Im starken Gegensatz zu Fähnrich Brandenburg, der zwar auf dem Sportplatz der Beste war, der einen Rittergutsbesitzer seinen Vater nannte, sonst aber mächtig ranklotzen mußte in Mathematik und Navigation, um mitzukommen. Wenn Brandenburg über den Büchern hockte, genoß Lützow die Freizeit mit Segeln, Gitarrezupfen, mit Kinobesuchen. Das rief Brandenburgs Neid hervor.

In diesem Frühsommer lernte Toni Lützow ein zauberhaftes Mädchen kennen. Eines Samstag nachmittags war er im akademischen Yachtclub einer Frau mit merkwürdig starker Ausstrahlung begegnet. Sie war von der Art, der jeder nachgaffte, auch wenn sie sich unter einem Dutzend anderer Damen auf der Tanzfläche bewegte.

Sie hieß Ditta Rothild. Wie Lützow vermutete, kam Ditta von Judith. Ihr klassisch schönes zartbraunes Gesicht mit den dunklen Brauen und der sanftgebogenen Nase faszinierten ihn noch mehr als ihre sportlich straffe Figur. Ein Crewkamerad hatte ihn mit Ditta bekanntgemacht.

»Das ist meine Freundin, Doktor Rothild. Ich hoffe, ihr habt nicht im Sandkasten miteinander gespielt.«

»Meiner stand anderswo«, sagte Lützow ohne Bedauern.

»Zum Glück«, ergänzte sie spontan.

Sie hatte gerade promoviert und ihren Doktor in Medizin gemacht. Dafür hatte Vater Rothild, der Bankier, ihr einen Wunschtraum erfüllt, nämlich einen Kurs im Hochseesegeln. »Einen Kochkurs in Hochseevögeln«, nannte es sein Crewkamerad spöttisch.

Und noch einen Traum hatte ihr der Alte geschenkt, ein weißes Mercedes-170-V Sportcabriolet, wie es Camilla Horn fuhr, wenn sie durch Berlin raste.

»Darf ich Sie zu einem Getränk einladen?« fragte Lützow von ihrem Lachen überwältigt.

Es wurden heiße Würstchen daraus.

»Danke für das feine Lunch«, sagte sie hinterher, »bei Frankfurtern kann ich nie nein sagen.«

Schon am Sonntag törnten sie die Förde hinaus bis zur Sonderburger Bucht. Sie tranken italienischen roten Ruffino, den sie im Kielwasser kühlten. Lützow sang mehr schlecht als recht irgendeinen amerikanischen Schlager zur Gitarre. Am Mittwoch gingen sie tanzen, am Donnerstag ins Kino. Eigentlich hatte schon nach dem ersten Blickwechsel festgestanden, daß sie zueinander gehörten und daß es für sie niemals einen anderen Partner geben würde.

Lützows Kamerad tröstete sich mit einer Hamburger Reederstochter. Und Ditta Rothild und Toni Lützow blieben zusammen. Einmal fetzte eine Bö das Segel aus der Reffliek. Da ließ sie einen Spruch los: »Die halbkaputten Sachen halten am längsten.«

Das prägte sich ihm unvergeßlich ein.

»Du mußt ja eine Menge erlebt haben, Ditta«, bemerkte er.

»Du nicht, Toni? Wie alt bist du eigentlich?«

»Ungefähr zwischen fünfundfünfzig und hundertdrei.«

Sie lachte wie immer dunkel und ein wenig geheimnisvoll. Einmal war es spät geworden, der Wein hatte sie beschwipst. Sie lagen bei völliger Windstille da und waren noch eine Seemeile vom Clubanleger entfernt. Da passierte es einfach. Sie gingen in die enge Kajüte, küßten sich heiß und fingen plötzlich an, sich die weißen Seglerklamotten vom Leib zu reißen.

Judith war mehr als nackt. Sie war unten unbehaart. Kaum, daß man die Reste eines kurzgeschnittenen Flaumes spürte.

In der Marineschule ging es nicht ohne die üblichen Scherze ab. Da gab es eine Wäscherei, die hieß Edelweiß. Die Wäscherei machte eine besondere Reklame: Wäscherei Edelweiß wäscht den Beutel für zehn Pfennig. An einem öden Nachmittag marschierten ein Dutzend Marineoffiziersanwärter zur Wäscherei. Vor den Mädchen der Wäscherei zogen sie sich nackt aus und deuteten auf die Reklametafeln.

»Bitte einmal Beutelwaschen!« schrie Brandenburg.

Die Mädchen gafften erst, schrien dann und flüchteten.

Der Inhaber der Wäscherei erstattete Anzeige. Einer von den Kameraden warnte Lützow.

»Das gibt einen Tatbericht mit Verhandlung. Vorher Rapport in Ausgehuniform. Brandenburg hat behauptet, du seist der Rädelsführer gewesen.«

»Ich war gar nicht dabei«, entgegnete Lützow.

»Und dieser Brandenburg ist nicht mal ein Arschloch.«

Sie mußten vor einem Offiziersausschuß antreten. Lützow verteidigte sich. Er habe ein Alibi. Er sei beim Segeln gewesen.

»Alleine?« wurde er gefragt.

Um Judith nicht in die Sache hineinzuziehen, log er.

»Ja, ich war allein.«

Man glaubte ihm wenig. – Zehn Tage Ausgangssperre.

Da gab es eine Nahkampfdiele, ein Nachtlokal, das, falls man es nicht wörtlich nahm, als Bar bezeichnet werden konnte. Dort trafen sie sich oft. Es gab immer eine Tanzerei zu einer ziemlich fürchterlichen Drei-Mann-Kapelle. Klavier, Geige und Saxophon. Die Band hatte nicht viel drauf. ›Am Abend auf der Heide‹ und ›Wenn am Sonntagabend die Dorfmusik spielt‹. Aber damals war man für alles dankbar.

Auch Brandenburg kreuzte regelmäßig dort auf. Er bevorzugte blonde Damen, echte BDM-Maiden. Eine von ihnen, eine recht ansehnliche Person mit beachtlichem Busen, war Baronesse, etwas zickig zwar, aber mit Zähnen aus dem Katalog und Intelligenz aus dem Kühlschrank. Sie hieß Dorothea von Königsau und hatte immer einen verträumten Blick für Lützow übrig, obwohl es hieß, sie sei mit Brandenburg verlobt.

Aus Eifersucht hatte sich Brandenburg einmal an Judith herangemacht. Dabei holte er sich einen fürchterlichen Korb. Angetrunken war er zurückgetorkelt an die Bar, schrie nach Schnaps und äußerte Kameraden gegenüber abfällig: »Dieser Lützow mit seiner Judenschickse.«

Die Marine feierte ihre besonderen Feste. Eines davon war der Skagerrak-Tag. Zur Erinnerung an den Sieg der deutschen Flotte am 31. Mai 1916 gab es immer Labskaus-Essen, Ansprachen und anschließend Ballyhoo.

Sigurd Brandenburg sang im Marinechor Shanties, auch ›Blau ist das Meer‹ und ›I hob mal 'n Hamburger Veermaster seen‹. Später, in ausgelassener Stimmung, brachten sie Toni Lützow dazu, daß er seine Gitarre auspackte. Obwohl er nur drei Griffe draufhatte, gab er einen amerikanischen Song zum besten. Eigentlich konnte er gar nicht singen, und die Gitarre spielte er hauptsächlich wegen seiner Unmusikalität. Vielleicht kam sein Sprechgesang deshalb besonders gut an.

›Bei mir biste scheejn‹ sang er. Damit erntete er frenetischen Beifall, besonders von der blonden Königsau-Baronesse.

Brandenburg brüllte quer durch den Saal: »Aufhören! Schluß! Aufhören!«

»Warum?« tönte es aus der Menge.

»Das Judenlied ist verboten.«

»Dann ruf doch die Gestapo an«, stichelte Lützow. »Die Nummer kennst du ja.«

Daraufhin grölte der ganze Lehrgang: »Bei mir biste scheejn . . .«

Boxen war ein Pflichtsport, bei dem sich jeder bewähren und harte Runden durchstehen mußte. Fairerweise sollten die Kämpfer gleichwertig sein.

Brandenburg deichselte es aber so, daß Lützow sein Gegner wurde. Brandenburg, ein Muskelbursche volltrainiert, einen halben Kopf größer als Lützow, war ihm auch in der Armlänge weit überlegen. Lützow rechnete sich null Chancen aus. Es würde ein blutiges Gemetzel werden.

Ring frei!

Anfangs landete Brandenburg schwere Treffer. Bei seinen wenigen Freunden erntete er damit Applaus. Lützow kassierte laufend Schwinger und Haken. Blut floß. Seine Lippe platzte auf. Es gab noch mehr Beifall.

Und genau damit hatte Lützow gerechnet. Die Anfeuerungsrufe lenkten Brandenburg kurz ab. Strahlend winkte er seinen Freunden zu. Er fühlte sich schon als Sieger. Doch für den Bruchteil einer Sekunde wurde er unaufmerksam. Darauf hatte Lützow gewartet. Mit einem einzigen Treffer, in den er all seine Kraft legte, kam er durch bis auf Brandenburgs Glaskinn. Brandenburg taumelte, stürzte über einen offenen Schnürsenkel. Mit dem Arm nach Balance rudernd, verlor er das Gleichgewicht und stürzte mit dem Hinterkopf auf einen Barrenfuß.

K.o. und aus.

»Ist geritzt mein Sohn«, kommentierte Lützow und band die Handschuhe los.

Bei Lehrgangsabschluß und Beförderung zum Leutnant konnten Freiwilligenmeldungen abgegeben werden. Brandenburg wollte unbedingt zu den Schnellbooten. Dort hatten die jungen Kommandanten beste Chancen für Karriere und Lorbeeren. Das entsprach seinem Traumziel. Doch Schnellboote waren meist für adlige Offiziere reserviert. Aber er hatte Verbindungen. Brandenburg kam erst für kurze Zeit zu den S-Booten und dann zu den U-Booten.

Lützow hatte sich zu gar nichts freiwillig gemeldet. Wegen seiner passenden Statur und der Bestnote in Navigation mußte er ebenfalls zur U-Boot-Waffe. Allzugerne hätte er Vorpostendienst auf einem Fischdampfer geleistet und eine ruhige Kugel geschoben.

Auf der U-Boot-Schule in Kiel traf er Brandenburg wieder. Sie gingen sich aus dem Weg.

In Kiel und in der Förde wurde U-Boot-Fahrpraxis und Torpedoschießen geübt. Selbstverständlich gehörte dazu das Manövrieren mit U-Booten. Als erfahrener Handelsschiffsoffizier setzte Lützow das Schulboot samtweich an die Pier. Brandenburg hingegen rammte sie hart. Die Außenhaut bekam eine mächtige Delle. Er verteidigte sich damit, daß der Diesel zu langsam umgeschaltet habe.

Das war nicht gelogen. Der Diesel hatte zu spät umgesteuert, weil die Dieselheizer Brandenburg nicht mochten und ihm damit seine schnöselige Arroganz heimzahlten.

Vor zwei Jahren war das gewesen. Eine halbe Ewigkeit also. Sie hatten sich aus den Augen verloren. Obwohl Brandenburg, wie Kameraden erzählten, Lützows Werdegang mit Neid verfolgte. Besonders die Tatsache, daß Lützow als I WO auf Priens *U-47* einstieg.

Oberleutnant z. See Lützow, der Kommandant von *U-136,* wurde vom Schicksal vor dem Schlimmsten bewahrt. Brandenburg kam nicht als I WO auf sein Boot. Zwar hatte ihn der Blitz gemieden, weniger jedoch die Gelbsucht. Sie zu kurieren dauerte oft Monate.

Lützow entschied sich für einen gewissen Leutnant z. See Rahn als I WO. Rahn studierte irgend etwas mit Philologie. Er machte zwar einen Besserwissereindruck und auch den eines linientreuen Hitlerjungen, aber er verstand seine Arbeit.

In den nächsten Wochen wurde *U-136* eingefahren und technisch abgenommen. Lützow drillte seine Besatzung. Die ganze Palette rauf und runter. Schnelltauchen, Torpedoübungen, Exerzieren an der 7,5 U-Boot-Kanone – bis jeder Handgriff traumhaft saß. Und bis Lützow, immer mit der Stoppuhr in der Hand, endlich mit den Tauchzeiten zufrieden war.

Am Abend, bevor er sein Boot einsatzklar meldete, leistete er sich zur Feier des Tages ein Besäufnis. Am Morgen half gegen den Kater ein Nikolaschka. Gemahlener Kaffee mit Ei und Rotwein, was bei der Marine jeder kannte.

## 4

Im September 1940 ging *U-136* erstmals auf Feindfahrt.

Lützow setzte die Kommandantenmütze mit dem frischen weißen Bezug auf. Sein Spiegelbild fand er nicht sonderlich prima, aber was half's, es war Vorschrift.

In der Zentrale hielt er vor seinen Männern eine knappe Ansprache, drei längere Sätze und einen kurzen.

»Jetzt wird's ernst, Leute«, beendete er die Rede.

II WO Wessel scheuchte die Besatzung auf die Stationen und witzelte noch: »Ankerchen auf! Leinen los! Volldampf voraus! Schiff ahoi!«

Vom Marinehafen liefen sie durch den Jade-Busen hinaus Richtung alte Mellum, dann mit Kurs Helgoland.

»Wahrscheinlich werden wir Wilhelmshaven ein letztes Mal gesehen haben«, meinte der blonde Rahn.

»Ja, der Stützpunkt Lorient in Frankreich soll in diesen Tagen fertig werden.«

»Ich liebe die Normandie«, schwärmte Wessel, »Paris, fesche Frauen, was für ein Parfüm.«

»Lorient liegt in der Bretagne«, verbesserte ihn der neunmalkluge Rahn.

»Stimmt«, gab ihm Wessel eins drauf, »aber in der Nähe davon liegt Quimperlé. Wir fahren nach Quimperlé zum Pimberle.«

»Die Betonung liegt auf der Endsilbe«, sagte Rahn, »das letzte E hat ein Accent aigu.«

»Dann nehmen wir dafür vögeln. Mit Betonung auf Ö, wie bei öfter mal.«

Langsam schien sich eine gewisse Feindschaft zwischen Rahn und Wessel aufzubauen. Aber eine kultivierte.

Die Nordseedünung kam lang daher. In Richtung Shetlands wurde die See richtiggehend rauh. Die ersten Herbstnebel empfingen sie. Laufend hörten sie Funksprüche anderer Boote, die einen Geleitzug meldeten.

»Wollen wir da nicht mit ran?« fragte der Obersteuermann den Kommandanten.

»Wir haben andere Order«, äußerte sich Lützow zum ersten Mal über den Einsatzbefehl. »Freie Jagd nördlich Island. Da sollen sich ein paar Dickschiffe verkrochen haben, die auf kanadische Konvois warten. Laut Fernaufklärermeldung.«

»Die können jetzt ja von Norwegen aus starten.«

Auf Island zu wurde die See ruhiger. Nachts sah man sogar ein paar Sterne. Einmal hörten sie den Funk eines Bootes ganz nah und registrierten starke Schraubengeräusche. Im Morgengrauen hatten sie dann eine Begegnung. Es war das Boot mit dem goldenen Hufeisen am Turm. *U-99*, Kommandant Kretschmer. Es war kurz vor ihnen ausgelaufen. Kretschmer wünschte alles Gute und lief weiter westwärts.

Nahe Island bezog *U-136* mit einer Nebelwand im Rükken Lauerstellung. Das war immer eine quälend monotone Angelegenheit.

Ab und zu rief Lützow aus der Zentrale zum Turm: »Aufpassen Herrschaften, schlaft mir bloß nicht ein da oben!«

Wenn sie in der O-Messe saßen, wo stets starker Verkehr zu den Mannschaftslogis im Bugraum stattfand, hörten sie Musik. Zarah Leander ›. . . es wird einmal ein Wunder geschehn . . .‹, oder sie blätterten in Illustrierten. Nur Rahn las dicke Bücher.

»Was schmökern Sie da?« fragte Lützow einmal.

»Werner Beumelburg. ›Deutschland in Ketten‹«, sagte Rahn.

»Aha«, lautete Lützows Kurzkommentar.

»Sie lesen wohl nur das Kommandantenhandbuch, Herr Kaleu.«

»Nein, manchmal auch Lyrik«, gestand Lützow.

»Mögen Sie Gedichte, Herr Oberleutnant?«

»Und zwar deshalb, weil ich Lyriker schätze. Die haben nämlich weder Macht noch Geld.«

Wessel hatte nur scheinbar mit einem Ohr zugehört, begann aber grinsend zu zitieren:

»Heizers Nachtlied ...
Über allen Dieseln ist Ruh,
Am Auspuff spürest du
Kaum einen Hauch
Die Düsen tropfen alle.
Warte nur balde
Ruhest du auch ...«

Da zog sich Rahn mit seinem dicken Beumelburg angewidert zurück.

»Jetzt liest er auf dem Lokus weiter«, sagte Wessel.

Rahn kam kaum ein Kapitel voran, denn es gab Tauchalarm. Wie sich herausstellte, war es aber nur ein Walfänger, ein ziemlich großes Schiff, vielleicht zwanzigtausend Tonnen.

Es hätte sich zu torpedieren gelohnt, aber dann hätten sie ihre Anwesenheit verraten.

Um Island herum war wenig los. Die Geleitzugschlachten fanden weiter südlich im Atlantik statt. Also dieselten sie weiter gen Norden und drehten zwischen Spitzbergen und Grönland mehrere Suchkreise. Auch hier nichts als endloses leeres Meer, Nebel, ab und zu ein paar Eisschollen.

U-Lützow näherte sich Spitzbergen.

In der klaren Stunde einer klaren Nacht sichtete der Ausguck, ihr Mann mit den besten Augen, etwas Dunkelgraues, das sich gegen das hellere Grau der verschneiten Küstenberge absetzte. *U-136* lief näher heran. Sie trauten ihren Augen kaum. Es handelte sich um ein Schlachtschiff, zumindest um einen schweren Kreuzer, der sich in dieser Bucht sicher fühlte und auf irgend etwas wartete.

Lützow beschloß, sofort Attacke zu fahren. Zum Überwasserschuß rückte er näher auf. Den offenen Angriff konnte er riskieren. Es war nicht zu hell. Kein Mond. Die schmalen Umrisse eines U-Bootes waren also kaum erkennbar.

»Bugrohre eins, zwei, drei . . .!«

»Torpedorechner auf Turmsehrohr geschaltet«, kam es von unten.

»Entfernung achtzehnhundert«, nannte er dem Mann am Feuerleitgerät die Werte. »Torpedogeschwindigkeit fünfundzwanzig. Tiefe drei Meter. Lage Null laufend.«

Aus dem Boot wurde ›schußklar‹ gemeldet. Kühl und ohne Herzklopfen löste Lützow den ersten scharfen Schuß aus *U-136*.

Zischend verließ der Aal Rohr eins. Der Obersteuermann starrte auf die Stoppuhr.

»Torpedo läuft!«

Alle zählten mit. Nach drei Minuten war es weit über die Zeit. Also wieder einmal wie üblich Torpedoversager.

»Mist, deutscher Erfindergeist.« Wessel reimte: »Gut, wenn sich im Grase liegt, schlecht, wenn sich in Fresse fliegt. Drüberschrift: Dem Blindgänger.«

»Rohr eins nachladen!« hatte Lützow längst befohlen. »Dreierfächer. Die gleichen Werte.«

»Rohr eins, zwo, drei fertig!«

Mit dem Zielgerät am Turm wartete er, bis das Objekt ins Fadenkreuz wanderte, dann schlug er auf den Abschußknopf.

»Brückenwache einsteigen!«

Ohne abzuwarten ließ er tauchen. Als der LI fünfzehn Meter meldete, befahl Lützow so lange hart steuerbord, bis er auf Gegenkurs lag. Und dann erschütterten das Boot die Detonationen, daß alles wackelte.

Im Sehrohr war der Feuerschein zu erkennen, die grellweißen Blitze, mit denen die Munitionskammern des Gegners in die Luft flogen. Mindestens zwei Torpedos hatten gesessen.

»Das war die *Sussex*«, entnahm I WO Rahn dem Flottenhandbuch.

Lützow sah zu, daß er wegkam. Denn wo ein 35 000 Tonnen schweres Schlachtschiff lag, waren die Zerstörer nicht weit.

Man nahm wahr, wie der sinkende Engländer hektisch um Hilfe funkte. Man hörte die Schraubengeräusche eines Begleitschiffes. Lützow schoß nicht. Fairerweise ließ er das Auffischen der Matrosen aus dem kaum vier Grad warmen Wasser zu.

Doch schon bald erfuhr er, daß dies ein kapitaler Fehler war. Vielleicht sein Todesurteil.

Das sinkende Schlachtschiff hatte so lange um Hilfe gerufen, bis seine Antennen untertauchten. Eine ganze Meute war jetzt im Anmarsch. Korvetten, Zerstörer, ausgerüstet mit neuester U-Boot-Jagdelektronik.

»Wenn ein Wort mit Scheiße erlaubt ist: Das muß die gesamte englische Scheißflotte sein«, fluchte Wessel.

Sie hetzten *U-136* auf Franz-Josephs-Land zu.

In dichtem Schneetreiben tauchte Lützow auf. Mit den Dieseln kamen sie schneller weg und konnten dabei die Batterien laden. Aber es wurden immer mehr Zerstörer, und die trieben sie im Halbkreis vor sich her in die Enge. Wie Fischer den Hering im Schleppnetz.

Schon verdammt weit im Norden, nahe bei einundachtzig Grad, kamen die Verfolger so dicht auf, daß *U-136* tauchen mußte. Die Verfolger schlossen den Ring und warfen die Nacht über bis zum Morgen Wasserbomben. Hundertsechzig Stück laut Strichliste.

Im Boot gab es Schäden. An den Rohrdurchführungen hatten sie Wassereinbrüche, ein Tiefenruder klemmte. Der Backborddiesel hatte sich im Fundament gelockert. Nur mit Mühe konnte sich Lützow hakenschlagend für eine Weile dem Angriff entziehen. In der Nacht tauchten sie auf, um das Boot durchzulüften. Im Nu war es vereist.

»Sibirien ist nicht allzuweit«, sagte Wessel, »da wollte ich schon immer niemals hin.«

»Die Polareiskappe ist auch ziemlich dicht vor uns.«

»Zu Eisbären hatte ich eigentlich nie besondere Sehnsucht. Die sollen nicht nur Fische fressen.«

Minuten später hatte sie wieder ein Zerstörer im Sonar erfaßt.

»Tauchen!« befahl Lützow, »mit Karacho! Bringen Sie das Boot runter, LI, so schnell wie möglich.«

»Fluten!« schrie der LI.

»Mit Cognac«, murmelte Wessel, aber ziemlich leise.

Das Boot sank wie ein Stein und ließ sich auf 150 Meter Tiefe mit Mühe abfangen.

Den Schraubengeräuschen entnahmen sie, daß sie endgültig in der Falle saßen. Im Boot arbeiteten die Heizer verbissen an den Schäden. Aber es sah aus, als gebe es keine Rettung mehr.

In diesen entscheidenden Minuten, als sie auf einen fürchterlichen Wasserbombenangriff warteten, schauten alle seine Männer auf Lützow. Ihre Gesichter waren schweißnaß, die Augen tief umrandet. Viele drückten Angst aus, manche beherrschte Panik.

In diesen entscheidenden Minuten, als es aussah, als sei ihr Todesurteil gesprochen, und als die Zerstörer die Schlinge zuzogen, hatte Lützow eine letzte Idee.

Mit dem Steuermann beugte er sich über die Karte. Sie zirkelten von ihrem Standort die Entfernung zu der gestrichelten Linie, von der ab die Karte nicht mehr blau war, sondern weiß.

»Wollen Sie wirklich da hinein?« fragte Klein, der Obersteuermann. »Mit dem defekten Boot?«

»Ja«, sagte Lützow, »unsere einzige Chance. Abgesehen davon halten die halbkaputten Sachen immer am längsten.«

Nach einem tiefen Atemzug hatte sich Lützow entschieden.

»Beide E-Maschinen langsame Fahrt voraus. Kurs Null Grad, Tiefe hundert.«

»Jetzt müssen wir nur noch ein Schlupfloch finden, Leute.«

»Wir sollten einem der Zerstörer was auf die Nuß geben«, sagte Wessel schon wieder obenauf.

»Es sind leider zu viele Nüsse.«

»Können wir überhaupt noch was tun?«

»Ja«, sagte Lützow, »und darum gehen wir unter das Eis. Dahin kann uns keiner folgen.«

Sie blickten ihn an, als sei er ein Geist. Dieser Wahnsinnige wollte also etwas versuchen, das noch kein Seefahrer vor ihm gewagt hatte, geschweige denn gekonnt hätte.

»Ja, wir tauchen unter die Eiskappe, Männer. Unsere einzige Rettung. Chance eins zu zehn. Die Polareisdecke ist ein schwimmender Gegenstand.«

»Ob wir da je wieder rauskommen?« zweifelte Rahn.

Lützow hob zu einer ungewöhnlich langen Erklärung an.

»Das Problem ist nicht der Unterschied zwischen richtig und falsch, sondern zwischen richtig und richtig.«

»Da sind wir ja tot besser dran«, meinte Wessel und fügte hinzu: »Aber ein Gutes hat es für sich. Unter dem Eis kann uns keiner aufs Grab pissen.«

In einem Anfall von Nüchternheit äußerte der I WO: »Was sagt Oberbefehlshaber Dönitz doch immer: Keiner kriegt was geschenkt, du mußt rangehen und es dir holen. Entweder alles oder nichts.«

»Seit wann sind wir per du?« fragte Wessel. »Mal abgesehen von Sibirien, das Eis soll dort wunderschön endlos sein. Aber ich muß da nicht unbedingt hin. Es gibt da noch Leprakolonien.«

Um 14 Uhr 30 an diesem Septembertag tauchte *U-136* auf Maximaltiefe glatt unter die Polareisdecke.

Lützow schaltete den Turmscheinwerfer an und rührte sich nicht vom Sehrohr weg. Mit seinen sechsundvierzig

Männern fuhr er auf hundertachtzig Meter Tiefe mit Kurs Null-Null durch das Wasser Richtung Nordpol.

Die E-Maschinen summten leise. Die Besatzung lauschte auf jedes Wort des Kommandanten, auf jeden seiner Atemzüge. Über ihnen bildete das Eis eine weißgraue, fast geschlossene ungeheuer zerklüftete Decke. Oft wie eine riesige Kathedrale, wie ein Eisdom, dann wieder wie eine Höhle voller Tropfsteine und Stalaktiten.

»Schätze Eisdecke drei bis fünf Meter«, sagte Lützow.

Es gab Zapfen, die ragten bis auf eine Tiefe von mehr als zwanzig Meter herab. Soweit es möglich war, durften Offiziere und Besatzungsmitglieder einen Blick durch das zweite, durch das Zentrale-Sehrohr werfen.

»Das ist aber nicht die reine Wonne«, drückte es einer der Männer schaudernd aus.

Tief unter ihnen schien es, als käme ihnen manchmal ein Berggipfel entgegen. Die Unterwassergebirge ragten Tausende von Metern über den Meeresboden.

»Kreiselkompaß arbeitet noch«, meldete der Obersteuermann. »Noch! Geschätzter Standort vierundachtzig Grad zweiundzwanzig Minuten Nord.«

Es war, als schwebten sie regungslos in Zeit und Raum.

Mitunter erkannte Lützow im Wasser phosphoreszierende Striche, ähnlich wie in tropischen Gewässern. Unerklärliche Erscheinungen. Die Wassertiefe unter ihnen mochte etwa viertausend Meter betragen, die Temperatur lag gewiß um Null. Lützow sah den Leitenden Behrens mit einer zu Hoffnungslosigkeit erstarrten Miene in der Zentrale stehen.

Behrens sagte nur: »Batteriestrom geht zu Ende, Herr Kaleu.«

»Wieviel noch?«

»Für zwanzig Minuten.«

Also waren es vierzig Minuten. Wie Lützow seinen Leitenden inzwischen kannte, bildete der immer eine geheime Reserve. Aber soviel stand fest: Zurück kamen sie ohne

E-Strom niemals wieder. Sie mußten also weiter durch das Eis.

Mitunter zeigten sich dünne Stellen, Spalten und Rinnen. Lützow wartete auf eine helle Fläche im Eis, wo es vielleicht nur einen Meter dick war. Trotzdem konnte er dort mit dem Boot nicht einfach durchbrechen und auftauchen, ohne Sehrohre, Antennen, die Kanone und den Turm zu zerstören. Doch die erhoffte Stelle kam und kam nicht.

Das Boot lief durch einen ziemlich schmalen Blaueistunnel. Leise gab Lützow seine Ruderbefehle und entdeckte endlich einen hellen Punkt oben. Er ließ das Boot in Schräglage trimmen und feuert auf Distanz einen Torpedo ab. Rasch zog er das Boot noch einmal um hundert Meter zurück. Wenn der Torpedo versagte, hatten sie nur noch zwei. Jetzt ging es ums Überleben.

Der Torpedo verließ das Rohr. Die Männer lauschten atemlos in die Stille. Der Torpedo stieß und schrammte mehrmals gegen das Eis.

Keine Detonation erfolgte.

Lützow versuchte es mit dem vorletzten Aal.

Der LI hielt das Boot in Schräglage, etwa 15 Grad achterlich. Ein Kunststück.

»Schuß!« befahl Lützow mit trockenem Mund.

»Torpedo läuft.«

Sie glaubten sogar den Motor des Elektrotorpedos zu hören – und dann, nach wenigen Sekunden, die erlösende Detonation.

Lützow nahm einen Rundblick im Sehrohr vor. Die Stelle im Eis war, abgesehen von treibenden Schollen, offen. Vorsichtig manövrierte er das Boot in die richtige Position und ließ anblasen. Der Turm stieß glatt durch, auch Teile des Oberdecks. Das Turmluk ging trotz dicker Eisschollen auf. Polarluft, durchsetzt mit Eiskristallen, drang ein.

Feierliche Stille herrschte im Boot, als die Männer hinauskletterten. Ringsum Stille, Stille, Weite, nichts als weiße

Weite. Das erste, was Lützow sagte, war: »Das ist wohl wirklich das Ende der Welt.« Dann folgten rasch die Befehle: »Boot durchlüften, Batterien aufladen.«

Die Diesel sprangen an.

»Und ein Mann mit Fotoapparat und Beeilung auf die Brücke«, drängte Lützow. »Ohne Fotos glaubt uns das keiner.«

Mit Kurs Süd, nach insgesamt elf Stunden unter dem Eis, wobei sie eine Distanz von rund sechzig Seemeilen zurückgelegt hatten, schlüpfte *U-136* wieder unter der Polareiskappe hervor. Sie hatten berechnet, daß es draußen eigentlich dunkel sein müsse, aber helles kobaltblaues Licht empfing sie. Bis auf einen bewaffneten Walfänger war die See frei. Ihn hatten die Engländer offenbar als Aufpasser zurückgelassen. Lützow riskierte seinen letzten Torpedo.

»Da war Musik drin«, bezeichnete Wessel die Tonlage der Detonation.

Der Walfänger sank langsam. Lützow beobachtete, wie er Rettungsboote und Gummiflöße aussetzte. Dabei funkte er wie ein Wahnsinniger SOS.

*U-136* machte sich aus dem Planquadrat fort. Sie hatten Glück. Es wurde neblig. Ein Schneeorkan nahm sie in die schützenden Arme.

»Auftauchen! Brückenwache sich klarmachen!«

Die See ging schwer. Der Wellengang war zu hoch für Zerstörer. Da zogen sie sich lieber in Deckung der Buchten zurück. Vorteil für Lützow.

*U-136* schlug sich in Dieselfahrt nach Süden durch.

Wessel warnte immer wieder über Bordlautsprecher: »Daß mir keiner in die Tauchretter kotzt. Die werden noch gebraucht.«

Auf FT-Reichweite setzten sie die Erfolgsmeldung an den BdU ab. Stunden später erhielten sie Befehl, Lorient anzulaufen. Auf dem Weg dorthin ließen sie England mit seinen stark überwachten Gewässern südöstlich liegen. So rechneten sie sich eine verhältnismäßig ruhige Rückfahrt aus.

Wortkarg wie immer kommentierte Lützow die Unternehmung.

»Am lieben Gott muß doch etwas dran sein«, meinte er. »Oder?«

»Nein, es war die Qualität deutscher Waffen und der Durchhaltewille des deutschen Soldaten«, bemerkte Rahn allen Ernstes.

Und Wessel hetzte: »Sie dürfen nicht alles glauben, Rahn, was im Radio kommt. Auch wenn es Jupp Goebbels sagt.«

Während der neuntägigen Heimreise wurde die neue Zarah-Leander-Platte oft gespielt: ›Ich weiß, es wird einmal ein Wunder geschehn . . .‹, mindestens sechzigmal.

Mit der Geduld eines Krokodils nahm Lützow es hin.

# 5

Mit einem Tag Verspätung, englische Aufklärer hatten sie im Bristol-Kanal unter Wasser gedrückt, lief *U-136* in Lorient, dem neuen Stützpunkt an der Bretagneküste, ein. Schon von der Schleuse aus sah man einen grauen Koloß, den U-Boot-Bunker, mit seinen meterdicken bombensicheren Decken. Die Organisation Todt baute noch daran.

An der Pier war keine Musikkapelle aufmarschiert, aber kleine Mädchen überreichten Blumen.

»Kamelien! Auch das noch«, lästerte Wessel.

*U-136* führte eine Reihe weißer Wimpel. Pro versenktes Schiff einen. Für einen Schlachtkreuzer hätten sie eigentlich drei Wimpel setzen müssen, aber das war nicht üblich.

Noch unrasiert, im schwiemeligen Lederzeug, überquerte Lützow als erster die Stelling. An der Pier wurde er von Flottillenchef Larsen begrüßt.

Wenig später, in der Messe des Flottillenbüros, erfuhr Lützow, daß man ihn zum Kapitänleutnant befördert hatte und ihm vom Führer das Ritterkreuz zum Eisernen Kreuz verliehen worden war.

»Für Tapferkeit«, sagte Larsen, um Feierlichkeit bemüht.

»Wir hatten nur Glück, Herr Kapitän.«

»Hoffentlich haben Sie auch Glück beim BdU«, deutete der Flo-Chef an.

»Ist Dönitz immer noch am Ruder?« fragte Lützow.

»Ja, er hat sich unweit von hier niedergelassen. Im Schloß Kernével, ehemaliges Besitztum eines französischen Sardinenfabrikanten. Nur fünf Kilometer von hier.«

Männer seiner Besatzung, soweit Lützow sie vorgeschlagen hatte, bekamen das EK-I. Aber da war er schon unterwegs zum Befehlshaber.

Obwohl die Funksprüche von *U-136* alles Wichtige enthielten und seine Erfolge im Reich bereits propagandistisch ausgewertet wurden, wollte Dönitz noch einmal alles haarklein wissen. Die Vernichtung der *Sussex*, die Wabo-Angriffe, die letzte Versenkung und vor allem das kühne Tauchen unter das Polareis.

»Es war mehr eine Flucht«, untertrieb Lützow.

Mit der Neugier eines Fuchses und der Ausdauer eines lauernden Alligators hörte sich Dönitz den Bericht an.

»Ein Ruf wie Donnerhall geht Ihnen voraus, Lützow«, äußerte er ein wenig neidvoll, »aber werden Sie deshalb nicht gleich überheblich.«

Gegen Ende durfte Lützow sogar noch einen Wunsch äußern. Er erinnerte sich an ein Gespräch, das Reichsmarschall Hermann Göring mit dem Jagdflieger-As Oberst Galland geführt hatte. Auch Göring hatte Galland gefragt, ob er einen Wunsch habe. Woraufhin ihm Galland antwortete: »Dann bitte ich um ein Geschwader englischer Spitfire, Herr Reichsmarschall.«

Britische Jagdflugzeuge konnte Lützow nicht verlangen. Also sagte er bescheiden: »Ein paar zuverlässige Aale, Herr Admiral, wenn möglich.«

»Unsere Torpedos sind die besten«, schrie Dönitz plötzlich wütend. Wobei seine Augen von innen zu beschlagen schienen wie die eines Reptils. »Ihre Kameraden schießen und treffen, und dann immer dieses feige Gejammere. Auch von Prien höre ich das.«

Lützow begehrte auf.

»Prien hatte mal zwölf Torpedoversager in Reihe. Seitdem ist er ein bißchen melancholisch. Doch keiner kann ihm nachreden, er sei ein Feigling.«

Dönitz geriet in Zorn. »Die Herren Kommandanten verlangen immer alles gleich von heute auf gestern. Keiner will hier mehr Indianer sein, alle nur Häuptlinge. Daran krankt es.« Weitschweifig ließ er sich darüber aus, daß er ganz andere Sorgen habe, was die Vorstellungskraft seiner

Herren Kommandanten offenbar übersteige. Er sprach von mangelndem Einsatzwillen, Drückebergerei, Meuterei. Aber er werde das zu verhindern wissen. Gegen Ende zu lenkte Dönitz wieder ein. »Welche Werftliegezeit schätzen Sie für Ihr Boot, Lützow?«

»In drei Wochen können wir wieder raus, Herr Admiral.«

»Dann nehmen Sie sich vierzehn Tage Urlaub. Klar?«

Zum Abschied bekam Lützow sogar etwas Ähnliches wie einen Klaps auf die Schulter. Das hieß aber wohl mehr: Hauen Sie bloß ab, Mann.

In der Unterkunft erzählte er dem LI Behrens und II WO Wessel von dem Gespräch. Rahn war abwesend und mit der Ausstellung der Urlaubsscheine beschäftigt.

Sarkastisch wie immer kommentierte Wessel: »Typen wie den BdU hätte man besser schon als Säugling heimlich verschwinden lassen . . .«

»Aber man kommt sich vor wie der letzte Dreck«, äußerte Lützow.

»Aufpassen, Herr Kaleu«, riet Wessel. »Wer sich wie Scheiße fühlt, stinkt bald danach.«

Lützow nahm einen dreifachen Cognac. Das half ihm notdürftig über die nächste Stunde hinweg.

Toni Lützow verbrachte mit seiner Verlobten, Dr. Judith Rothild, zauberhafte Spätherbsttage in Salzburg. Sie versuchten sie so unbeschwert wie möglich zu genießen.

In den Nächten liebten sie sich. Mittags gingen sie spazieren. Manchmal wurde es fast frühlingshaft warm, bis zwanzig Grad. Am Salzachufer und draußen in Anif blühte noch einmal der Oleander. Jede Minute, die Judith von ihrer Kinderstation im Krankenhaus freikam, nutzten sie. Doch wie es in Wirklichkeit um sie stand, konnten sie nicht immer überspielen.

Als jüdische Ärztin bekam Judith zunehmend Schwierigkeiten.

»In meinen Papieren fehlt natürlich leider der arische Nachweis«, sagte sie, »und den fordern sie immer wieder an. Ich vertröste sie mit Ausreden.«

»Das geht nicht gut auf die Dauer«, fürchtete Toni. »Was willst du tun, wenn sie dahinterkommen?«

»Abhauen«, erklärte sie. »Irgendwie weg, bevor sie mich deportieren.«

Er strich sich ein Lächeln ins Gesicht und machte einen spontanen Vorschlag: »Oder wir heiraten.«

Damit hatte sie nicht gerechnet.

»Wann, wie, wo?«

»Sofort und auf der Stelle.«

»Du, mich, eine Judenschickse.«

»Ich bin ein Volksheld, Madame.«

Sie drückte seinen Arm fester.

»Auch du hast Probleme.«

»Noch steigt mein Stern, Gnädigste.«

Da erinnerte sie ihn an ein Gespräch über Navigation. »Ein gewisser Lützow behauptet: Wenn man die Sonne zur Bestimmung der Länge mittags schießt und man glaubt, sie habe ihren Höhepunkt erreicht, dann sinkt sie in Wirklichkeit schon.«

»Hast du Angst?« erkundigte er sich besorgt.

»Nur um dich.«

»Oder ist es Resignation?«

»Ach was«, tat sie ab. »Wir sind doch beide die halbkaputten Typen. Und was halb kaputt ist, hält ewiglich.«

»Moses«, ergänzte er.

In dieser Stunde wußten sie nicht, daß sie sich nur noch einmal treffen würden, und dann für lange Jahre nicht mehr.

## 6

Der Stern des Götterlieblings Sigurd Brandenburg stieg wie eine Rakete gen Himmel. Er hatte als Kommandant ein werftneues Boot bekommen und war ebenfalls zum Kapitänleutnant befördert worden.

In der Nacht, bevor er zur Feindfahrt auslief, hielt ein Büssing-Lkw an der Pier des Koremanbunkers. Er brachte noch streng geheime T-5-Torpedos. Sie wurden gegen die alten Preßluftaale ausgetauscht.

Dönitz verabschiedete Brandenburg persönlich, wünschte ihm Mast- und Schotbruch und glückliche Heimkehr.

Während sein schwerer Mercedes durch das Hafengelände und die Stadt nach Kernével zurückrollte, lieferte Dönitz dem Flottillenchef Larsen eine Erklärung.

»Das geschieht nicht nur auf Weisung von oben.«

»Was meinen, Herr Admiral?«

»Dieser Brandenburg liegt mir am Herzen. Eine leuchtende Wikingergestalt. Als ich ihn zum erstenmal sah, war ich fasziniert von seiner Erscheinung.«

»Ja, er hat Charisma«, räumte Larsen ein.

»Fortan habe ich seine Karriere in die Hand genommen. Es gibt da bestimmte Pläne.«

Larsen verstand seinen Chef, wenn auch nicht dessen Begeisterung.

»Sie meinen, wir brauchen einen neuen strahlenden Siegfried.«

»Besonders jetzt, wo die alten Recken müde werden. Die Luftwaffe hat Mölders, die Panzer haben Guderian, wir hatten Prien. Aber der kränkelt. Und Lützow ist verdammt widerspenstig.«

Im Sardinenschlößchen speisten sie zu Abend, tranken

noch eine Flasche Bordelais und warteten die Spätmeldungen ab.

Auf See hatte U-Brandenburg die Sperrbrecher verabschiedet und entlassen. Mit etwa vierzehn Knoten durchschnitt der Bootskörper wie ein Hai die See.

Alle vier Stunden wurden die Diesel abgestellt und die Abgasventile eingeschliffen. Dies, um zu verhindern, daß sich Ölkrusten bildeten und beim Tauchen Wasser eindrang.

In der querlaufenden Atlantikdünung arbeitete das Boot inzwischen schwer. Ihr Operationsgebiet war die nördliche Irische See, wo die Geleitzüge durchkamen. Die siebenhundert Meilen dorthin wollten sie trotz widrigen Wetters in zwei Tagen schaffen.

Brandenburg ließ verschärft Ausguck halten. Der Rest der Besatzung sollte vorschlafen.

Ungeduldig wartete Brandenburg auf Funksignale eines Geleitzuges, auf Masten oder Rauchfahnen am Horizont. Das dauerte und nervte. Nichts kam in Sicht. Aber eines wußte er mit Sicherheit: Er würde Glück haben, wie immer.

Schon mit der Geburt hatte sein Glück angefangen. Sein Vater besaß in Trieboff am Schweriner See einen großen Bauernhof, den man ein Gut nennen konnte. Zwölfhundert Hektar Acker, Weiden, Wald. Harte Arbeit, aber gesichertes Auskommen. Der alte Brandenburg war immer deutschnational gewesen, hatte aber stets am fehlenden Adelstitel gelitten und war schon 1929 der NSDAP beigetreten. Inzwischen Gauleiter, zählte er zu den persönlichen Freunden Hitlers.

1917 hatte seine Frau Edwiga einen Sohn geboren. Dies unter fürchterlichen Schmerzen wegen seiner Größe. Sie nannten ihn Sigurd. Für die Eltern war er der schönste Knabe der Welt, und viele andere sagten das auch.

Bei den Leibesübungen glänzte Sigurd als Bester. Daß

man ihn auch in der Schule einen Primus nannte, war jedoch nur der Stellung seines Vaters, weniger seinen Leistungen zu verdanken.

Um 1936 bei der Olympiade in Berlin als Zehnkämpfer mitzumachen, war er leider meniskushalber verhindert. Von vorneherein stand jedoch sein Entschluß fest: Er wollte Seeoffizier werden.

Nach kurzer Zeit bei den Schnellbooten kam er zur U-Boot-Waffe und wurde dort im Sprintertempo Kommandant.

Und wieder hatte Brandenburg Glück.

Am nächsten Abend, nahe der Cardigan-Bai, meldete der Wachhabende eine Silhouette an Steuerbord. Gut auszumachen, denn sie hatten Dreiviertelmond.

»Das ist kein Dampfer«, bemerkte Brandenburg, »eher ein mittelschwerer Kreuzer.«

So etwas lief einem U-Boot nur selten vor die Rohre. Aber er mußte näher heran, weil er ihn sonst mit den E-Torpedos nicht erreichte. Mit äußerster Kraft lief er neuen Kurs, schwenkte dabei auf den Gegner zu. Die Diesel drehten so hoch, daß das ganze Boot zitterte.

Die Abschußrohre meldeten klar. Auf dreitausend Meter würde er einen Viererfächer abfeuern. Schon kam von unten, vom Schußrechner, die Meldung: »Deckung!«

Das bedeutete Gegnerfahrt, Vorhaltewinkel, alles war eingespeist.

»Torpedo los!« befahl Brandenburg.

Sie drückten die Stoppuhren und drehten ab.

Kaum auf Gegenkurs, knallten von achtern die Detonationen herüber. Vier Feuersäulen blitzten durch das Dunkel. Alle vier Torpedos hatten ihr Ziel erreicht.

Vor einem heranrasenden Zerstörer mußten sie blitzschnell tauchen. Doch der ortete sie in seinem Eifer nicht. In der Morgendämmerung setzte Brandenburg einen Funkspruch ab.

Dönitz funkte zurück:

GRATULIERE – IM NAMEN DES FÜHRERS VERLEIHE ICH DEM KOMMANDANTEN DAS RITTERKREUZ –

Brandenburgs Jagdglück hielt weiter an. Zwanzig Stunden später folgten sie einer Rauchfahne am Horizont und schlossen auf.

Einen dickeren Brocken hatte Brandenburg noch nicht zu Gesicht bekommen. Ein strahlend weißer Passagierdampfer zog mit voller Beleuchtung vorbei. Er hatte nur einen Fehler: Rote Kreuze markierten ihn als Lazarettschiff. Gewarnt vor dem deutschen U-Boot, eilte er auf den nächsten Hafen zu. Vermutlich Swansea am Nordeingang des Bristolkanals.

Das Wetter wurde wieder schlechter. Das Quecksilber fiel. Wind kam auf und Regen. Angriffswetter.

Der Dampfer mißfiel Brandenburg von Anfang an.

»Name: *Margatia*«, entzifferte der I WO. »Cunard-Linie. Vermutlich vierzigtausend Tonnen.«

»Warum hat er es so verflucht eilig? Als Lazarettschiff ist er unantastbar. Er kann sich also Zeit lassen.«

Die Überlegungen Brandenburgs gingen dahin, daß Lazarettschiffe Verwundete an Bord hatten. Die gab es aber nur, wenn gekämpft wurde. Und wo war derzeit Kampf? Nur in Nordafrika. Die Lazarettschiffe von dort nahmen jedoch einen anderen Kurs.

»Irgend etwas stimmt nicht mit diesem Burschen.«

Weil den deutschen U-Boot-Kommandanten noch das *Lusitania*-Trauma in den Knochen steckte, setzte Brandenburg einen Funkspruch an den BdU ab.

Gegen 21 Uhr 30 kam die Antwort aus Lorient. Sie lautete kurz: RAN! – VERSENKEN! – LAUT AGENTENMELDUNG AUS BALTIMORE EIN MUNITIONSFRACHTER –

Sofort begann Brandenburg den Anlauf für einen Fächer. Mit der üblichen Routine erfolgten die nötigen Kommandos. Aus Entfernung fünfzighundert schoß Brandenburg. Von vier Torpedos trafen zwei. Ein Vulkanausbruch war nichts dagegen. So, als hätten sie ein Gebirge von Dynamit entzündet, haute sie die Druckwelle fast um.

Drüben explodierte endlos Munition gen Himmel. Ein unvorstellbares Feuerwerk.

»Von wegen Lazarettschiff«, lautete Brandenburgs einziger Kommentar.

Bis auf einen Torpedo waren sie jetzt leergeschossen und kehrten zum Stützpunkt zurück.

Die britische wie die amerikanische Presse tobte. Sie warfen den Deutschen die Versenkung eines Lazarettschiffes vor. Ein barbarischer Verstoß gegen alle Abkommen. Das legte sich aber schnell durch die Goebbelssche Gegenpropaganda und als der deutsche Botschafter in Lissabon dem amerikanischen Botschafter Fotos vorlegte. Sie zeigten, wie die *Margatia* am Verladekai in Baltimore Munition übernahm.

In der Heimat wurde Brandenburg in Zeitungen, Radio und Wochenschauen, wie kaum einer vor ihm, als neuer Hermann der Cherusker gefeiert.

Die Besatzung dachte schon, damit hätte es sich, aber sie wurde nach Berlin befohlen. Nach großer Körperpflege in der Kaserne packten sie ihr bestes Zeug ein. Dann ging es mit dem Bus nach Nantes. Dort warteten Flugzeuge. Die Maschinen kamen aus der Reichshauptstadt. Eine Condor und eine Ju-52. Die U-Boot-Leute erhielten das EK-I angeheftet. Morgens um 10 Uhr 30 landeten sie in Berlin Tempelhof mit frisch glänzenden Orden.

Noch auf dem Flugplatz Tempelhof wurden sie von einem Schreibtisch-Admiral vergattert. Er hielt einen längeren Vortrag darüber, was sie alles nicht erzählen durften. Keine Namen von Schiffen, dies und jenes nicht, so gut wie gar nichts.

Umringt von einer Menschenmenge warteten die Autos,

schwarze Mercedes mit viel Chrom und offenen Verdecks. Im Radio hatte man den Berlinern bekannt gegeben, durch welche Straßen die Helden fahren würden. Der Weg war schwarz von Neugierigen. Sie hingen in den Fenstern, standen auf den Balkonen, hatten Litfaßsäulen, Laternen, ja sogar Dächer erklettert. Die Wagen wurden mit Blumen, mit Zigaretten, Seidentüchern und Briefen beworfen.

Irgendwie gelangten die Männer ins Hotel Kaiserhof. Von dort ging es später zu Fuß zur Reichskanzlei, wo sie zum Mittagessen eingeladen waren. Vorher mußten sie herausgeputzt antreten. Wieder folgten endlose Reden von Mut und Tapferkeit. Auch das Propagandaministerium ließ sich nicht lumpen. Kuchentafel, Kaffee und Tanzmusik bei Goebbels. Überall Mikrofone, Scheinwerfer, Radio, Wochenschau, Reporter und Fotografen. Sogar von der Auslandspresse waren sie gekommen. Ein PK-Mann fragte den bärtigen Funker: »Und wie fühlen Sie sich, Obermaat?«

»Wie der Papst im Puff«, antwortete der U-Boot-Mann feixend.

Das Interview wurde nie gedruckt.

Abends im Wintergarten-Cabaret hatte man sogar das Tanzverbot aufgehoben. Später schleppten sich die U-Boot-Männer durch die Bars, bis zum frühen Morgen.

Kapitänleutnant Brandenburg erhielt eine Sonderbehandlung. Er wurde persönlich vom Führer empfangen. Es gab Tee und feines Mürbgebäck.

Allein in dem riesigen Arbeitszimmer, sprach Sigurd Brandenburg mit Hitler, der ihn »mein lieber Junge« nannte, denn er kannte ihn von klein auf. Oft, während der Kampfzeit, hatte Hitler bei den Brandenburgs Unterschlupf gefunden.

»Wie gedenken Sie Ihren Urlaub zu verbringen?« fragte der Führer interessiert. »Was haben Sie vor? Darf ich Sie auf meinen Berghof in Berchtesgaden einladen?«

Daraufhin behielt Brandenburg die Neuigkeit nicht mehr länger für sich.

»Ich möchte heiraten, mein Führer.«

»Wer ist die Glückliche?« erkundigte sich Hitler leutselig, aber auch neugierig.

»Dorothea von Königsau«, nannte Brandenburg stolz den Namen seiner Auserwählten.

Hitler strich sich über die Stirn, ohne sie zu berühren. Dann massierte er sein Schnurrbärtchen mit dem mittleren Glied des rechten Zeigefingers.

»Ach, diese schöne Baronesse.« Hitler lächelte. »Ich kenne die Familie. Alte Parteigenossen. Gute Wahl, mein Junge, prächtiges Blut. Alles Glück.«

Die Trauung fand in der barocken Sankt-Nikolai-Kirche in Schwerin statt. Der evangelische Landesbischof nahm persönlich die Zeremonie vor. Konteradmiral Dönitz war einer der Trauzeugen.

Fortan galt sein Schützling, Kapitänleutnant Sigurd Brandenburg, bei der deutschen U-Boot-Waffe als der Mann sowohl fürs Feine wie fürs Grobe. Und als erste Wahl für schwierige und geheime Operationen.

Das sollte eines Tages zu seinem Schicksal werden.

# 7

*U-136* stand in der Irischen See auf und ab. Agenten in Plymouth hatten Geleitzüge gemeldet. Mitte Februar, am Eingang zum Sankt-Georgs-Kanal meldete der Ausguck Dampfer in Position vier Uhr. Die schmale Silhouette wanderte aus der Kim heraus. Sie mußten also näher heran.

Lützow befahl: »Beide Maschinen große Fahrt!«

Der Dampfer kam wieder auf. Ein ziemlich schneller Alleinfahrer, mindestens zehntausend Tonnen. Die See war kabbelig und gab dem U-Boot ausreichend Deckung.

Mit der Sonne im Rücken und einer Stunde Höchstfahrt hatte sich Lützow auf vorliche Schußposition gesetzt. Das eingespielte Ritual des Todes lief ab.

»Rohr eins, zwei, vier, klarmachen zum Überwasserschuß!«

Die Werte liefen an den Vorhalterechner. Lage links, Entfernung dreitausend, Gegnerfahrt zwölf Knoten, Torpedos auf vier Meter einstellen. Das Ziel war eingepeilt. Das Fadenkreuz im Glas des UZO folgte ihm. Mit äußerster Kraft fuhr Lützow den Überwasserangriff und feuerte. Die Aale jagten dem Frachter entgegen.

Vorsichtshalber ließ Lützow tauchen.

Kaum war das Boot durchgependelt, sagte der Obersteuermann mit Blick auf seine Stoppuhr: »Die sind vorbeigelaufen, Herr Kaleu.«

»Oder wieder fehlerhaft.«

Lützow hatte noch einen Aal im Rohr. Den schoß er auf das Ziel. Diesmal hatten sie Glück. Der Aal traf und funktionierte sogar.

Trotz der Entfernung erzitterte *U-136*. Sie hörten Detonationen, Spanten krachen und das Wasser der Strudel gurgeln. Sofort drehte *U-136* nach Süden ab. Rundblick im

Sehrohr. Der Horizont war ringsum frei bis auf eine treibende Regenbö. In ihrem Schutz tauchten sie auf, und dann war es fast zu spät. In der Regenbö hatte eine U-Boot-Jagdkorvette gelauert. Sie raste los, direkt auf sie zu.

Tauchen dauerte zu lange. Mit dem Heckrohr schoß Lützow auf den heranjagenden Gegner. Es war ein T-5, ein selbstsuchender Torpedo. Doch der wollte nicht. Versager.

Die Korvette jagte vierkant näher. Offensichtlich um sie zu rammen. Lützow versuchte die Flucht, mit äußerster Kraft plus zugeschalteten E-Maschinen. Die Distanz vergrößerte sich auf etwa eine Meile.

Nun schoß der Gegner mit Kanonen. *U-136* antwortete mit der 3,7. Die Treffer der 3,7 lagen besser als die der schwerstampfenden Korvette.

Obwohl der LI jammerte, als sie schon vierzehn Minuten mit a.K. liefen, wollte Lützow nur eines, nämlich Distanz.

»Nichts wie weg. Und dann abtauchen.«

Wenig später entstanden im Boot unbekannte Geräusche. Ein anhaltend berstendes Krachen. Fette, tiefschwarze Wolken von verbranntem Öl quollen aus dem Unterwasserauspuff. Das Boot verlor sofort an Geschwindigkeit.

»Steuerborddiesel unklar«, kam es von unten. »Vermutlich Pleuel- oder Kurbelwellenbruch.«

Sie tauchten, gingen auf Tiefe, soweit sie nur konnten, versuchten in irrer Schlängelfahrt zu entkommen. Doch ein kaputter MAN, das war noch lange nicht alles an diesem Tag.

Der Junkers Luftverdichter fiel aus, und die E-Maschine stank schon wieder verdächtig nach verschmorter Isolierung.

Das Gesicht des Leitenden war grau wie verbrannte Erde, als er seine Schadensmeldung abschloß.

»Da kann man nur aufgeben, Herr Kaleu.«

»Noch leben wir und haben Torpedos, Behrens.«

Das sprach sich herum, daß der Alte noch Mumm zeigte. Aber die Stimmung war auf irgendeine Weise kritisch.

Im Mannschaftsraum entstand merkwürdige Unruhe. Zwei Stunden später erschien eine Abordnung der Besatzung in der Zentrale. Obermaschinist Rinzler führte sie an.

Erst dachte Lützow, einer hätte Geburtstag und es ginge um Schnaps.

Doch mit entschlossener Miene erklärte der Wortführer: »Wir haben beschlossen, daß Sie die Feindfahrt abbrechen, Herr Kaleu.«

Das roch verdammt nach Meuterei. »Abbrechen also. Und das habt ihr beschlossen. Na fabelhaft. – Und wenn nicht?«

»Dann«, sagte der Obermaschinist finster entschlossen, »müßten wir Sie zwingen.«

Lützow wußte, daß er wenig bis gar nichts dagegen machen konnte. Seine Pistole lag irgendwo unten in der Koje.

»Noch ein Wort, und ich lasse euch festnehmen«, versuchte er es trotzdem und öffnete ihnen damit einen Rückzugsweg.

»Festnehmen? Von wem, Herr Kaleu?«

Sie waren wie eine Mauer abgemagerter ölverkrusteter Gestalten, und hinter ihnen stand eine zweite Mauer.

»Noch haben wir sechs Torpedos. Und das Boot ist einsatzfähig.«

Lützow wußte, das Boot war nicht einsatzfähig, und die Torpedos waren Mist, alle Mist. Aber er durfte sich die Entscheidung nicht aufzwingen lassen.

»Wollt ihr, daß sie uns wegen Feigheit vor dem Feind aufhängen?« nannte er als Alternative.

Er redete in einem Ton auf sie ein, den sie verstanden. Für ihn eine rhetorische Gewaltleistung, aber es wirkte. Die Mauer zerbrach.

»Und jetzt ab auf die Stationen.«

Unwillig zogen sie sich zurück. Offenbar war das Schlimmste abgewendet.

Aber Rahn, der stramme I WO, hatte den Eintrag ins Kriegstagebuch schon vorgenommen. Tatbestand: Meuterei. Namen der Rädelsführer, Uhrzeit und Position.

Gegen alle Vorschriften riß Lützow nachts die Seite aus dem Kriegstagebuch, zerfetzte sie und pumpte sie durch das WC.

Schon beim Mittagessen fiel eine andere Entscheidung.

Stechender Geruch verbreitete sich im Boot.

»Gasalarm!« schrie der LI.

Die Tauchretter wurden angelegt. Batteriesäure hatte sich wohl mit Bilgenwasser vermischt. Dabei entwickelte sich auch giftiges Chlorgas. Der LI hoffte, die geplatzten Hartbuna-Zellen ließen sich überbrücken und der Dreck würde sich nach außen pumpen lassen. Aber jetzt waren sie wirklich am Arsch. Die Meldung an den BdU enthielt alles außer diesem einen Wort.

Mühsam schleppte sich *U-136* von seiner vierten Feindfahrt nach Hause. An Bord war so gut wie alles kaputt, was kaputtgehen konnte. Nur dank LI Behrens' Tüchtigkeit fuhr und schwamm das Boot noch.

»Schaffen wir es?« wurde der LI immer wieder gefragt.

»Nur wenn der letzte Strick hält. Und der ist nur ein Bensel.«

Irgendwie grassierte an Bord Erkältung. Was es eigentlich gar nicht geben durfte. Von überallher plubberndes Geschnäuze. Lützow ließ Cognac ausgeben.

Wessel schüttete das Zeug hinunter und meinte: »Ein Stoff, von dem Schwangere eine Fehlgeburt kriegen.«

Aus der Kombüse holte er Apfelsaft.

»Angereichert mit Original Schweizer Gebirgsquellwasser. Aber der Magen ist einem ja näher als die Brust, und die ist einem näher als das Hemd«, bemerkte er schlürfend.

Vierzig Stunden später, wenige Meilen vor dem Treffpunkt mit dem Vorpostenboot, erschütterte eine Explosion, hart wie der Stoß einer Granitfaust, von unten den Rumpf des Bootes. Zwei Fontänen spritzten hoch. Sie hatten Magnetminen ausgelöst.

»Wassereinbruch!« kam es von achtern, »an Schraubenwelle und Tiefenruderlager.«

Der Backborddiesel war stehengeblieben, sprang aber wieder an. Hinten standen sie bis zu den Knöcheln im Wasser.

»Aber wir schaffen es! Wir schaffen es!« spornte der LI verzweifelt seine Leute an.

»Schließlich sind wir noch auf den Beinen«, meinte Lützow.

»Nur eben mal noch auf den Strümpfen«, kommentierte Wessel mit dem Sarkasmus der Verzweiflung. »Dieser LI Behrens hält zwei Rekorde. Den Rekord in Liebe zum Diesel und zu ehelicher Treue. Aber das eine kommt wohl vom anderen.«

Ostwind briste auf. Bitter und verbraucht stank er nach russischen Fußlappen.

»Abgase der Rüstungswerke«, konstatierte Lützow.

Als sie endlich hinter der Pierschleuse von Lorient festmachten, war keiner da, um ihre Leinen zu übernehmen.

Doch wie auf Kommando gingen plötzlich Scheinwerfer an.

Am Kai standen Marineinfanteristen unter Stahlhelm mit Gewehr. Sie riegelten das Boot ab.

Lützow verlangte den Offizier der Abteilung zu sprechen.

Der Major der Feldpolizei rief herüber: »Keiner verläßt das Boot. Niemand geht an Land!«

Es wurde Morgen, ohne daß sie Aufklärung erhielten. Statt dessen kletterte ein Kommando technischer Offiziere ins Boot und suchte es von vorn bis achtern ab. Sie nahmen jeden Schaden akribisch auf. Ein Zivilingenieur behauptete:

»Die Steuerbordmaschine wurde durch zu lange Fahrt mit äußersten Umdrehungen mutwillig zerstört.«

»Sonst wären wir tot«, sagte Lützow, »so ist es nur der Diesel.«

Die Besatzung wurde wie Gefangene von Bord geführt. Lützow stand fortan unter Stubenarrest. Irgend etwas mußte von der Meuterei durchgesickert sein.

Nach dem Verhör bei der Feldpolizei unterzeichnete Rinzler das Geständnis. Zur selben Stunde verurteilte das Standgericht die Rädelsführer.

Wegen Feigheit vor dem Feind, Anstiftung zur Befehlsverweigerung und Meuterei wurden drei Mann im Hof der alten Kaserne erschossen.

Noch einmal hatte Lützow eine Begegnung mit Brandenburg.

Es war die letzte in diesem fürchterlichen Krieg. Sie fand im Park von Schloß Kernével statt, als Lützows Stern schon untergegangen war.

Nur für Sekunden blickten sie sich in die Augen. Lützow unrasiert in stinkendem Feindfahrtzeug, Brandenburg herausgeputzt in pikfeiner Schneideruniform aus bestem Gabardine, Bügelfalten, gestärktes weißes Hemd, parfumduftend.

Erst tat Brandenburg so, als kenne man sich nicht, und verweigerte dem Kameraden sogar den Gruß. Als er in den Admiralsmercedes stieg, glaubte Lützow sogar gesehen zu haben, daß Brandenburg verächtlich vor ihm ausspuckte. So, als wisse er bereits, was mit Lützow und seiner Besatzung geschehen würde.

Dönitz hatte Lützow zum Vortrag befohlen, ließ ihn zunächst aber stundenlang warten. Endlich, um Mitternacht, forderte er von Lützow den Einsatzbericht. Aber es wurde eher ein Verhör vor Zeugen.

An einem Nebentisch saß das Tribunal, mehrere Stabsoffiziere vom Korvettenkapitän aufwärts. Zu trinken gab es nur Wasser, nicht einmal Kaffee. Aber vom Oberbefehlshaber war ja bekannt, daß er sparsam war bis zum Geiz. Man behauptete, Dönitz sei so kniggerig, daß er bei Regen, wenn er mit dem Auto unter einer Brücke durchfuhr, sogar den Scheibenwischer abstellen ließ. Immerhin wurde der Anklagepunkt ›Mutwillige Beschädigung des Bootes‹ fallengelassen. Lützow begehrte zu wissen, was man ihm vorwerfe. Das war sein Recht.

»Sie haben die Meuterei verschwiegen«, fuhr ihn Dönitz an.

»Ich habe sie unterdrückt, Herr Admiral.«

»Und die Eintragung im Kriegstagebuch verschwinden lassen. Aber Sie bevorzugten ja immer krumme Wege. Sie sind der Typ, der immer gern zwei zum Preis von einem hat. Alles um die Hälfte.«

Sie spielten Lützow die Aufzeichnung einer Wachsplatte vor, die seinen Protest während des letzten Besuches aufgezeichnet hatte. Unter anderem auch seine Bemerkung, daß er mit diesen defekten Torpedos nicht mehr auszulaufen gedenke.

Die Augen des BdU blitzten bösartig, obwohl er sie nahezu geschlossen hielt.

»Wie stehen Sie heute dazu, Lützow?« schnarrte er doppelzüngig.

»Unverändert«, erwiderte der Kapitänleutnant seinem Admiral, »mit diesen elenden Torpedos stelle ich mich nicht mehr dem Feind.«

Daraufhin beschuldigte Dönitz Kapitänleutnant Lützow der Feigheit.

Dieser erwiderte scharf, daß er seinem Oberbefehlshaber gegenüberstand störte ihn dabei nicht: »Es spricht nicht von Tapferkeit, Herr Admiral, wenn man Boote mit defekten Waffen in den Atlantik hinausjagt, so daß von vier Booten nur eins zurückkommt.«

Dönitz rollte die Schultern hoch und zog den Kopf ein, daß er aussah wie eine riesige schwarze Krähe.

»Das Boot von Brandenburg war äußerst erfolgreich«, wandte er ein.

»Ja, mit handverlesenen Extra-Torpedos. Mag ja sein, Herr Admiral, daß unsere Opfer der Propaganda dienen. Aber für mich ist es Kameradenmord.«

Dönitz erblaßte und reagierte immer fassungsloser. »Warum, zum Teufel, jammern meine U-Boot-Leute immer. Sie haben es doch warm und zu essen, während sich die Infanterie an der Ost-Front den Arsch abfriert.«

Zynisch pflichtete Lützow ihm bei. »In der Tat haben wir es immer sehr gemütlich. Bis wir ohne Luft ersticken, auf Tiefe zerquetscht oder von Wasserbomben zerfetzt werden.« Lützow konnte sich nicht mehr zurückhalten, auch wenn er es sich bei Dönitz damit total verdarb. Was er jetzt noch hinzufügte, war mehr, als er riskieren durfte: »Suchen Sie sich einen anderen für diese Drecksarbeit, Herr Admiral.«

Dönitz wurde kalkweiß. Schweißperlen traten auf seine Stirn. So konnte er sich vor Zeugen nicht heruntermachen lassen.

Dönitz wirkte tief aufgewühlt. Lützow hingegen war unheimlich müde.

»Nehmen Sie Haltung an, Lützow!« schrie der BdU.

Lützow verstand ihn erst beim zweiten Mal.

»Aber etwas zackig, wenn ich bitten darf.«

Tausenderlei Dinge rasten Lützow durch den Kopf. Auch der Verdacht kam in ihm auf, daß an der ganzen Sache gedreht worden war. Vielleicht hatte Brandenburg mit seinen Verbindungen sogar dafür gesorgt, daß die TVA für *U-136* Torpedoausschußware geliefert hatte.

Die Liste der Demütigungen war lang, zu lang. Deshalb auch seine Anschuldigungen und Vorwürfe. Wie aus weiter Ferne hörte er die Stimme von Dönitz.

»Hiermit, Kapitänleutnant Lützow«, erklärte der Admiral, »sind Ihnen alle Auszeichnungen aberkannt, gleichzeitig degradiere ich Sie zum einfachen Matrosen.«

Lützow riß das Ritterkreuz vom Rollkragenpullover. »Wie Sie befehlen, Herr Admiral.«

»Das kostet Sie den Kopf.«

Lützow machte den Hals frei. »Da ist er, Herr Admiral.«

»Frech auch noch! Los, zischen Sie ab, Mann!«

Soldaten der Wache polterten herein und führten Lützow in eine Einzelzelle. Er warf sich auf die Pritsche, fand aber aus Sorge um seine Besatzung keinen Schlaf. Eine himmelschreiende Sauerei, wie mit ihnen umgesprungen wurde.

Am Morgen kam Larsen herein und übermittelte im Ton einer Freudenbotschaft: »Erschießen wird man euch wohl nicht. Hochgradige Spezialisten, deren Ausbildung Millionen Mark gekostet hat, wirft man nicht einfach auf den Müll.«

»Was wird aus meinen Männern?« wollte Lützow wissen.

»Sie kommen alle zu einem Strafkommando in den Osten. Minenräumen, Partisanenbekämpfung.«

»In die polnischen Sümpfe?«

»Dort wird man sie wohl irgendwo verheizen.«

Sie würden also einer verflucht ungewissen Zukunft entgegengehen. Doch wenn Lützow ehrlich war, dann sah die Zukunft gar nicht so ungewiß aus, sondern verdammt klar. Bei diesem Todeskommando würden sie früher oder später krepieren.

An einem regnerischen Morgen wurden alle in den Waggon gepfercht. Stets unter starker Bewachung. Der Wagen kam an einen Güterzug, der über Paris ins Ruhrgebiet rollte. Einer der jüngsten Besatzungsmitglieder saß am Fenster, starrte hinaus in die flache graue Bretagnelandschaft. Tränen rollten über seine Wangen.

Als der ehemalige II. Wachoffizier Wessel das sah, setzte er sich zu ihm und tröstete ihn auf die feine Art, wie nur Wessel sie beherrschte. »Jetzt bist du ein echter U-Boot-

Fahrer«, sagte er, »also gib jede Hoffnung auf, mein Junge.«

Tagelang ratterte der Wagen über die Schienen, nahezu zweitausend Kilometer weit nach Osten.

Im Lager Wadrowa erfuhren sie auch, daß Prien mit seinem *U-47* am 23. Mai 1941 nicht von Feindfahrt zurückgekehrt sei.

»Wird schlichtes Absaufen«, stellte Wessel in Frage, »eigentlich auch als Heldentod akzeptiert?«

Aber zu diesem Zeitpunkt war schon wieder alles anders.

Das hing mit U-Brandenburg zusammen. Sie wußten es nur noch nicht.

# 8

Im Juni 1941 operierte U-Brandenburg vor der amerikanischen Ostküste. Siegfried, der Götterliebling, hatte sein neues Schwert Balmung erhalten. Aber er machte wenig Gebrauch davon.

Zunächst hatte Brandenburg den Befehl, die in der Chesapeake-Bay ein- und auslaufenden Schiffe zu registrieren. Tagsüber lag er auf Grund in einem Schlickloch, nachts wagte er sich heraus und kreuzte im offenen Teil der Bay, der in den Atlantik mündete. Immer wieder führte er Gespräche mit seinem I WO über den Sinn dieses Einsatzes.

»Klar, wir sollen feststellen, ob die *Navy Number One*, die NNO-Staatsyacht des Präsidenten Roosevelt, den Potomac herunterkommt und wohin sie läuft. Aber ausgerechnet solchen Kinderkram mit dem modernsten U-Boot, das jemals gebaut wurde, das verstehe ich nicht. Wir sind doppelt so groß wie die alten 7-C-Kampfboote, doppelt so schnell und fast doppelt so stark mit Torpedos ausgestattet.«

»Demnach sollten wir eigentlich alles doppelt so gut können, Herr Kaleu. Nun, die Entschlüsse des Herrn BdU sind unerfindlich wie bei Gottvater.«

»Warum läßt man uns hier seit Wochen vergammeln? Angeblich haben wir die Einsatzerprobung des Typ XXI durchzuführen.«

Ihre Geduld wurde nicht mehr lange auf die Probe gestellt. Schon in der nächsten Nacht überschlugen sich die Ereignisse.

Der Horcher meldete Schraubengeräusche.

Brandenburg wagte eine Orientierung mit dem Rundblick-Sehrohr und sah einen Kreuzer. Ihm folgte ein

Dampfer mit dem Aussehen einer schnittig-eleganten Hochseeyacht. Brauner Rumpf, cremeweiße Aufbauten.

»Die *Navy Number One*«, vermutete Brandenburg.

Sein I WO am Zentralesehrohr bestätigte diese Ansicht.

»Zweifellos die Staatsyacht des Präsidenten, Herr Kaleu.«

Aufgetaucht folgte Brandenburg mit a.K. dem Kreuzer und der Staatsyacht. Beide liefen über zwanzig Knoten. Den Kontakt zu halten wäre einem alten 7-C-Boot gar nicht möglich gewesen. Mit seinen 4000-Diesel-PS und 5000 PS starken Elektromaschinen holte Brandenburg das Geleit wieder ein, als es die Bay verließ und sich auf hoher See trennte.

Die Staatsyacht nahm Südkurs auf Kap Hatteras zu, während der Begleitkreuzer sich in Richtung Bermudas davonmachte.

Brandenburg funkte den Vorfall an den Befehlshaber der U-Boote. Nach wie vor konnte er sich nicht erklären, was an der Angelegenheit so wichtig sei. Immerhin befand sich Deutschland nicht im Krieg mit den USA.

In den nächsten Stunden erreichte U-Brandenburg ein neuer Befehl. Er lautete:

TREFFEN MIT VERSORGUNGSBOOT U-459 – KREUZPUNKT PLANQUADRAT XB UND YC – AB DONNERSTAG 24 UHR –

Am Kartentisch legten sie den Kurs zum Rendezvousort fest.

»Zweihundertvierzig Meilen nordöstlich von hier«, berechnete der Obersteuermann, »schaffen wir locker in zwanzig Stunden.« Brandenburg durchschaute auch diesen Befehl nicht.

»Wir sind doch erst versorgt worden«, stellte er fest, »haben noch alle Torpedos, vom Dieselöl ist kaum etwas verfahren.«

»Etws Frischfleisch, Obst und Gemüse könnten wir schon gebrauchen«, meinte der I WO.

»Nun, man wird sehen«, sagte der Kommandant, wie immer um Distanz bemüht.

U-Brandenburg wartete am Treffpunkt vergebens auf die Milchkuh, wie im U-Boot-Jargon die U-Tanker genannt wurden. Sie trafen sich erst vierundzwanzig Stunden später und fanden sich, indem sie kurze Blinksignale abgaben.

Über Sprechfunk erklärte der Kommandant des Typ-XIV-Versorgers, daß er von Fernaufklärern gesichtet worden sei. Das habe ihn zu langsamem Unterwassermarsch gezwungen.

Begierig, den Grund des Treffens zu erfahren, antwortete Brandenburg: »Jetzt sind Sie ja da. Kommen Sie herüber. Bei mir ist es bequemer.«

»Ich habe ohnehin Geheimorder für Sie«, erklärte der Tankerkommandant, Kplt. Wilanowitz.

In der Nacht ließ er sich bei ruhiger See im Schlauchboot heranpullen. Sofort verschwanden beide in der Kommandantenkammer, denn über solchen Luxus verfügten die neuen XXIer Typen. Dort tauschten sie Dinge aus, die sie für interessant hielten.

»Wie kommen Sie mit dem Boot klar?« fragte der Versorgerkommandant, ein fröhlicher Scherenschleifertyp.

»Wir fahren die Feinderprobung. Aber in letzter Zeit verstehe ich einige Dinge nicht. Wir haben strikte Anweisung, jede Feindberührung zu vermeiden. Dann dieser Treff mit Ihnen, obwohl eigentlich nur ein paar Kisten Äpfel, Birnen, Salat und Schweinehälften fehlen.«

Wilanowitz, der Versorgerkommandant, hatte eine versiegelte rote Mappe mitgebracht. Den Empfang ließ er sich von Brandenburg quittieren.

»Erst auf See zu öffnen«, ergänzte Wilanowitz grinsend.

»Wir sind auf See«, denke ich.

»Schon merkwürdig«, sagte der Tankerkommandant, »als wir in Wilhelmshaven ausliefen, hatte ich diese Befehlsmappe noch gar nicht in Händen. Sie wurde uns per

Luftpost nachgeliefert. Das heißt, ein Condor-Fernaufklärer holte uns westlich Nordschottland bei den Hebriden ein und warf das Ding am Fallschirm runter. Die Mappe hat also schon eine abenteuerliche Reise hinter sich. Trotzdem leider keine Ahnung vom Inhalt, Brandenburg. Was drin steht, ist gewiß ›gekados‹.« Brandenburg fragte den Kameraden dies und jenes. Nach ein paar Cognacs wurde der Tankerkommandant immer lockerer. »Also, was das Wichtigste betrifft, in der Heimat sind die Nazis noch am Ruder.«

Der Miene Brandenburgs entnahm er, daß es diesem mißfiel, so über Staat und Regierung zu sprechen. Also wechselte Wilanowitz das Thema.

»Schätze, wir stehen kurz vor einem Krieg mit Rußland. Das Unternehmen läuft unter dem Namen Barbarossa. Rotbart also.«

»Heißt das, Stalin wird angreifen?« verstand es Brandenburg.

»Wohl kaum. Er ist ein Verrückter, aber kein Wahnsinniger. Hitler wird ihm zuvorkommen.«

In Brandenburg wuchs das Gefühl, daß dieser Kamerad und er weltanschaulich nicht auf einer Linie lagen.

»Der Führer weiß, was er tut.«

Der andere fuhr fort zu erzählen: »Canaris und seine Geheimdienste haben herausgefunden, daß England und Amerika ein umfassendes Kriegshilfsabkommen schließen werden. Sie nennen es Atlantic-Charta oder so ähnlich. Dazu will Churchill Roosevelt treffen. Zunächst war wohl irgendein Punkt im Nordatlantik vorgesehen.«

Allmählich ging Brandenburg ein Licht auf.

»Deshalb hatten wir offenbar die Staatsyacht zu beobachten.«

Wilanowitz berichtete weiter: »Ein Ju-390-Bomber, einer von den sechsmotorigen Ural-Typen, sollte Churchills Flug über Island verhindern. Er wurde abgeschossen. Futschikato. Nun sieht es so aus, daß das Treffen vermutlich in

Neufundland, nahe Halifax, stattfindet. Es soll da eine geeignete Bucht geben, Plazentia-Bai oder etwas in der Tonlage.«

»Und wann?« wollte Brandenburg wissen.

»In den ersten Augustwochen. Winnie benutzt den Kreuzer *Prince of Wales.*«

»Wurde der nicht von der *Bismarck* beschädigt?«

»Das hat man behoben und für Winnie eine Extrakabine eingebaut mit großer Badewanne, Safe für seine Zigarren, Kühlschrank für seinen Whisky und besondere Entlüftungen, daß der Mief abzieht. Das ist, pardon, reine Spekulation meinerseits.«

Eigentlich wußte Brandenburg jetzt genug und war neugierig darauf, die Order zu öffnen. Dazu wollte er aber allein sein.

Nur eines interessierte ihn noch: »Wie geht es Lützow?« erkundigte er sich.

»Dem Nordpol-Lützow?«

»Ja, genau den von *U-136.*«

»Die verkommen im Straflager Wadrowa in Ostpolen«, erfuhr Brandenburg. »Dort werden sie auf die Sanfte krepieren. Erst recht, wenn jetzt bald der Angriff auf Rußland losgeht.«

»Lützow, das Schwein, hat es nicht anders verdient. Er und seine feige Meutererbande.«

»Weiß nicht«, meinte Kamerad Wilanowitz schon auf der Leiter zum Turmluk, »wie ich mich an seiner Stelle verhalten hätte.«

Die Boote lösten sich voneinander. U-Brandenburg und der Versorger *U-459* nahmen getrennte Kurse. Brandenburg ließ tauchen.

Hinter sich sperrte er die Tür zur Kommandantenkammer ab und öffnete die Mappe mit der Order, die zusätzlich in wasserdichtes Segeltuch verpackt war.

Der Inhalt des ausführlichen Befehls und alle Detailanweisungen ließen sich wie folgt zusammenfassen: Brandenburg sollte in geheimer Schnorchelfahrt nach Neufundland gehen und äußersten Falles nachts auftauchen. Am präzise beschriebenen Treffpunkt der beiden Staatsmänner sollte er deren Verhandlungen verhindern und den Kreuzer *Prince of Wales* versenken.

Zunächst behielt Brandenburg das alles für sich, ließ nur die entsprechenden Karten und Segelhandbücher heraussuchen. Dann rechnete er.

In achtzehn Tagen war die Schleichfahrt Richtung Halifax leicht zu schaffen.

Als ersten weihte er seinen I WO und den Obersteuermann ein.

U-Brandenburg lief mit Kurs NO-015 Grad auf Neufundland zu, tagsüber getaucht, nachts in vorsichtiger Überwasserfahrt. Einmal flog eine Küstenpatrouille über sie hinweg. Es war der US-Aufklärer vom Dienst. Aber die amerikanischen Maschinen führten noch kein Radar und hatten sie vermutlich auch nicht gesehen.

In den Abendstunden erschien der LI mit Kummermiene in der Zentrale.

»Die Batterien sind fast leer, Herr Kaleu.«

Nervös entgegnete Brandenburg: »Dachte ein XXI-Boot kann das locker ab.«

»Aber nicht bei zwölf Knoten Unterwasserfahrt, Herr Kaleu.«

»Wie lange reicht der Saft noch, LI?«

»Drei Stunden.«

»Auf Schnorcheltiefe gehen!« befahl Brandenburg, »Luftmast ausfahren.«

Getaucht luden die Diesel über Schnorchel die Akkus. Bei Dunkelheit ging Brandenburg nach oben, um das Boot durchzulüften. Es war nicht nur eine trübe Atlantiknacht, sondern es war eine traurige.

Der beste Ausguck polierte noch sein Zeissglas, da

glaubte er etwas zu erkennen. Aber die Umrisse zerflossen grau in schwarz.

»Wofür halten Sie das?« fragte Brandenburg den Matrosenobergefreiten.

Da drehte der Zerstörer schon seine hohe Bugwelle auf sie zu. Mit dreimal äußerster Kraft begann Brandenburg querab vom Zerstörerkurs wegzulaufen. Wie ein Delphin glitt das Boot durch die ruhige See.«

»Zerstörerabstand zwölfhundert«, meldete der I WO, »Rammkurs!«

Mit schmaler Silhouette und gischtend raste der Gegner heran.

»Mein Gott!« rief Brandenburg entsetzt. »Schnelltauchen!«

Er wußte nicht, ob es noch Sinn hatte, aber was hatte jetzt noch Sinn? Etwa ein Kampf mit den Fla-Waffen gegen die 12- und 15-cm-Geschütze des Zerstörers? Bis er einen Torpedo aus dem Rohr hatte, das dauerte viel zu lange. Ob die sechsunddreißig Sekunden, bis das Boot getaucht war, und die Minute, bis es mindestens fünfzig Meter Wasser über sich hatte, zu seiner Rettung reichten?

Der Kommandant war der letzte, der im Turmluk verschwand. Er warf einen Blick zu den Sternen, als zweifle er, ob er sie jemals wiedersehen würde.

Drinnen am Handrad hängend, drehte er es bis zum Anschlag.

Schon hörte man die Luft aus den Tauchtanks zischen und die Wellen über dem Deck zusammenklatschen.

In der nächsten halben Minute geschah noch nichts. Das Boot bekam die übliche Neigung.

»Turm schneidet unter«, las der WO vom Pabenberg ab. »Fünf Meter . . . sieben Meter . . .«

U-Brandenburg brachte eine halbe Kabellänge hinter sich. Hoffnung flackerte auf.

Dann das Schraubengeratter des Gegners so nah und deutlich, wie selten eines zuvor.

». . . acht Meter . . . neun . . .«

Schrecken trat in die bärtigen Gesichter. Plötzlich schwang ein schriller Ton auf, wie wenn Seide zerreißt, gefolgt vom Geräusch einer Baumsäge.

Die Ankündigung des Todes lähmte sie. Einer betete.

». . . zehn Meter . . .«

Dann der fürchterliche Schlag, als sei der Kopf ein Amboß, und der Hammer treffe ihn mitten auf die Stirn. Das war der volle Rammstoß.

Das Boot benahm sich, als versuche es, eine tödliche Umklammerung abzuschütteln. Brandenburg hatte das Gefühl, die Zentrale würde unter seinen Füßen wegsakken. Er suchte nach Halt. Das Licht flackerte und ging aus. Notbeleuchtung rot.

Bloß nicht aufgeben wie dieser feige Hund, Kommodore Langhoff, vom Schlachtkreuzer *Graf Spee* vor Montevideo in Uruguay, dachte Brandenburg und rief: »Alle Stationen Schäden melden!«

Aber wozu noch dieser Befehl. Von überallher spritzte, gurgelte Wasser herein. Ein zweiter Keulenschlag traf sie. Die gigantische Stahlsäge über ihnen setzte erneut an. Ein polterndes Schrammen folgte. Das Boot taumelte.

Brandenburg wußte nicht, wie lange es noch dauern würde, bis sie wie die Ratten absoffen.

Gellende Schreie: »Wassereinbruch . . .! Boot sinkt . . .! Nicht zu halten . . .!«

Taschenlampen blitzten auf. Im Rundschott zur Zentrale stand der LI bleich wie ein Gespenst.

»Im Dieselraum«, keuchte er, »achtern Wasser bis zur Brust.«

»Tauchretter!« befahl Brandenburg. »Klarmachen zum Aussteigen. An Obersteuermann Frage: Wassertiefe bis zum Grund?«

»Neunhundert Meter, Herr Kaleu.«

»Boot sinkt weiter«, kam es von links. »Keine Ruderwirkung.«

Die Hauptlenzpumpe sprang an.

»Maschine dreimal AK! Tiefenruder beide hart oben! Anblasen!«

Die letzten Kommandos konnten schon nicht mehr ausgeführt werden.

»Licht! Mehr Licht!« schrie der Zentralmaat, sich zu den Ventilen tastend.

Mit dem Heck voraus sackte das Boot weiter ab, unaufhaltsam in die Tiefe.

Brandenburg musterte seine Männer in der Zentrale. Ihre Lippen waren zusammengepreßt, die Hände um irgend etwas geklammert.

So warteten sie auf das Ende.

Das Boot hatte jetzt fünfunddreißig Grad Neigung. Geschirr fiel auf die eisernen Flurplatten und zerbrach. Gläser und andere Gegenstände folgten. Jeder Befehl, den Brandenburg jetzt noch gab, war sinnlos.

»Aufhören!« schrie einer verzweifelt. »Aufhören!«

Der Zentralmaat stürzte in die schon schulterhohe Brühe aus Wasser und Öl und kam nicht mehr hoch. Doch damit starb er nur wenige Sekunden vor seinen Kameraden.

Unaufhaltsam schoß das Boot abwärts.

». . . achtzig . . .«, sagte der Mann am Gerät noch an, ». . . hundertzehn . . . Boot sinkt weiter . . .«

Die Luft wurde zusammengepreßt. Sie konnten nichts tun, rein gar nichts mehr.

Kurz bevor die Nieten platzten, bevor die Spanten barsten, die Wände des Druckkörpers sich bogen, der Innendruck das Turmluk aufsprengte und sie zerquetscht wurden, sagte Brandenburg noch: »Zum Teufel, warum muß so etwas eigentlich immer sonntags passieren . . .«

Am Morgen wurden an der Sinkstelle des deutschen U-Bootes immer noch Ölspuren entdeckt. US-Küstenschutzeinheiten fischten Trümmer von Bootsinnereien heraus. Holzverschläge, Matratzen, Dosenbrot, Obstkisten und auch mehrere Leichen.

Am Nachmittag kam der malaysische Frachter *Serenbam* an dieser Stelle vorbei. In einer Öllache zwischen Wrackteilen trieb ein Mann in Offiziersuniform und Tauchretter. Der Frachter *Serenbam* hatte Naturkautschuk nach Kanada geliefert, befand sich jetzt leer auf der Rückfahrt, hatte also Zeit. Der Schiffbrüchige wurde geborgen und an Bord gebracht. Wie es aussah, hatte er erhebliche Lungenschäden und war dem Tode nahe.

Mit Bordmitteln päppelten sie ihn auf. Der blonde Bursche mit der hellen Haut war ein robuster Kerl. Er kam tatsächlich über die Runden. Schon bald trieb er wieder Sport.

Täglich schaute ihm der malaysische Kapitän bei seinen Leibesübungen zu. Bald war es ihm, als hätte er diesen Mann schon einmal gesehen. Er wußte nur nicht wo.

Als der Frachter im Südatlantik auf Heimatkurs SO lag, sagte der Kapitän zu seinem Decksmaat. »Rasiert ihn, zieht ihm was Anständiges an und gebt ihm einen Whisky. Ich möchte ihn verhören.«

Bei dem Gespräch stellte der Kapitän zunächst keine auffälligen Fragen. Der Gefangene hätte sie ohnehin nicht beantwortet. Also begann er höflich, indem er eine Zigarre anbot, die der blonde Hüne jedoch ablehnte.

»Sie sind Deutscher, Sir?«

»Ja, ein deutscher Matrose.«

»Von einem U-Boot, Sir?«

»Richtig, Kapitän, das versenkt wurde. Ich kam irgendwie raus.«

Der Kapitän hob die Brauen.

»Aus dem sinkenden U-Boot?«

»Ja, bei Druckausgleich sprang das Luk auf. Der Schwall riß mich mit.«

»Warum trugen Sie Offiziersuniform, wenn Sie Matrose sind?«

Der Befragte schien zu überlegen, ehe er antwortete.

»Ich hatte Freiwache, war halb nackt. Das Licht fiel aus im Boot. Ich griff mir irgend etwas, das herumlag, zum Anziehen.«

Das klang nicht sonderlich überzeugend.

Der Malayse nahm hin und wieder einen Schluck Tee und qualmte in den Ventilator. Dabei betrachtete er mit der Lupe ein Magazin, das vor ihm auf seinem Kapitänstisch lag. Dann buchstabierte er: »B-e-r-l-i-n-e-r I-l-l-u-s-t-r-i-e-r-t-e . . .«

Indem er die Fotos darin betrachtete, glitt ein Grinsen über sein gelblich rundes Fettgesicht. Dabei lehnte er sich zurück und kommentierte in seinem Pidgin-Englisch: »Großer Empfang der deutschen Seekriegshelden bei Führer Adolf Hitler in Reichskanzlei . . . trara-bumbum . . .«

Mit Rotstift umrundete er den Kopf eines Mannes.

»Und das sind Sie, oder etwa nicht?« Damit legte er dem Schiffbrüchigen das Foto vor. Es zeigte einen Kapitänleutnant mit Ritterkreuz.

»Erkennen Sie sich darauf?«

»Nein, Kapitän«, erklärte der Schiffbrüchige, »das bin ich keinesfalls. Kann es gar nicht gewesen sein.«

»Warum?«

»Ich war nie in Berlin.«

»Der Name steht darunter«, entschied der Malayse. »Sigurd Brandenburg. Sie sind Brandenburg.«

Abwehrend hob der Deutsche beide Hände. »Ich bin von Hessen.«

»Vorname?«

»Heinrich.«

Trotz schwerer Zweifel machte der Kapitän eine Notiz, offenbar für sein Schiffstagebuch.

»Matrose Heinrich von Hessen, aufgefischt 29. Juli 1941.«

Dazu kritzelte er etwas hin, das aussah wie die Angabe von Längen- und Breitengrad. Dann blickte er wieder seinen Schiffbrüchigen an. »Sie sind mein Gefangener, Mister von Hessen, das versteht sich. Wir behandeln Sie gemäß dem Internationalen Den Haager Abkommen und werden Sie irgendwann den Alliierten übergeben. Sie können gehen, Mister von Hessen.«

Fünfunddreißig Tage später erreichte der Frachter *Serenbam*, aus dem Indischen Ozean kommend, die Andamanensee. Er steuerte die Meerenge von Malakka an, schlug dann aber einen Haken nach Osten auf den Hafen von Taiping zu, in den er Anfang September einlief.

Dort wurde der deutsche Schiffbrüchige Heinrich von Hessen an die Engländer übergeben, die ihn in ein Internierungslager steckten.

# 9

Der Befehlshaber der U-Boote, Großadmiral Dönitz, geriet zusehends in die Klemme. Er hatte dem Führer garantiert, das Treffen der Staatsmänner Winston Churchill und Franklin Delano Roosevelt in Neufundland zu verhindern. Nun wollte er nicht dastehen wie Reichsmarschall Göring, der vorschnell behauptet hatte, nie würde ein feindliches Flugzeug deutschen Boden überqueren.

Der sechsmotorige Junkers-390-Bomber hatte Churchills Maschine nicht abgeschossen, sondern war selbst abgeschossen worden. Erster Versuch gescheitert.

Dönitz' As im Ärmel, Sigurd Brandenburg mit dem Typ-XXI-Boot, war versenkt worden. Zweiter Versuch gescheitert.

In seiner Not traf sich Dönitz mit dem Geheimdienstchef Canaris.

»Mein Gott, was jetzt, Admiral«, begann der U-Boot-Chef die Unterredung und schüttete sein Herz aus.

Canaris kannte längst die Zusammenhänge. Zwar schätzte er den strammen Dönitz nicht sonderlich, wollte den Großadmiral jedoch nicht im Regen stehen lassen. Zu besonderem Entgegenkommen war er aber keinesfalls bereit.

Noch einmal jammerte Dönitz los: »Ich habe dem Führer in die Hand versprochen, daß ich das Treffen Churchill – Roosevelt in Neufundland verhindern werde. Mit England stehen wir schließlich im Krieg.«

»Mit Amerika aber nicht«, betonte Canaris trocken, »soweit ich mich erinnere.«

»Das ist nur eine Frage der Zeit.«

Um Dönitz gegenüber seine Verbindungen nicht aufzudecken, ging der grauhaarige Canaris hinüber in das Zimmer seines Adjutanten und telefonierte dort. Erst sprach er mit Heydrich von der Gestapo, dann mit Kaltenbrunner. Als er zurückkam, schaute er eine Weile zum Fenster hinaus und ließ Dönitz schmoren. Indem er sich genüßlich eine Zigarre ansteckte, fragte er: »Es geht also darum, das passende U-Boot und die passende Besatzung für den Einsatz zu finden. Für den Nachschlag gewissermaßen.«

»Wie ich Ihnen bereits erklärte, Canaris.«

»Sie haben das Boot«, fuhr der Geheimdienstchef fort, »es liegt in Norwegen. Sie haben die passende Besatzung, sie sitzt im Straflager Wadrowa in Ostpolen. Warum fliegen Sie nicht selbst hin und holen die Männer heraus?«

»Weil ich sie hineingebracht habe«, gestand Dönitz offen.

»Ich nehme doch an, daß das nötig war«, höhnte Canaris, »und daß Sie es nicht ohne Grund veranlaßten. Wie ich Sie einschätze, sind Ihnen Emotionen ohnehin fremd, lieber Freund.«

Canaris nahm lässig hinter dem Schreibtisch Platz. Während Dönitz unruhig im Besuchersessel hin und her rutschte, eröffnete ihm der Geheimdienstchef folgende Lage: »Kaltenbrunner hat da einen Mann an der Hand, SS-Obersturmbannführer Hackmann. Er war Schulkamerad des Kapitänleutnants Lützow von *U-136*. Dieser Hackmann hat Lützow vor dem Tod gerettet, als er in Königsberg erschossen werden sollte, weil drei seiner Männer aus dem Gefangenentransport zu fliehen versuchten. Lützow steht mithin in Hackmanns Schuld. Hackmann ist bereit für die Mission, Lützow und seine Männer zu dem Einsatz zu überreden.«

»Wann?« fragte Dönitz halbwegs erleichtert. »Die Zeit rennt uns davon. Heute ist schon der neunundzwanzigste. In zwei Wochen findet das Treffen in Neufundland statt.«

»Hackmann kann noch heute nach Wadrowa fliegen«, übermittelte ihm Canaris.

Anfang August 1941 verließ *U-139* mit seiner Stammbesatzung den Stavanger-Fjord. Das Boot war grundüberholt und mit radarabweisendem Anstrich versehen worden. Die Besatzung hatte man mit Transportflugzeugen unter Jagdschutz aus Polen nach Norwegen geflogen. Die Meldungen des Bootes liefen täglich zweimal, ordnungsgemäß verschlüsselt, beim BdU in Lorient ein und wurden sorgsam registriert.

*U-136* lief mit großer Fahrt auf Island zu, um sich durch die Grönlandstraße seinem Ziel, Neufundland, zu nähern. Die meteorologischen Bedingungen schienen günstig. *U-136* meldete Nebel, also wundervoll schlechtes Wetter.

Das Boot marschierte tagsüber aufgetaucht, um mit hoher Dieselfahrtstufe die Strecke zum Ziel bis 11. August zu schaffen. Flugzeuge und Fischdampfer, mitunter auch Frachter und Zerstörer, zwangen es unter Wasser. Trotzdem konnte es sich an seinen Terminplan halten.

Im Schloß Kernével wurde die Unternehmung anhand der Meldungen ständig mitgekoppelt.

»Die laufen schon seit Tagen mit fünfzehn Knoten«, stellte einer der Stabsoffiziere fest, und ließ das rote Kartenfähnchen mit der Zahl 136 immer weiter nach Westen rücken.

Als *U-136* nahe Kap Farewell in den Golfstrombereich geriet, beschloß Dönitz, die Besatzung von *U-136* zu motivieren.

Durch Funkbefehl gab er allen Männern ihren ursprünglichen Dienstgrad zurück. Sie erhielten auch wieder ihre Auszeichnungen. Als letzter im Funkspruch war der Kommandant aufgeführt.

Degradiert zum Matrosen, konnte Lützow das Unternehmen schlechterdings nicht durchführen, also beförderte man ihn zum Korvettenkapitän. Was Lützow wortlos zur Kenntnis nahm.

Agentenmeldungen besagten, daß sich in der Plazentia-Bucht Neufundlands ein riesiges Aufgebot an Flotteneinheiten versammelt hatte. Vor Anker lagen Panzerschiffe und Kreuzer, um sie herum hetzten Sicherungsfahrzeuge, Zerstörer, Korvetten, U-Boot-Jäger und Schnellboote. Pausenlos donnerten Jagdflugzeuge, Mosquitobomber und Aufklärer über die Weite des Sunds. Churchill war schon an Bord der *Prince of Wales* eingetroffen, Roosevelt wurde erwartet. Auf der anderen Seite des Atlantiks, in Schloß Kernével, war man sich klar darüber, daß *U-136* vor einer nahezu unlösbaren Aufgabe stand. Wie man hörte, griffen die U-Boot-Jäger in der Plazentia-Bai sogar schon große Grauwale an, so nervös waren sie.

Die Unterzeichnung der Charta, hieß es, sei für Sonntag den 10. August vorgesehen. Anschließend sollte auf dem Achterdeck der *Prince of Wales* ein Gottesdienst stattfinden. Ab dem 9. August hörte man in Kap Kernével nichts mehr von *U-136*, bis endlich am 13. August ein Funkspruch eintraf.

IN BAI EINGELAUFEN – VIERERFÄCHER AUF PRINCE OF WALES – VIER TREFFER IN TORPEDONETZ – WERDEN GEJAGT –

Das Fähnchen mit der Nummer 136 befand sich noch auf der Operationskarte des Befehlshabers der Unterseeboote im Lageraum von Schloß Kernével. Lange hatte es unverändert nahe St. John auf Neufundland, also weit abseits der anderen Boote, gesteckt. Die Funker der großen BdU-Sendestation versuchten immer wieder *U-136* zu erreichen, ohne Ergebnis. Auch Anfragen bei anderen U-Booten oder U-Boot-Stützpunkten blieben vergeblich. *U-136* meldete sich nicht, war weder gesichtet worden noch sonstwo eingelaufen.

Bei der Poststelle der 7. Flottille stapelten sich die unzustellbaren Briefe für die Feldpostnummer von Lützows Boot.

Dann, Ende August, wurde das Fähnchen mit der Nummer 136 von der Operationskarte entfernt und an seine Stelle ein Kreuz gemalt.

Die Seekriegsleitung in Berlin entschied, daß der Verlust von *U-136* Lützow geheimzuhalten sei. Allerdings erteilte man der Flottille die Erlaubnis, die nächsten Angehörigen zu unterrichten. Die hatten sich jedoch zu verpflichten, nicht darüber zu sprechen und keine Trauerkleidung zu tragen.

Ende August schloß der Chef der Operationsabteilung des BdU, Kapitän zur See Godt, die Akten über U-Lützow. Am gleichen Vormittag tickerte ein Fernschreiben an die Verwaltung der Flottille nach La Baule sur Mer.

Daraufhin ließ der Flottillenchef seinen Adjutanten kommen und sagte zu ihm lapidar: »Wickeln Sie Lützow ab.«

Das war ihr ganzes Gespräch. Nüchtern und sachlich: »Wickeln Sie Lützow ab!«

# 10

Im November 1944, als Deutschland nahezu in Schutt und Asche lag und die russische Großoffensive auf Berlin erwartet wurde, bat der japanische Botschafter dringend um einen Termin beim Rüstungsminister Speer.

Der Vertreter Japans, des einzigen deutschen Verbündeten, brachte anläßlich des geheimen Vieraugengesprächs zum Ausdruck, daß Japan sich in derselben schwierigen Lage befinde wie Großdeutschland, bald vielleicht sogar in einer noch hoffnungsloseren.

Der Japaner kleidete seine Befürchtungen in ein einziges Wort: »Manhattan-Projekt«, sagte er.

Speer nickte besorgt und bemerkte: »Sie glauben also auch, daß Roosevelt die Atombombe baut, Exzellenz?«

»Unser Geheimdienst ermittelte leider nichts Gegenteiliges, Herr Minister. Und die Amerikaner werden sie gegen uns einsetzen, genauso wie sie mit ihren Bomberströmen Deutschland zerstören. Aber kapitulieren werden wir niemals.«

Speer war klar, daß die Japaner mit dem Schlimmsten rechneten.

»Unser Volk wird ausgelöscht und vernichtet werden, Herr Minister«, fuhr der kleine Japaner fort, »bis zum letzten Schlag des letzten Herzens.«

Speer, ein kluger diplomatischer Mann, stand auf, schritt in seinem Arbeitszimmer auf und ab, stellte sich dann hinter den sitzenden Japaner, legte ihm die Hand auf die Schulter und fragte: »Was wollen Sie dagegen tun, mein Freund? Was haben Sie sich vorgestellt?«

Ohne Umschweife, wie sonst bei Gesprächen mit Japanern üblich, brach es aus dem Botschafter heraus: »Wir sind Verbündete, die in Treue zusammenstehen. Wir brauchen alles, was Germany an neuesten Waffen entwickelt hat, Herr Minister. In diesem Kampf geht es um Leben und Tod.«

Vorsichtig tastete sich Speer an das Problem heran.

»Und woran haben Sie gedacht?«

Der Japaner zählte auf: »An die neuen Düsentriebwerke für Jäger und . . .«, er zögerte, ». . . an Raketen und an Ihre neueste Gasbombenentwicklung. Wir hörten da etwas von Zyklon-C, einem tödlichen Gemisch, das mit Botulinusbakterien angereichert ist und neuerdings auf dem Schlachtfeld, also auch im Freien angewendet werden kann.«

Erstaunt fragte Speer: »Und das würden Sie wirklich einsetzen?«

»Bevor man uns mit diesem unvorstellbaren Höllenfeuer, dieser Plutoniumbombe ausrottet, würden wir zweifellos zu diesem Mittel greifen, Herr Minister.«

Speer löste seine Hand von der Schulter des kleinwüchsigen Diplomaten. »Ich verspreche Ihnen zu tun, was mir möglich ist, Exzellenz«, versicherte er.

»Und Ihnen ist vieles, wenn nicht sogar alles möglich, Herr Minister«, sagte der Japaner hoffnungsvoll.

In den Nächten flogen alliierte Bomber pausenlos ihre Angriffe auf deutsche Städte und Industrieanlagen. Jede Nacht stiegen von Flugplätzen in England und dem zurückeroberten Frankreich die Liberators auf und warfen Tausende Tonnen Bomben. Längst waren die U-Boot-Stützpunkte in der Bretagne, Lorient, St. Nazaire und Brest aufgegeben worden. Die Boote hatten sich in die norwegischen Fjorde oder nach Christiansand zurückgezogen.

Auf einem der deutschen Monsun-Boote, wie die großen IX-D-2-U-Kreuzer hießen, wurde Platz gemacht. BMW-Turbomotoren, Raketen und 350 kg gereinigtes Uran kamen an Bord. Außerdem mehrere Dutzend gelbgestrichene Fässer mit Totenköpfen, deren Inhalt nicht einmal dem Kommandanten bekannt war. Die Besatzung wußte nur, daß die Reise nach Japan gehen sollte, wofür dieser U-Boot-Typ bestens geeignet war. Der nagelneue U-Kreuzer verdrängte mit seinen neunzig Meter Länge 1900 Tonnen, kam mit seinem Ölvorrat 30000 Seemeilen weit und konnte nahezu ein halbes Jahr in See bleiben.

Auch mit der Bewaffnung war er auf der Höhe. Er führte vierundzwanzig Torpedos mit und neben einer Vierlingsflak die berühmte 8,8-cm-U-Boot-Kanone.

Trotzdem schrieben die Männer ihr Testament, denn von zehn auslaufenden Monsun-Booten erreichten meist nur vier den Indischen Ozean.

Am 12. Januar startete vom Flugplatz Flensburg/Weiche eine Ju-88. Die Maschine brachte die Offiziere des für Japan bestimmten U-Kreuzers nach Bergen. Die Ju-88 blieb im Tiefflug fünf Meter über dem Wasser, wo die Gefahr von Spitfires abgeschossen zu werden geringer war.

Im Quartier des Führers der Unterseeboote West, Kapitän z. See Rösing, erhielt der Kommandant, Kptlt. Föhrenbach, letzte Anweisungen.

Unter anderem sagte Rösing in beschwörendem Ton: »Daß Sie mit der Ladung Japan erreichen, ist vermutlich kriegsentscheidend.«

Am darauffolgenden Abend lösten zwei Mann an Deck die Leinen des U-Kreuzers. Sie schlugen klatschend ins Wasser. Der graue stählerne Leib schwoite von der Pier. Drinnen sprangen die Diesel an.

Zunächst nahm das Boot Kurs West und holte, um England herumlaufend, weit aus. Dieses Gebiet war, bevor man in den Weiten des Atlantik verschwand, das gefährlichste. Hier fielen die Boote meist schon der Bay-Air-Patrol zum Opfer oder später den neugegründeten Hunter-Killer-Groups.

Sie konnten also nur nachts aufgetaucht marschieren.

Dem Monsun-Boot gelang es, in den Atlantik vorzustoßen, wo es sowenig zu finden war wie eine Mimose im Wettersteingebirge. Indem es sich am zwanzigsten Längengrad nach Süden mogelte, hielt es Generalkurs Südafrika.

In den Nächten gab der Kommandant an seinen Wachoffizier weiter, was ihm der Befehlshaber West eingeschärft hatte.

»Wir müssen die Messerschmitt-262-Triebwerke und den Inhalt der Fässer unter allen Umständen bis Penang bringen. Stehen wir erst querab von den Azoren, sind wir angeblich schon schlaue Wölfe. Aber dann kommen wir in das Seegebiet westlich Freetown. Von da bis südlich des Äquators, bei der britischen Insel Ascension, haben sie pausenlos Flugzeuge in der Luft. Tag und Nacht. Außerdem operieren dort Flugzeugträger.«

»Wir sollten also verdammt schnell dort durchkommen, Herr Kaleu.«

Es wurde heiß, die Besatzung trug Tropenuniform. Die Nächte brachten kaum Kühlung. Die Hecksee fluoreszierte gefährlich hellgrün.

»In diesem Seegebiet«, fuhr Kptlt. Föhrenbach, der Kommandant des U-Kreuzers, in seiner Belehrung fort, »sind eine Menge Monsun-Boote verlorengegangen. Und beim Stab des BdU weiß man nicht warum. Keines der Boote meldete einen Angriff. Obwohl sie alle mit dem neuen Radarempfangsgerät ausgerüstet waren.«

»Was vermutet man, Herr Kaleu?« nahm der I WO das Gespräch wieder auf.

Der Kommandant rollte zur Entspannung die Schultern. Sein Hemd war trotz der feinen Baumwollqualität total durchgeschwitzt.

»Der Gegner ortet uns irgendwann nachts, wartet mit seinem Angriff einen günstigen Moment im Frühlicht ab. Morgens vor dem Tauchen stoßen die Flugzeuge aus den Wolken mit der Sonne im Rücken, und dann ist es wohl für jede Reaktion zu spät.«

Sie fuhren, so lange es ging, getaucht. Notgedrungen benutzten sie auch den Luftmast, den Schnorchel mit dem Dieselbetrieb, was bis auf etwa vierzehn Meter Tiefe möglich war. Doch auf Dauer führte das zu Gesundheitsschäden.

Sie achteten darauf, daß das Boot keine Ölspur hinterließ, zerkleinerten den Müll und kippten ihn nur nachts außenbords. Sobald sie irgendwo einen Punkt sichteten, der ein Flugzeug sein konnte, tauchten sie.

Die ewige Schnorchelei und die damit verbundenen Druckänderungen im Boot setzten ihnen schwer zu. Wenn das Ventil des Schnorchels zumachte und die Diesel ihre Luft aus dem Boot ansaugten, dann flatterten Lungen und Trommelfelle. Bald liefen sie hohlwangig wie Gespenster herum, mit tiefen Schatten um die Augen.

Aber sie kamen durch. Um das Kap der Guten Hoffnung stießen sie in den Indischen Ozean vor. Dort nahmen sie Kurs auf die Passage zwischen den großen Sunda-Inseln hindurch auf die Celebesstraße. Doch dann passierte etwas völlig Unerwartetes.

Auf etwa 90° Ost und 05° Nord erkrankte der I WO. Er bekam sofort hohes Fieber und blutige Durchfälle.

Während der Kommandant an Hand des medizinischen Bordbuches, mit dessen Hilfe sogar Operationen durchgeführt werden konnten, eine Lebensmittelvergiftung durch Enternitia-Bakterien diagnostizierte, erkrankte er selbst. Mit ihm der Dritte Offizier und der Koch. Offenbar hatte der Smut eine schlechte Fleischkonserve für die Offiziersmesse geöffnet und sie vorher gekostet.

Zu schwarzem Stuhl, schleimigem Erbrechen, Koliken und sehr hohem Fieber kamen Schwindel, Seh- und Hörstörungen. Die Kranken konnten nicht mehr schlucken.

Es gab kein Gegenmittel außer Kohle, und die half wenig. Bewußtlosigkeit trat ein. Der Kommandant erstickte röchelnd an der eigenen Zunge.

Binnen achtundvierzig Stunden waren die drei seemännischen Offiziere und der Koch tot. Nur den Leitenden hatte es nicht erwischt, er war radikaler Vegetarier und aß kein Fleisch.

Die Toten wurden auf See bestattet. Das war etwa drei Monate nach Auslaufen des Bootes in Norwegen.

Über Radio trafen Meldungen ein, daß die alliierten Truppen den Rhein überschritten hätten, daß die Russen Berlin nahmen und daß Großdeutschland zusammenbrach. Im Mai wurde von Kapitulationsverhandlungen gesprochen.

Die Besatzung hatte den Obersteuermann zum Kommandanten gewählt. Die Kursänderung Richtung Heimat wurde erörtert.

Aber dazu reichten die Vorräte an Proviant und Dieselkraftstoff nicht mehr. Man wollte also versuchen, neutrales Gebiet zu erreichen.

Der Obersteuermann, ein erfahrener Schiffsoffizier der Handelsmarine, kannte sich in Indonesien ungefähr aus. Er faßte alle Überlegungen zusammen.

»Da kommt nur ein Ziel in Frage. Die malaysische Dschungelküste. Sie sind neutral dort. Es gibt keine Gefangenenlager, und in die Küste münden breite Ströme. In einem dieser Deltas oder Flußarme können wir uns zunächst mal verholen.«

Dem Vorschlag des Obersteuermanns wurde zugestimmt. Die Besatzung dachte jetzt nur noch daran, den Kopf zu retten und irgendwie heil nach Hause zu gelangen.

Durch die monatelange Enge auf dem Boot und die täglich wachsenden Schwierigkeiten kam es zu Reibereien, die sogar in Schlägereien ausarteten.

In so einer Situation wurde das Monsun-Boot von Fernaufklärern entdeckt und angeblinkt. Da man auf dem deutschen Boot den Code nicht kannte, versuchte man wegzutauchen.

Das Boot wurde beschossen, bebombt und beschädigt,

aber es konnte bei Nacht in eine nahe Flußmündung einlaufen. Umgeben von Mangrovenwäldern und Bäumen mit riesigen Schirmen, fand es am Ufer Schutz.

Man wagte sich jedoch zu weit flußaufwärts und lief auf Grund. Notdürftig versuchte man das Boot am Rande der Schlickbank zu tarnen. Trotzdem wurden sie erneut von Fernaufklärern, denen ein deutsches U-Boot gemeldet war, entdeckt. Vor U-Booten hatte man überall heillosen Respekt.

Indessen ging der Proviant, vor allem Brot, Frischfleisch, Obst und Gemüse, zu Ende. Der neue Kommandant schickte einige Männer als Kundschafter los. Sie entdeckten ein Depot der Armee und überfielen es bei Nacht. Es war ein Wochenende, und die Posten waren betrunken. Die U-Boot-Leute schleppten ab, was sie brauchten.

Später fiel den Malaysiern auf, daß beim Einbruch in das Vorratslager keine Waffen, sondern nur Lebensmittel und Medikamente entwendet worden waren. Scouts der Streitkräfte folgten den Banditen, die nach Zeugenaussagen schäbige blaue Uniformen getragen hatten und eine unverständliche Sprache sprachen.

Zunächst verlor man ihre Spur in den dichten Dschungelwäldern, nahm sie aber in einem ausgetrockneten Sumpfstreifen nahe des Flusses Kesang wieder auf.

Zwischen verfilzten Bäumen, verhangen von Lianen, unter einem Tarnnetz, lag auf einer Schlickbank ein merkwürdiges Fahrzeug. Es war von Rost befallen, von Laub und Algengrün bedeckt. Ein Experte der malayischen Alliierten, ein Engländer, identifizierte es.

»Das ist ein deutsches U-Boot, Gentlemen«, erklärte er. »Zweifel ausgeschlossen.«

Die Männer des U-Kreuzers richteten sich auf Verteidigung ein, denn sie erwarteten einen Angriff. Sie wurden aber nicht von Eingeborenen mit Pfeil und Bogen oder Äxten angegriffen, sondern von gutausgebildeten britisch-malaysischen Truppen.

Diese waren militärisch geführt und modern bewaffnet.

Die ausgemergelte demoralisierte U-Boot-Besatzung ergab sich fast ohne Widerstand und kam in ein Internierungscamp. Das Zeltlager war in der Nähe von Ipoh in einer Ebene am Rande der Berge aufgeschlagen worden. Die Menschen hier ernährten sich vorwiegend von Reisanbau, Gemüseanbau und der Gewinnung von Rohgummi.

Der Lagerkommandant, ein ehemaliger deutscher Generalkonsul, war zwar der Älteste, die Befehlsgewalt übte jedoch ein anderer aus. Ein blonder Hüne, angeblich ehemaliger Seemann, mit dem Namen Heinrich von Hessen.

Während die malaysisch-britischen Truppen noch damit beschäftigt waren, die Japaner aus dem Land hinauszuwerfen und es von ihnen zu säubern, hatten inzwischen neue Machthaber das Sagen, nämlich malaysische Cliquen, deren totale Unterstützung dieser Heinrich von Hessen genoß.

Zugegeben, seine Autorität hielt Ordnung und Disziplin im Lager aufrecht, und durch seine Verbindungen sorgte er für ordentliche Verpflegung. Daraus war jedoch zu schließen, daß die malaysischen Cliquen etwas mit diesem Mann und Heinrich von Hessen wiederum mit einem Teil der Internierten vorhatten.

Jeder fragte sich, worum es sich dabei handeln könne. Es dauerte nicht lange, bis sich die Absicht der Malaysier herauskristallisierte. Heinrich von Hessen führte lange Gespräche mit der Besatzung des Monsun-Bootes, erkundigte sich über dessen Zustand und Technik. So erfuhr er, daß es sich um ein neues nahezu intaktes und schwer bewaffnetes Boot, einen hochmodernen schnellen U-Kreuzer, handelte.

Mit der Zeit freundete sich Heinrich von Hessen in auffälliger Weise mit dem Leitenden Ingenieur des Monsun-Bootes, mit den Unteroffizieren und der Besatzung an. In engem Kreis schien man etwas auszukungeln.

Bald darauf versuchte Heinrich von Hessen aus den U-Boot-Leuten Freiwillige anzuheuern. Er versprach ihnen guten Sold, anständige Behandlung und später Rückkehr in die Heimat. Zwar sei das, was sie tun würden, nicht ohne Risiko, aber keinesfalls so gefährlich wie eine Feindfahrt im Jahre 1945 – oder bei 16-Uhr-Verkehr quer über den Berliner Kudamm zu rennen. Bis auf einen unterschrieben alle eine Art Heuer-Vertrag. Der letzte Mann verweigerte nicht, sondern er war nicht zu gebrauchen. Schwer lungenkrank, spuckte er schon Blut.

Was dieser blonde Hüne, Heinrich von Hessen, mit ihnen vorhatte, konnte sich zunächst niemand erklären, nicht einmal der Leitende, ein Ex-Oberleutnant-Ing.

# II. TEIL

# U-136 kehrt zurück

# 11

Am kalifornischen Nachthimmel kreisten über Hollywood bunte Scheinwerferfinger. Ein prächtiges Spiel mit vielen Farben.

Fünfmeterlimousinen, Buicks, Cadillacs, auch mal ein Rolls-Royce nahmen die Kiesauffahrt zur alten Flynn-Villa in Beverly Hills. Die eleganten Gäste, Damen in Abendroben, die Herren im Dinnerjackett oder weißen Sommeruniformen, zeigten am Portal ihre Einladungskarten. Golddruck auf Büttenpapier. Eleanor Roosevelt hatte zur Vorstellung ihres Buches ›Mein Mann, der Kriegspräsident‹, eingeladen.

Wer an der Westküste Rang und Namen hatte, in Gesellschaft, Hochfinanz, Politik, Presse und Film, erschien in dem weiträumigen Haus, das der Schauspieler Errol Flynn – er gehörte zum Roosevelt-Clan – der Präsidentenwitwe zur Verfügung gestellt hatte.

Das Licht der Kronleuchter und Wochenschaulampen war zu hell, als daß man übersehen hätte, daß die Villa zwar kostbar möbliert, aber ein wenig heruntergekommen war. Ebenso der Park und der Pool. Seit längerem schon widmete sich der Eigentümer vorwiegend dem Whisky. Bei großzügiger Auslegung konnte man die Atmosphäre solider Schlamperei aber auch als gemütlich bezeichnen.

Eine Band spielte Goodman- und Miller-Swing. In der Halle begrüßte Mrs. Eleanor Roosevelt die Gäste. Dies in fein abgestufter Form. Im Prinzip gab sie jedem die Hand. Gute Bekannte umarmte sie jedoch kurz, enge Freunde küßte sie sogar. So auch Toni und Judith Lützow, den Kapitän zur See und seine schöne Frau, die als Kinderchirurgin in San Diego arbeitete. Dem vogelgesichtigen Senator Harvey hingegen, einem Mann von tintenfischartiger

Blässe mit Pockennarben groß wie Haferflocken, nickte sie nur zu, was diesem karrieresüchtigen Politiker ungeheuer stank.

Ein paar Reden wurden gehalten, anstandshalber faßte man sich recht kurz.

Anschließend wurde die Roosevelt-Biographie vorgestellt. Eine Luxusausgabe in Leder mit Goldschnitt. Dann gab es köstliche Snacks, Champagner satt und Small-talk. Auf Mitternacht zu wurde sogar getanzt.

Schon angetrunken, steuerte Senator Harvey, Sicherheitschef der Regierung in Washington, auf Kapitän Lützow zu. Überlaut lallte er: »Sind Sie nicht dieser Nazi-U-Boot-Held, Sir? Man hat Sie zum Kapitän unserer Navy gemacht, Sir? Etwa dank Ihrer jüdischen Frau, die Sie als Alibi geheiratet haben, Sir?«

Lützow zwang sich zu jenem Lächeln, mit dem man Idioten am besten begegnet. Er war bemüht, Scheißfreundlichkeit auszustrahlen, selbst noch als Senator Harvey einen Schritt auf ihn zumachte und hochrot im Gesicht schrie: »Sie sind doch bekannt für Ihre schmutzigen Tricks.«

Lützow ballte zwar seine Fäuste in der Tasche, daß die Knöchel weiß hervorsprangen, schlug aber nicht zu. Viel durfte sich dieser Bastard Harvey allerdings nicht mehr herausnehmen, dann ging es mit Lützows Selbstbeherrschung zu Ende. Schon zu viele Demütigungen hatte er einstecken müssen.

Im letzten Moment erkannte Konteradmiral H.G. Rikkover, ein Freund und Mentor des Deutschen, die Situation. Er eilte auf den Senator zu und packte ihn am Arm. Mehr als er ihn zog, riß er Harvey in einen Nebenraum. Hinter sich schloß er die Schiebetür.

»Lützow ist Bürger der Vereinigten Staaten«, erklärte er schweratmend, »also bitte mäßigen Sie sich, Senator.«

»Für mich ist er ein dreckiger Hitleroffizier«, beharrte der Senator.

»Er hat sich um unser Land hohe Verdienste erworben«,

erwiderte der stämmige Admiral eindringlich. »Er brachte Professor Kant, den Vater der Atombombe, heimlich aus Europa herüber. Dort wäre Kant in einem Konzentrationslager umgekommen.«

»Yea, nachdem Lützow mit seinem U-Boot desertierte«, entgegnete der Senator, »lieferte er den Professor so nebenbei mit an.« Beim Sprechen bildete sich schon Speichel in seinen Mundwinkeln.

Rickover verteidigte weiter den deutschen Navy-Kapitän. »Ihre Informationen sind nur die halbe Wahrheit, Senator. Lützow wurde von Dönitz verfolgt und kam mit seiner Besatzung in ein Todeslager in Polen. Weil alle Versuche, das Treffen von Churchill und Roosevelt in Neufundland zu sabotieren, mißglückten, gab man ihm einen Bewährungsauftrag. Als er in der Plazentia-Bai den Kreuzer *Prince of Wales* torpedierte, waren die Staatsmänner bereits abgereist. Wegen Mißerfolges drohte Lützow und seinen Männern zu Hause der Tod. Also brachte er Boot und Besatzung nach Brasilien. Vor Recife hat er sein Boot versenkt und marschierte mit seinen Männern ins Internierungslager.«

»Wo ihn diese Rotschild-Roosevelt-Millionärsbande herausholte«, giftete Harvey. »Zum Teufel, warum ist er bei uns schon Kapitän zur See?«

Immerhin war Harvey Sicherheitschef von Präsident Eisenhower. Deshalb informierte ihn der Admiral ordnungsgemäß.

»Lützow trainiert zwei Besatzungen für das Nautilus-Programm.«

»Dann kennt er ja unsere höchsten Staatsgeheimnisse«, tat Harvey entsetzt.

»Er ist der beste Mann dafür und loyal«, betonte Rickover ruhig. »Immerhin führte er ein Walther-Boot als Commander unter das Polareis nördlich von Alaska.«

»Was ist ein Walther-Boot?« wollte der Senator wissen, obwohl er schon leicht torkelte.

»Ein U-Boot mit Turbinenantrieb auf der Basis von Wasserstoffsuperoxyd.«

»Wieder so ein Nazi-Patent?« unterbrach ihn Harvey.

»Wegen seiner Verdienste hat ihn die Marineoperationsabteilung auch als Leiter der U-Boot-Schule nach San Diego kommandiert.«

Mit einer Handbewegung wischte Harvey die Einwände fort.

»Na wenn schon, gefällt mir alles verdammt nicht. Und dieser Bursche gefällt mir überhaupt gar nicht.«

Rickover konnte sich jetzt nicht mehr halten. »Pardon, Senator, aber ich fürchte, Sie gefallen ihm auch nicht.«

Harvey wollte gehen. Rickover hielt ihn zurück.

Harvey jedoch befreite sich aus seinem Griff, zog sein weißes Jackett gerade und zischte: »Mag sein, aber ich bin Senator der US-Regierung – und er ist ein Nazischwein.«

»Überlegen Sie sich, was Sie sagen, Harvey«, riet Rickover, »damit Sie sich nicht lächerlich machen.«

Der Senator stürmte hinaus zum nächsten Champagnerglas. Später sprach Rickover noch mit Lützow.

»Vor dem müssen Sie sich hüten, Toni«, warnte der Konteradmiral.

»Ja, wir gehen in Deckung und verholen uns.«

Toni und Judith Lützow verließen kurz nach Mitternacht den Empfang. Sie hatten gut zwei Stunden Fahrt bis San Diego. Als sie gingen, sahen sie den Filmschauspieler auf den Marmorstufen seiner Villa sitzen mit einer Flasche Whisky in der Hand, Havanna zwischen den Zähnen.

Errol Flynn soff und qualmte und blickte weder glücklich noch traurig.

Während der Fahrt entlang der Küstenstraße nach Süden rutschte Judith Lützow über die vordere Sitzbank des Buick zu ihrem Mann hin, bis sie seinen Körper fühlte.

»Schon ein merkwürdiges Land, dieses Amerika«, sagte Lützow, »du kannst in der Öffentlichkeit Kokain schnupfen, du kannst mit einem Gewehr Jagd auf Neger machen, aber wenn du eine Sechzehnjährige küßt, wirst du eingesperrt. Die Männer tragen rosa Anzüge, und das Maß der Geschmacklosigkeit wird mitunter nur noch von der Qualität ihrer Politiker unterboten.«

»Nimm's nicht tragisch.« Sie küßte ihn.

»Und dann hat er auch noch Sir zu mir gesagt«, erwähnte Lützow, »Sie Nazischwein, Sir.«

»Die Amerikaner sagen immer Sir«, bemerkte sie, »das kann bedeuten: Herr, Meister, Sportsfreund.«

»Oder Scheißkerl«, ergänzte Lützow.

Sie fuhren so dahin, nicht allzu schnell, gerade mal mit siebzig Meilen am Tacho. Um diese Zeit herrschte kaum noch Verkehr. Judith holte im Radio Sender mit zärtlicher Nachtmusik herein. Doch abrupt schaltete sie das Gerät ab.

»Was hat dieser Blödmann Harvey im Grunde gegen dich?«

»Seine Eltern wurden in London von einer V-I-Flügelbombe getötet«, erwähnte Toni.

»Und was bitte trieben die 1944 in London?«

»Waffengeschäfte vermutlich.«

»Ihr Sohnemann, Senator Harvey, soll ja auch in den einen oder anderen Deal verwickelt sein. Ich muß da gelegentlich mal bei Eleanor bohren.«

Lützow stieß einen so langen Seufzer aus, daß Judith ahnte, was ihn bedrückte.

»Nimm es nicht tragisch«, riet sie, »du hast es morgen vergessen und er auch.«

»Ich hätte weiterhin als Lehrer an der Marineakademie in Columbia bleiben sollen.«

»Hättest du nicht. Erstens waren wir zu oft getrennt, und du wolltest doch wieder mal zur See.«

Er rieb sein Kinn an ihrem Haar. Nur wenig Licht fiel herein.

Sie hatte das berückendste Profil, das er sich vorstellen konnte, mit den hohen Bögen ihrer Brauen und der sanft gebogenen Nase. Die Vorstellung, diese Schönheit könnte es irgendwann einmal nicht mehr geben, brachte ihn fast um. – Und sie brauchte nicht einmal großes Make up dazu.

Beim Fahren legte er den rechten Arm um ihre Schulter, zog ihn aber bald wieder zurück. Ihre Haut klebte.

»Mir ist auch heiß. Wenn wir zu Hause sind, steige ich als erstes aus der engen Uniform, stürze mich in den Pool, und danach gibt es den Night Cup.«

So spontan, wie sie sein konnte, machte sie unvermittelt einen Vorschlag. Sie deutete nach rechts ans Meer. Die Straße zog sich ein wenig erhöht am Pazifik entlang.

»Was hältst du davon, wenn wir hier schon baden«, flüsterte sie.

Wortlos lenkte er das Cabrio bei der nächsten sandigen Abfahrt hinunter zum Strand. Sie zogen sich aus, rannten nackt hinein in die Dünung und schwammen hinaus. Jetzt, im März, war das Meer noch erfrischend kühl.

Als sie sich ausgetobt hatten und wieder aus dem Wasser kamen, erfaßte sie eine Abendbrise aus den Bergen. Die eher zarte überschlanke Judith fror schnell. Gänsehaut ließ sie erschaudern. Sie preßte sich an Toni, suchte seine Wärme. Sie umarmten sich, hielten einander fest.

»Wenn du deinen Night Cup sehr vermißt«, flüsterte sie ihm ins Ohr, »dann will ich dir gerne der letzte Whisky dieses Abends sein.«

## 12

Die Sonne drang schwach durch die Kumuluswolken. Es stank nach dem Brackwasser der Hafenbecken. Die Fahnen knatterten im Wind. Die Möwen, die einzigen Lebewesen, die sich ohne Permit im Marinesperrgebiet aufhalten durften, schrien wie immer, wenn sie Hunger hatten.

Zwei Marineoffiziere, ein Admiral und ein Kapitän zur See, standen an der Helling der EBD-Werft in Groton/Connecticut. Vor ihnen lag das siebenundneunzig Meter lange Gerippe eines Schiffes, das erst vor kurzem auf Kiel gelegt worden war.

»Sieht nicht so aus, daß das jemals ein U-Boot werden wird«, äußerte Toni Lützow.

Und Admiral Rickover ergänzte: »Nicht nur irgendein U-Boot, sondern das erste Atom-U-Boot der Welt, mein Junge.«

Rickover schaute und horchte immer wieder schräg in den Nachmittagshimmel. Aber da war kein Hubschraubergeräusch zu vernehmen. Wie schon einige Male wischte er mit dem Daumen über das Glas seiner Armbanduhr und schielte auf das Zifferblatt.

»Wo er nur wieder bleibt, der feine Herr Senator. Wenn ich etwas nicht verputzen kann, dann ist es Unpünktlichkeit. Ein Antreiber und Scharfmacher ist er, aber unpünktlich.«

In einiger Entfernung warteten noch andere Gentlemen. Ingenieure der Electric-Boat-Division, die seit Jahren an dem Projekt herumkonstruiert hatten, und einige Stabsoffiziere von der Marineoperationsabteilung im Pentagon.

Admiral Rickover war heute schlechter Laune und zeigte es auch.

»Als ob unser hochrangiges Aufgebot allein nicht genügen würde, nein, dieser Mister Mortimer Harvey muß auch noch seine Nase reinstecken. Sicherheitschef hin und her, ich mag nicht, wenn fremde Leute rumschnüffeln und mir ständig mein Lebenswerk vermiesen.« Wie er den Satz beendete, das sprach für die typische Abneigung von Offizieren der Streitkräfte gegen Politiker. »Aber leider muß ich ihn einweihen, diesen Döskopp.«

»Sie sind der Vater des Nautilus-Programms, Herr Admiral.«

Mit einer Handbewegung tat Rickover dies ab.

»Jeder, der in Amerika etwas auf sich hält, ist der Vater von irgend etwas.«

Der Wind nahm an Heftigkeit zu. Endlich tauchte der Hubschrauber auf.

»Er war vorher noch in Idaho«, erinnerte Kapitän z. See Toni Lützow, »bei Westinghouse. Er wollte sich dort den in der Halle montierten Prototyp der Nautilus-Nuklearmaschine ansehen.«

»Davon versteht er soviel wie von Höflichkeit oder wie ein Tauber vom Kammerton A, nämlich gar nichts.«

Der schwere Sikorsky S-56 Helikopter der Flugbereitschaft des Weißen Hauses landete geräuschvoll. Nur ein einziger Mann entstieg dem Vierzehnsitzer. Der Rotorwind ließ den Trenchcoat des Senators flattern. Er mußte seinen Hut festhalten.

Statt einer Begrüßung rief Senator Harvey von weitem:

»Fangen wir an mit der Besichtigung. Habe verdammt wenig Zeit. Muß noch etwas Wichtigeres erledigen. Also Beeilung bitte.«

Rickover führte ihn hinunter in die Betonwanne, so groß wie drei Baseballfelder, zu dem Gerippe bestehend aus Kiel und Rund-Spanten.

Dazu lieferte er Erklärungen, soweit sie ihm dem Laien Harvey gegenüber nötig erschienen. Dabei sprach er ziemlich ins Grobe:

»Länge hundert, Breite neun, dreitausendsiebenhundert

Tonnen, fünfzehntausend PS, hundertsechs Mann Besatzung.«

»Ist das alles?« bemerkte Harvey schnöselig.

»Nun, ein Kinderspielzeug aus Balsaholz ist ein Atom-U-Boot nicht, Senator.«

»Danke. Und ich bin kein Idiot.«

So unbedarft, wie sie erwartet hatten, zeigte sich der Senator gar nicht.

»Und was, wenn einmal der Atomantrieb ausfällt? Was dann?«

»Dann haben wir noch ...«, der Admiral seufzte, »... zwei Hilfsdiesel, zwei E-Maschinen und Akkus vorgesehen.«

Der Senator, der sich meist einer groben Sprache bediente, hatte offenbar ein feines Gehör dafür, wenn andere ihn nicht für voll nahmen oder ihn nicht ausstehen konnten. Ein paar Schritte weiter zog er Admiral Rickover näher zu sich heran und flüsterte ihm etwas zu.

»Hören Sie zu, mein Guter, seien Sie in Zukunft etwas liebevoller zu mir. Die Mittel für diesen Unsinn, dieses Abermillionen-Abenteuer, werden in letzter Instanz von einem gewissen Senator Harvey genehmigt. Nämlich von mir ... von mir ... von mir!«

»Dachte vom Steuerzahler«, konnte sich Rickover nicht verkneifen.

Abrupt brach der Senator die Besichtigung ab, bat aber den Admiral, noch zwei Offiziere vom Marinedepartment des Pentagon sowie Kapitän z. See Toni Lützow zu sich in den Hubschrauber.

»Jetzt gibt es Drinks«, bemerkte Lützow eher zweifelnd.

»Oder einen Anschiß«, fürchtete der Admiral.

Beide irrten sich.

Nachdem der Senator die Hubschrauberpiloten ins Freie befördert und die Schiebetür geschlossen hatte und man praktisch allein war, begann er: »Gentlemen, warum ich hier bin – der Grund dafür ist ein ganz anderer.« Er setzte die Anwesenden kurz ins Bild. »Die erste Erprobung unserer neuen Wasserstoffbomben steht in diesem Jahr bevor. Die Tests sollen auf dem Einvetok-Atoll in der Südsee stattfinden. Die Frage ist: Wie befördert man die drei Sprengkörper, das dazugehörige Equipment, Meßgeräte etc. und die erforderlichen Spezialisten um die halbe Welt vor Ort, ohne daß die Geheimhaltung durchbrochen wird?«

Erst jetzt konnte sich Toni Lützow erklären, warum man ihn in diesen erlauchten Kreis aufgenommen hatte.

Senator Harvey drängte: »Bitte um Ihren Rat, Gentlemen. Ich treffe mich heute noch mit dem Präsidenten.«

Die Navy-Offiziere machten Vorschläge, jeweils ihrem Fachgebiet entsprechend. Sie klangen eher negativ.

»Mit Fernbombern ist der Transport zu gefährlich, Senator.«

»Befördert man das Material auf einem Schlachtschiff oder Flugzeugträger, würde das auffallen. Man müßte die dicken Pötte mit Zerstörern und Korvetten sichern.«

»Und was soll so ein starkes Aufgebot in der Südsee.«

»Leider gibt es keine Autostraße dorthin«, erlaubte sich ein Stabsoffizier mit drei Goldstreifen zu witzeln, »keinen schattigen Waldweg.«

»Eigentlich interessiert mich wenig, was nicht geht«, fuhr Harvey die Runde an, »sondern was durchführbar ist.« Nun wandte er sich direkt an Lützow: »Wie hätten die Nazis das gemacht, Ihre Herren Admirale Dönitz und Raeder?«

Lützow schluckte zweimal und ging sachlich darauf ein. »Dönitz hätte seiner Profession gemäß als Transportmittel einen U-Tanker vorgeschlagen und Admiral Raeder vermutlich das Schlachtschiff *Bismarck*.«

Senator Harvey runzelte die Stirn, was ihm einen Ausdruck von Intelligenz verleihen sollte. »Und was würden Sie vorschlagen, Lützow? Sie mit der Kiste voll schmutziger Tricks.«

Lützow überlegte nicht lange. »Kein U-Boot, Senator, laut Statistik sind U-Boote als Transportmittel zu unsicher.«

»Was ist sicherer, bitte?«

»Hochmoderne Frachter, möglichst Schnellfahrer. Ich meine nicht nur einen Frachter, sondern in diesem Fall mindestens zwei oder sogar drei zur Tarnung. Dann wissen auch die schlauesten Feindagenten und Reporter nicht, was geplant ist. Allerdings«, fügte Lützow noch hinzu, »muß man die Routen entsprechend auswählen. In indonesischen Gewässern wimmelt es nur so von Piraten. Die scheuen selbst vor Überfällen auf große schnellaufende Schiffe nicht zurück. Ihre Renndschunken erreichen Geschwindigkeiten wie Zerstörer.«

Vom Senator wurde der Einwand auf die leichte Schulter genommen.

»Diese Burschen würde man gehörig empfangen, würde man die.«

»Über die Verhältnisse auf See fehlt Ihnen wohl etwas praktische Erfahrung«, bemerkte einer der Pentagon-Leute gereizt.

»Sir bitte«, verbesserte ihn der Politiker.

Erneut wandte er sich an Lützow. Diesmal in einem Ton, als seien sie wer weiß wie gute Freunde.

»Gefällt mir nicht schlecht, Ihre Idee. Arbeiten Sie das mal aus.«

Hier mußte Lützow allerdings bedauern.

»Sorry, Sir, das übersteigt meine Zuständigkeit. Das wäre Sache der Operations- oder Transportabteilung der Navy-Sektion im Verteidigungsministerium.«

»Verdammt«, fluchte der Senator, »jeder hat hier nur Ausreden.« Und beendete bald darauf die Hubschrauberkonferenz. »Danke meine Herren, das war's. – Vielmehr, das war es leider nicht.«

Harvey begleitete die Gentlemen nicht bis zum Flugfeld, sondern wartete, bis sie den Hubschrauber verlassen hatten. Dann drehte er sich schlaff um und schrie den Piloten zu, wann es denn wohl endlich weiterginge.

Am Hubschrauber von Präsident Eisenhower wurden die Sternmotoren angelassen.

Rickover und Lützow fuhren in einem dunkelblauen Marinedienstwagen nach Boston, wo die tägliche Kuriermaschine an die Westküste auf sie wartete.

Endlich in der DC-3 und in der Luft, nahm Rickover einen tüchtigen Schluck Bourbon und schimpfte frei weg.

»Was für eine eklige Zicke, dieser Harvey. Haben Sie gesehen, wie der geht? Der geht nicht, der tappst herum.«

»Ein bißchen gerade wie ein Ladestock«, meinte Lützow.

»Aber den Steiß schiebt er nach achtern wie ein Enterich. Und wie er sich gegen Admiral Spicer verhalten hat. Er hat ihn nicht einmal angesehen.«

»Mich hat er anfangs auch nicht angesehen«, bemerkte Lützow. Jedenfalls war er jetzt, nachdem sie es hinter sich hatten, erleichtert.

»Sie sind ja auch nicht Admiral im Marinedepartment.«

Rickover trank noch einen.

»Lassen Sie die Flasche da«, befahl er dem Steward.

Bourbon machte ihn locker, und er war noch lange nicht am Ende mit seinen kritischen Bemerkungen über Senator Harvey.

»Die üble Nachrede ist der schönsten eine«, gestand er. »Haben Sie das Weib gesehen, das er zur Roosevelt-Party mitbrachte? Eine Bohnenstange. Holz ohne Arsch und Titten.«

»Eben eine Engländerin«, versuchte Lützow ihn zu besänftigen. »Englische Rosen blühen nur eine Nacht.«

»Ich frage mich«, wurde Rickover jetzt gynäkologisch, »ob diese Dame überhaupt im Besitz von Uterus und Schamlippen ist.«

»Das spielt für Harvey vermutlich keine allzugroße Rolle, Sir«, vermutete Lützow.

»Hüten Sie sich trotzdem vor dem.«

»Sie sich aber auch, Herr Admiral, wenn ich mir einen Rat erlauben darf.«

Auf einer Airbase in Milwaukee/Wisconsin ging die DC-3 zum Zwischentanken herunter. Später kamen sie in schlechtes Wetter.

»Wird nichts mehr mit dem Abendessen bei Mammy«, fürchtete der Admiral. »Gibt heute Spareribs. Ist ohnehin nichts für meine Zähne. Noch eine Frage, Lützow: War das Ihr Ernst mit den drei Tarnfrachtern für den H-Bomben-Transport?«

Lützow nickte.

»Es war tatsächlich mein vollster.«

»Kein Witz also?«

»Wenn es auch klingt wie ein Kitschfilm nach einem Kitschroman. Aber was Besseres fiel mir nicht ein, Sir.«

Sie kamen in Nebel, wolkendick. Es waberte wie Qualm, und der Qualm war grau wie Zementbrei. Aber der gute Bourbon half ihnen über den Bammel hinweg.

»Bring noch 'ne Flasche!« rief der Admiral dem Steward, »wir sind Seeleute, mein Junge. Also gefälligst ohne Eis. Ein Seemann trinkt kein Wasser nicht.«

# 13

Im Juli 1941 war Dorothea von Königsau-Brandenburg sicher, daß sie schwanger war. In diesen Wochen erfuhr sie, daß das U-Boot ihres Mannes vermißt wurde. Mitte August erhielt sie von Dönitz einen Brief folgenden Inhalts:

Sehr verehrte gnädige Frau,

bitte verstehen Sie meine Gefühle, mit denen ich Ihnen dies schreibe. Schon seit Wochen weiß ich von dem Verlust Ihres Gatten. Trotzdem bin ich persönlich noch nicht darüber hinweggekommen. Wie er den Heldentod fand, kann ich Ihnen leider nicht sagen. Es muß angenommen werden, daß es beim Angriff auf einen britischen Kreuzer geschehen ist. Die Bekanntgabe des Verlustes haben wir so lange hinausgezögert, damit der Feind noch nichts davon erfährt. Brandenburgs Name hat für den Gegner so viel Schrecken bedeutet, daß er jetzt, da er nicht mehr selbst angreifen kann, noch nachwirken soll. Über den Tod hinaus! Deshalb müssen wir der Umwelt gegenüber schweigen. Sicher bin ich, daß nach dem Krieg für diesen Helden eine besondere Form der Ehrung gefunden werden wird.

In aufrichtiger Teilnahme Ihr gez. Dönitz

Auch Hitler kondolierte mit einem Handschreiben.

Die Witwe trauerte. Aber nicht allzutief. Es war eine Vernunftehe gewesen. Sie hatte Sigurd Brandenburg gemocht, aber wohl nicht geliebt. Sein Kriegsruhm hatte sie geblendet, und das Rittergut brauchte einen Erben.

Im Dezember 1941 hatte die Baronesse Dorothea von Königsau-Brandenburg einen Sohn geboren. Ein wenig zu früh, aber er war gesund. Sie gab ihm den Namen Sigurd Karl Adolf nach seinen Paten Dönitz und Hitler.

Bei Kriegsende mußte sie vor der anstürmenden Roten Armee fliehen. Jetzt waren die Russen in Königsau und ließen es verkommen. Sogar die Gräber ihrer Eltern hatten sie mit Panzern plattgewalzt.

Dorothea fand in Bayern bei Verwandten, bei ihrer Tante, Unterschlupf. Die Tante bewirtschaftete dort einen großen Vierseithof. Mit zweihundertdreißig Hektar Wald, Acker und Wiese war er fast schon ein Landgut zu nennen. Der Hof lag zwischen Waginger- und Chiemsee in einer Ecke, welche die Einheimischen etwas abfällig die niederbayerische Walachei nannten.

Dorothea schuftete wie jede Landfrau von früh bis spät. Sie half ihrer Tante, wo es ging. Was es zu tun gab, wußte sie von zu Hause her. Der Umgang mit Vieh, das Melken, Schweine füttern, die Arbeit im Garten, im Hühnerhof fiel ihr nicht schwer. Es gab auch zwei Pferde. So konnte sie den einzigen Sport, den sie von Kind an ausübte, nämlich das Reiten, weiter pflegen. Ihr Sohn Sigurd, inzwischen zwölf Jahre alt, entwickelte sich prächtig. Aus dem wurde gewiß ein leidenschaftlicher Bauer.

Mit hämmerndem Motor zog der Traktor die Egge hinter sich her. Bewegt wurde der Schlepper von einem Knaben, der für sein Alter verhältnismäßig gut entwickelt, also stark und kräftig wirkte. Immer wenn der Traktor die Längsseite des Feldes entlangfuhr, war etwas Merkwürdiges zu beobachten. In weitem Satz sprang der jugendliche Fahrer vom Sitz, lief etwa zehn Meter neben dem weitertuckernden Schlepper her und sprang wieder auf. Einmal beobachtete ihn dabei der Landgendarm. Er lehnte sein Fahrrad an einen Alleebaum, stapfte über die schwere Scholle und hielt den Traktor an.

»Wer bist du?« rief er im Amtston.

»Sigurd Brandenburg«, scholl es über das Rattern des Diesels.

»Ah, der Neffe vom Baron. Wie alt bist du?«

»Zwölf Jahre.«

»Du hast keinen Traktorführerschein.«

»Den kriege ich noch nicht, wegen zu jung.«

»Aber du fährst den Traktor, ich beobachte dich schon seit Wochen.«

»Das darf ich«, erwiderte der blonde Junge mit sicherer Stimme, »mein Onkel hat es erlaubt. Außerdem lenke ich den Traktor nur über Privatgrund. Dazu brauche ich keinen Führerschein.«

»Du kennst dich im Gesetz aus«, staunte der Landgendarm und schob die Mütze ins Genick. »Aber wenn ich dich auf öffentlichen Straßen erwische, gibt es eine Anzeige.«

»Ich werde mich hüten«, sagte der Junge.

Das glaubte ihm der forsche Gendarm, ein ehemaliger Feldwebel der Wehrmacht, nicht.

»Ich habe dich schon drüben bei den Äckern am Seeufer gesehen. Dazu mußt du über die Chaussee.«

Sigurd Brandenburg verriet dem Grünen nicht, welchen Trick er sich dafür ausgedacht hatte, sondern rief: »Da müssen Sie mich erst auf frischer Tat ertappen. Aber Sie werden mich niemals kriegen.«

Dann gab er Gas und zog weiter die Egge über die Weizensaat.

Abends beim Essen erzählte er: »Der Landgendarm ist hinter mir her. Doch der hat keine Chance. Heute habe ich den Weizen fertiggeeggt. Wenn wir statt des Eicher-Schleppers einen Fendt hätten, wäre das Roggenfeld auch noch dran gewesen.«

»Was gefällt dir am Eicher nicht?« fragte sein Onkel interessiert.

Er mochte den Jungen. Er war aufgeweckt und fleißig.

»Der Fendt hat fünf PS mehr und zieht besser durch. Vor allem, wenn es geregnet hat und der Boden schwer ist«, erklärte Brandenburg Junior.

»Der Bursche ist clever«, bemerkte der Onkel.

»Was für ein Glück, daß ihr mich habt«, sagte der Junge, und seine Mutter lächelte insgeheim.

Die Tante, eine brünette, immer noch gut aussehende Fünfzigerin, wartete, bis die Köchin die große Stube verlassen hatte, und fragte besorgt: »Was sind das für Turnübungen, die du da machst, Sigurd? Runter, rauf, runter. Du kommst noch einmal unter die Räder.«

Da gestand der Junge, mit Messer und Gabel gestikulierend: »Immer, wenn ich von einem Feld zum anderen fahre und dabei die Kreisstraße überqueren muß, springe ich vorher vom Traktor, laß ihn allein über die Straße rollen und springe drüben auf der anderen Seite wieder auf. Ich darf ihn auf der Straße nicht lenken. Also fährt er das Stück alleine.«

»Und wie hast du das gemacht«, wollte der Onkel wissen, »daß der Motor nicht stehenbleibt?«

»Mit Handgas aus einem Stück Draht.«

»Dem dicken Kupferdraht, den du kürzlich von mir verlangt hast?«

»Das kann er sich patentieren lassen«, meinte seine Mutter stolz.

»Trickreich wie sein Vater«, meinte der Onkel. »Aus dem wird mal was. Der hat schlaues Blut.«

Dorothea von Königsau-Brandenburg, blond, schlank, mit ihren zweiunddreißig Jahren so hübsch, daß alle Männer hinter ihr her waren, bekam reihenweise Heiratsanträge. Selbst der Bürgermeister und Besitzer der Tachinger Brauerei gehörte zu ihren Verehrern. Sie ging mit ihnen tanzen, ließ sich ausführen, zur Jagd einladen, wünschte aber keine feste Bindung. Wenn sie wieder heiratete, sollte es ein anderer sein. Kein sturer Bauer, sondern ein kultivierter Mann, humorvoll, ein Künstler vielleicht.

Es hatte einen gegeben, aber wer weiß, wo er jetzt war. Verloren wie eine Muschel im Kreidemeer, versteinert wie ein Mammut im Eiszeitsumpf, fern wie der Mond und die

Sterne. Aus diesem und aus vielen anderen Gründen wollte Dorothea auch nicht für immer in Deutschland bleiben. Sie hielt es nicht mehr aus in der Enge.

Einmal im Monat fuhr sie mit dem Zug nach München.

Jedesmal wurde sie beim amerikanischen Konsulat vorstellig und fragte nach ihrem Visum. Sie hatte die Absicht auszuwandern, weil sie hier keine Zukunft mehr sah. Nun wartete sie schon bald ein Jahr auf die Papiere.

Doch nach Amerika würde sie, wie es schien, nicht kommen.

Die USA lehnten ihre Anträge ab. Vermutlich, weil ihr Mann U-Boot-Kommandant, Ritterkreuzträger und ein berühmter Naziheld gewesen war.

Hinzu kam, daß immer wieder durch die Presse geisterte, Kapitänleutnant Brandenburg habe 1941 in der Irischen See die *Margatia*, ein Lazarettschiff, torpediert und versenkt.

Als der Konsul sie wieder daraufhin ansprach, fuhr sie aus der Haut. »Sie und wir wissen, daß das Schiff bis obenhin mit Munition für England vollgepackt war.«

Der Konsul hob den Zeigefinger. »Aber es waren auch einige Verwundete an Bord.«

»Mag stimmen«, sagte sie, »als Alibi. Nicht mehr als ein Dutzend. Vielleicht waren es gar nur Schaufensterpuppen.«

Sie hatten schon des öfteren darüber diskutiert. Der Konsul wechselte also das Thema.

»Können Sie ein Affidavid aufbringen, Mrs. Brandenburg?«

»Was ist ein Affidavid, bitte?«

»Eine eidesstattliche Versicherung, daß jemand Sie in Amerika aufnimmt und finanziell unterstützt.«

»Wer könnte das ausstellen?«

»Verwandte oder Freunde.«

»Verwandte habe ich nicht und Freunde durch diese infamen Pressekampagnen wohl kaum.«

»Vielleicht ein Dollarkonto«, erwähnte der Konsul als zweite Möglichkeit.

Da konnte sie nur lachen.

»Ich verfüge nicht mal über ein D-Mark-Konto.«

Diese Amis konnten ihr allmählich gestohlen bleiben. Wütend ging sie und versuchte etwas anderes. Kanada, vielleicht Australien.

Ungewöhnlich schnell erhielt sie Bescheid, daß man sie in Singapur aufnehmen würde. Sie wäre lieber nach Sydney gegangen, aber die Papiere waren binnen zwei Wochen da. Dazu Schiffspassage und Visum. Sie ahnte warum, behielt es aber für sich.

Abreise binnen achtundvierzig Stunden, hieß es. Das Schiff, der thailändische Frachter *Mekong*, wurde schon in Bremen erwartet.

In Eile raffte sie alles für sich und ihren Sohn Nötige zusammen. Die Eisenbahnfahrkarten waren bereits gekauft, als es zu einem Drama kam. Sigurd jun. weigerte sich mitzukommen. Er ließ sich weder gut zureden noch überreden noch zwingen. Er spreizte sich nicht nur mit Händen und Füßen, sondern kämpfte mit Klauen und Zähnen und wurde böse.

»Ich bleibe hier!« schrie er seine Mutter an. »Hier in Deutschland, wo ich geboren bin«, lief davon und versteckte sich.

Sie suchten stundenlang, ohne ihn zu finden.

Er wollte nicht mit in ein fernes fremdes Land. Er wollte Bauer werden. Dies um so mehr, als die Tante keine Kinder hatte und der Onkel so etwas wie einen Erben in ihm sah.

Schweren Herzens trennte sich Dorothea von ihrem Sohn und zog alleine in die Welt hinaus. Immerhin half ihr dabei der Gedanke, daß sich Sigurd jun. in treusorgenden Händen befand.

Dorothea Brandenburg wurde auf dem Frachter wie ein gewöhnlicher Passagier behandelt. Höflich, aber nicht bevorzugt. Manchmal kam sie sich sogar wie eine Gefangene vor, als würde jeder Weg, den sie nahm, jeder Schritt, den sie tat, bespitzelt.

Noch schlechter erging es allerdings einer Reihe von Damen mittleren Alters, die manchmal, aber nur stundenweise, an Deck getrieben wurden, um ein wenig Luft zu schnappen, ehe sie wieder verschwanden. Alle waren sie wasserstoffblond, überschminkt, mit ziemlich üppigen Formen, im Grunde aber heruntergekommene Wracks.

Der Mann, der sie kommandierte, trug einen zu hellblauen Anzug und eine zu hellgelbe Krawatte. Alle sprachen sie breiigen Dialekt, irgendwie plattdeutsch. Die Frauen rauchten mit ordinären Gesten, der Mann wirkte dumm und brutal.

Eines Tages ließ der Kapitän Dorothea Brandenburg zu sich kommen. Sie nahm die Gelegenheit wahr und beschwerte sich darüber, daß sie sich nicht frei bewegen könne.

»Offenbar ist es üblich, Frauen auf diesem Schiff wie Gefangene zu behandeln«, protestierte sie.

Der Kapitän äußerte sich nicht dazu, sondern tat, als prüfe er ihren Paß mit dem eingestempelten Visum. Dann zog er aus der Schreibtischschublade eine zerfledderte grüne Kunststoffmappe. Dieser Mappe entnahm er einige Papiere.

Offenbar handelte es sich um Ergänzungen zu Dorotheas Einwandcrungsakte.

Endlich begann er zu sprechen: »Stimmt der Name in Ihrem Paß, Madam?«

»Das ist ein Originalpaß von einer deutschen Behörde ausgestellt. So ein Dokument ist immer korrekt.«

»Dann sind Sie Dorothea Margarethe Brandenburg?«

Mit seinen weniger als hundert Wörtern Deutsch hatte der Kapitän Ausspracheschwierigkeiten bei den Namen. Hinzu kam, daß ihn seine schmuddelige Uniform, sein dunkler Bart und die tränenden Augen nicht sympathischer machten.

»Geborene von Königsau«, bestätigte die deutsche Passagierin nickend.

»Dann ist ja alles okay«, entschied der Kapitän und schloß die Mappe. »Haben Sie noch einen Wunsch, Madam?«

»Ja, besseres Essen, nämlich das, was Sie und Ihre Offiziere zu sich nehmen. Dafür wurde wohl bezahlt. Ferner fordere ich mehr Bewegungsfreiheit auf dem Schiff. Mitten im Atlantik kann ich es ja wohl nicht verlassen.«

Der Kapitän lehnte sich zurück und zögerte, ehe er auf englisch antwortete: »Dann hätte ich auch einen Wunsch, Madam. Es ist eine lange Reise. Als Frachterkapitän hat man viel Zeit. Wir laufen erst in Ägypten wieder einen Hafen an. Sie sind allein, ich meine unverheiratet, ebenso wie ich.

»Wenn Sie«, er setzte erneut an, »wenn Sie bereit wären, mich ab und zu in Ihrer Kabine zu empfangen, sollte das Ihr Schaden nicht sein, Madam.«

Voll eiskaltem Ekel entgegnete sie: »Nehmen Sie doch eines dieser Freudenmädchen, die von ihrem Zuhälter wie Affen dressiert werden.«

Der Kapitän bedauerte. »Sorry, die Damen sind für Arabien reserviert.«

»Aber doch wohl nicht ungebraucht.«

»Alles Jungfrauen, Madam.«

»Na schön. Aber wir beide sind eben nicht füreinander bestimmt, Kapitän«, erklärte sie.

Der Kapitän geleitete sie höflich bis zum Schott. Als sie über den Süllrand stieg, schob sich ihr Rock bis zum Knie und weiter, so daß man ihre Schenkel sehen konnte.

»Denken Sie darüber nach, Madam. Was darf ich sonst noch für Sie tun?«

»Erfüllen Sie mir eine Bitte, dann erhöre ich Ihre Bitte, Kapitän.«

»Und wie lautet dieselbe, Madam?«

Sie lachte den Kapitän nur verächtlich an, schüttelte das

Haar zurück und sagte: »Ich möchte eine Kammerzofe und eine Badewanne.«

Beides war an Bord dieses Schiffes mit Sicherheit nicht verfügbar.

# 14

Die Vorbereitungen für den amerikanischen Atombombentest in der Südsee waren beendet. Das Verwirrspiel konnte beginnen. Der Einfachheit halber bekam es in der Operationsabteilung der US-Navy den Codetitel ›Plan Lützow‹.

Eingesetzt wurden drei Frachter. Jeder um 9000 Tonnen groß. Moderne Schiffe mit Dieselantrieb. Nur eines davon, *Pazific Sun*, war etwas schneller als die anderen. Das Schiff konnte sechzehn Knoten laufen.

Die drei Frachter gingen nicht am gleichen Tag und nicht vom gleichen Hafen aus in See. Aber alle um Mitte Mai herum. Der Frachter *Texas Boy* verließ Vancouver am dreizehnten. Geladen hatte er Weizenmehl, Gefrierfleisch und Konserven für die Inselbewohner der Südsee, soweit sie auf amerikanischem Territorium lebten. Er nahm sofort direkten Kurs dorthin.

Auch das zweite Schiff, der Frachter *Claire*, war zur Ablenkung bestens vorbereitet. Er verließ San Franzisko am 15. Mai. Laut Stauliste war er bis obenhin mit Kunstdünger für Neuseeland beladen. Zunächst nahm er Kurs Hawaii, dann weiter in die Südsee. Als er auslief, standen einige Journalisten auf der Golden Gate Bridge und fotografierten ihn mit Teleobjektiven von oben. Aber auf der roten Brücke standen immer Fotografen und nahmen seegehende Schiffe auf. Wahrscheinlich hatte das nichts zu bedeuten.

Der einzige Frachter, auf den es wirklich ankam, war die *Pazific Sun*. Ebenfalls aus Tarnungsgründen fuhr das Schiff unter panamesischer Flagge. Da es sich einbürgerte, daß Frachter auch Passagiere mitnahmen, hatte man sie mit einer Reihe von Extrakabinen ausgestattet, was nicht weiter auffiel, denn der Einbau war im mexikanischen Tampico vorgenommen worden.

Die Kabinen boten ausreichend Platz für ein Dutzend Wissenschaftler und technische Experten, die sich wie harmlose Touristen benahmen.

Für zwei Tage legte der Frachter *Pazific Sun* im südkalifornischen San Diego an, angeblich um Treibstoff und Frischwasser zu übernehmen. Die Container, die in seinem Laderaum verschwanden, enthielten offiziell Nachschub für den amerikanischen Truppenstützpunkt auf der japanischen Insel Okinawa.

Unter den Kisten befanden sich allerdings drei äußerlich nicht unterscheidbare Behälter mit den Prototypen der H-Bomben. Die Wasserstoffsprengkörper waren in einem nächtlichen Bahntransport von der nahen Atomfabrik Oak-Ridge herangeschafft worden. Niemand zweifelte daran, daß Geheimhaltung und Täuschung, bis zu dem Zeitpunkt, als der Frachter San Diego verließ, perfekt aufrechterhalten worden sei.

Die *Pazific Sun* dampfte ebenfalls Richtung Hawaii und von dort mit zunächst nordöstlichem Kurs weiter nach Japan.

Im Pazifik wurde der Frachter von Fernaufklärern verfolgt. Auch Einheiten der amerikanischen Asienflotte tauchten immer wieder nahe seinem Kurs auf.

Da der Transport absolut glatt verlief, wurde die Transportüberwachung zurückgenommen. Der Frachter mit den H-Bomben, den Wissenschaftlern und Experten an Bord, steuerte nur kurz Taiwan an, übernahm dort Gemüse und Obst sowie frischen Fisch.

Anfang Juni nahm er Kurs auf die Philippinen, um sich von dort auf Umwegen durch die Banda-See, zwischen Neuguinea und Australien, ins Korallenmeer zu mogeln. Von dort sollte der Frachter direkt zu den Inseln gehen, wo für Ende des Monats auf dem Enivetok-Atoll die Tests vorgesehen waren.

Als einziger der Frachterbesatzung wußte der Kapitän Näheres über Zweck und Ziel der Reise. Deshalb war er auch als einziger der Frachteroffiziere beunruhigt, als ihm östlich Manila immer wieder gemeldet wurde, daß ihnen nicht nur Flugzeuge folgten, sondern daß auch nicht näher bestimmbare Einheiten an ihrer Kielwasserspur hingen.

Der Kapitän begab sich in den FT-Raum, schickte den Funker hinaus und stellte Verbindung mit dem Navy-Hauptquartier in Kalifornien her. Seine Anfrage, ob die *Pazific Sun* weiterhin von Sicherheitskräften begleitet oder von Aufklärern beobachtet würde, verneinte die Operationsabteilung.

An diesem und an den darauffolgenden Tagen funkte der Frachterkapitän erneut nach San Franzisco, daß sie beobachtet würden. Die Beschattung sei jetzt ganz offensichtlich, wenn auch mit unterschiedlichen Fahrzeugen. Sie nehme aber deutlich zu.

»Wir haben sogar eine chinesische Schnelldschunke gesichtet«, meldete er.

Das Marinekommando bestätigte den Eingang und gab zurück: AN PAZIFIC SUN. – WARTEN SIE UNSERE ENTSCHEIDUNG AB. KURS UND PLAN BEIBEHALTEN –

In der Nacht darauf lief die neue Order der Leitstelle ein. Sie lautete:

KURSÄNDERUNG – LAUFEN SIE ZULUSEE – ZELEBESSEE – MAKASSARSTRASSE. – VERSUCHEN SIE IM INDOCHINESISCHEN INSELBEREICH DIE VERFOLGER ABZUSCHÜTTELN – BITTEN UM LAUFENDE STANDORTANGABE –

Dem Frachter war es jedoch nicht möglich, die Verfolger loszuwerden. Deshalb entschied die Leitstelle im Navy-Oberkommando eine radikale Kursänderung nach Westen in die Jawa-See.

Die nächste Order lautete:

LAUFEN SIE NOTFALLS SINGAPORE AN – DANACH GEGENKURS DURCH DAS SÜDCHINESISCHE MEER –

Der Kapitän der *Pazific Sun* gewann den Eindruck, daß man in Kalifornien konzeptionslos war und es irgendwie brenzlig wurde.

In einer stürmischen Nacht versuchte er, den Verfolgern mit äußerster Kraft davonzulaufen. Tagsüber versteckte er sich in einer Inselbucht im Golf von Bonne. Doch am nächsten Tag waren die Verfolger schon wieder am Horizont.

»Was wollen die von uns?« fragte sein Erster Offizier ratlos.

»Vielmehr, wie machen die das? Verfügen jetzt Dschunken schon über Radar?«

»Ist ja wie im Krieg«, sagte der Kapitän, »da karrte ich mit einem Kaisersarg ständig Waffen nach England. Voll hin und leer zurück. Immer hatten wir die deutschen U-Boote am Hals. Jetzt herrscht angeblich Frieden, aber das hier ist echt ärgerlich.«

Es sollte noch schlimmer kommen. Wie schlimm, davon ahnten sie noch nichts.

Die *Pazific Sun* mit ihrer tödlichen Fracht an Bord fuhr durch die Jawa-See mit Kurs 260 Grad auf die Makassar-Straße zu. Es war weder stürmisch noch windstill, die See weder bewegt noch glatt. Auch der Mond war nur ein Mittelding zwischen zunehmend und halbvoll. Ab und zu schoben sich Wolken vor ihn. Den genauen Zeitpunkt, als es passierte, vermochte niemand mehr zu bestimmen.

Jedenfalls war es noch vor Wachwechsel, der gewöhnlich um 4 Uhr morgens stattfand. Einem Zeitpunkt also, zu dem der Mitternachtswache meist schon die Augen zufielen und an Bord ohnehin alles schlief. Vielleicht mit Ausnahme eines Mannes im Maschinenraum.

Sie kamen von zwei Seiten. Lautlos hatten sie sich mit tarnfarbigen Fahrzeugen an den schnellen Frachter herangepirscht. Zweifellos verfügten ihre Kaperboote über enorm starke, auspuffgedämpfte Benzinmotoren. Die Wurfanker, die sie hochschleuderten und die sich an der

Reling verfingen, waren gepolstert. An Alustrickleitern kletterten sie hinauf, flink und geübt wie Artisten. Auf Gummisohlen huschten sie über Deck, die Aufbauten zur Tarnung nützend. Alle waren sie schwarz gekleidet und trugen Strumpfmasken, die nur die Augen freiließen, in den Fäusten Maschinenpistolen. Am Gürtel baumelten Reservemagazine und Handgranaten.

Zuerst tauchten sie auf der Frachterbrücke auf, die sie katzenartig erklommen hatten. Ohne bemerkt zu werden, näherten sie sich den drei Männern der Brückenwache, packten sie von hinten und schnitten ihnen die Kehlen durch. Nur der Rudergänger, aufgeschreckt von einem Poltern, konnte sich wehren. Deshalb wurde er mit einem Wurfdorn, einem jener messergespickten Scheiben, die töten konnten wie Revolverkugeln, geräuschlos zum Schweigen gebracht.

Im gleichen Augenblick hatte ein Kommando der Schwarzgekleideten den Maschinenraum übernommen und dort die Wache niedergeschlagen. Im Fallen konnte der Maschinist noch den Alarmschalter der Schiffssirene betätigen. Mit durchschneidendem Ton heulte sie durch alle Decks des Frachters. Doch als Besatzung und Passagiere aus den Kabinen stürzten, waren die Schwarzgekleideten schon da.

Die Männer der *Pazific Sun* liefen direkt ins Feuer der Piraten. Zweifellos handelte es sich um solche. Sie schossen ohne Warnung und richteten ein wahres Blutbad an.

Nur einer von ihnen beteiligte sich kaum am Kampf, sondern erteilte wortlos durch Handzeichen seine Befehle. Diesen Burschen, weitaus größer als seine Kämpfer, aber ebenfalls maskiert, nannten sie Admiral.

Der Funker, dessen Kabine neben dem Funkraum lag, konnte aus seiner erhöhten Position hinter der Brücke einen Teil der gewaltsamen Übernahme beobachteten. Er stürzte in sein Schapp, schloß die Tür von innen mit dem Vorreiber und versuchte noch, einen Funkspruch abzusetzen.

POSITION 204 WEST ... 09 NORD ... SOS ... MAYDAY ... dann morste er noch so etwas wie ... SCHWARZER TAIFUN ... oder so ähnlich.

Er konnte den Notruf nicht bis zu Ende senden, denn die Schwarzgekleideten beobachteten ihn durch das Bulleye und warfen eine abgezogene Eierhandgranate durch das Lüftungsrohr. Sie detonierte wenige Sekunden später und riß drinnen alles in Fetzen. Auch den Funker und seine Geräte.

Um 04 Uhr 35 Ortszeit hatten die Piraten den Frachter übernommen. Die Toten warfen sie einfach über Bord. Das Schiff brachten sie auf einen anderen Kurs und verschwanden damit. Sie sorgten dafür, daß fortan von der *Pazific Sun* jede Spur fehlte.

Die Reporter der Weltpresse hatten Nasen wie Spürhunde. Sie waren äußerst findig, wenn es darum ging, irgendwelche Geheimnisse zu lüften, sei es auf politischem, wirtschaftlichem oder militärischem Gebiet. Für sie bedeuteten heiße Nachrichten Schlagzeilen, Karriere und Geld.

Die in London erscheinende *Weekly Times* brachte eine Meldung, wobei sie sich auf einen anonymen amerikanischen Informanten berief. Der Amerikaner durfte diese Meldung angeblich nicht veröffentlichen, da man ihn sonst wegen Hochverrat angezeigt hätte.

Die britische Zeitung schrieb: »Amerika befindet sich in einem Wettrennen mit Rußland beim Bau noch wirksamerer Atombomben. Deshalb haben die USA die Wasserstoffbombe entwickelt und wollen sie nun testen, um der Sowjetunion zu zeigen, daß sie unaufholbar im Rückstand liegt.«

Die französische Zeitung *Paris Jour* glaubte sogar, den für den Test vorgesehenen Zeitpunkt, nämlich die Julimitte dieses Jahres, zu kennen. Die Bomben würden bereits auf geheimen Wegen in die Südsee transportiert.

*El Mund*, Madrid, verbreitete, daß man auf dem Enivetok-Atoll die Evakuierungen der Eingeborenen-Bevölkerung abgeschlossen habe.

Die in Hamburg erscheinende *Die aktuelle Zeit* besaß andere Informationen. Einer ihrer Reporter hatte erfahren, daß Amerika die Tests, aus welchen Gründen auch immer, verschoben habe. Entweder sei die Geheimhaltung durchbrochen worden, vielleicht hätten sich aber auch Schwierigkeiten oder Fehlfunktionen bei den H-Bomben gezeigt.

Plötzlich war die Welt voller Spekulationen. Vieles wurde geschrieben, noch mehr in Radiosendungen kommentiert. Es wurde gemunkelt, gerätselt, gemutmaßt.

Zu diesem Zeitpunkt sah sich die amerikanische Regierung zu einer Erklärung veranlaßt. Amtlich wurde in Washington verlautbart, daß man H-Bomben-Tests zwar geplant, die Tests aber abgeblasen habe. Allerdings nicht aus technischen Gründen. Sie seien vielmehr aufgegeben worden, weil neue, noch wirksamere Waffen in der Entwicklung stünden. Die USA bauen die Kobaltbombe, stand erstmals in Zeitungsartikeln. Insider hielten jedoch alles für fadenscheinige Ausreden. Irgend etwas Unvorhergesehenes mußte passiert sein.

Wilde Gerüchte verbreiteten sich täglich wie Wellen um den Erdball.

Die Regierung in Washington geriet in Panik. Sogar der im Krieg gehärtete alte Haudegen, der Präsident und Ex-Marschall Eisenhower, wurde nervös. Wenn Eisenhower nervös wurde, dann war seine Umgebung meist schon reif für die Klapsmühle. Erwartungsgemäß bestand der Präsident darauf, daß das Verschwinden des H-Bomben-Frachters mit allen verfügbaren Mitteln aufzuklären sei.

Pentagon und Geheimdienste waren längst an der Arbeit. Die Funksprüche wurden entzerrt und analysiert, aber es gab zu viele davon in dieser Nacht.

Verantwortlich für die Katastrophe machte Eisenhower

den Direktor des Geheimdienstes CIA, die Navy und seinen Sicherheitschef, Senator Harvey.

Eine Besprechung folgte der nächsten, bis allmählich eine Art Mosaik zusammengesetzt werden konnte.

Immer wieder rief der Präsident seine Vertrauten im Oval-Office zusammen, ließ sich unterrichten und stellte Fragen über Fragen.

»Wo verschwand der Frachter?«

»Im Gebiet der Jawa-See, Mister President.«

»Bei welchem Wetter?«

»Zur Nachtzeit bei optimalen Wetterbedingungen, Mister President.«

»Optimal für wen? Bleiben Sie mir bloß mit dem Märchen weg, es seien Piraten gewesen.«

»Die Täter müssen aufgetaucht sein wie Schattengeister, Sir.«

»Meine Herren, wir leben im zwanzigsten Jahrhundert«, spottete der Präsident. Ein Mann wie Eisenhower, Kommandeur der größten Invasion aller Zeiten, der Operation Overlord, mit der am 6. Juni 1944 die Alliierten die Deutschen in Frankreich angegriffen und überrascht hatten, ließ sich nicht so schnell aus der Fassung bringen. Er war gewohnt, peinigend zu bohren.

»Gab es Hilferufe?«

»Einige SOS und Mayday, Mister President, meist verstümmelt.«

»Wurde das genau überprüft?«

»Es war ein Wort wie Taifun dabei.«

»Taifun ist ein Unwetter. War ein Taifun im Anmarsch?«

»Es herrschten keinerlei Wirbelstürme in diesem Gebiet.«

»Kann Taifun nicht ein Codewort für Angriff bedeuten?«

»Das wird man sofort überprüfen, Mister President.«

Von Eisenhower erging eine Rüge. »Warum ist das nicht schon längst geschehen?«

»In dieser Nacht liefen viele Funksprüche auch von anderen Schiffen ein. Man muß die der *Pazific Sun* erst herausfiltern. Möglicherweise sind einige FTs davon auch von den Piraten manipuliert worden, Sir.«

Allmählich wurde der Präsident ärgerlich. »Das Wort Piraten möchte ich verdammt nicht mehr gehört haben. Wir sind hier nicht in Hollywood. Wer oder was steckt also dahinter?«

Zaghaft warf ein Meteorologe ein: »Es gab auch kein Seebeben, Sir.«

Er wurde beinah verlacht.

Eisenhower klopfte ungeduldig mit dem Bleistift auf den Schreibtisch und äußerte kopfschüttelnd: »Ausgerechnet dieses brisante Schiff! Hier ist doch die Geheimhaltung durchlöchert worden. Andererseits muß den Tätern dann auch bekannt sein, daß sie mit der Beute selbst wenig anfangen können.«

»Es sei denn, sie verkaufen sie«, wandte Senator Harvey ein.

»An wen?«

»Rußland, China, die Interessenten stehen Schlange.«

Eisenhower, der General fürs Praktische, stellte eine überraschende Frage: »Sind in so einem Fall Lösegeldforderungen üblich?«

»Bisher wurden keine gestellt, Sir.«

»Und überhaupt, war das Ganze nicht eine Schnapsidee, dieses angeblich so geheime und perfekt getarnte Transportverfahren?«

»Das war mir von vornherein klar, Mister President«, verteidigte sich Senator Harvey und versuchte alles auf den Mann zu schieben, der diese Idee geboren hatte: auf Kapitän Lützow.

Damit kam er bei Eisenhower aber nicht durch. Für alte Soldaten war immer der Letzte im Kommandostrang für eine Niederlage verantwortlich.

»Ihnen oblag die Entscheidung, Senator«, erklärte der

Präsident, »also beschaffen Sie mir dieses Schiff wieder. Egal wie Sie das anstellen.«

Senator Harvey arbeitete mit den Chefs der Geheimdienste zusammen, traute ihnen aber nicht voll. Kein kluger Politiker verließ sich hundertprozentig auf einen anderen Politiker, denn jeder verfolgte eigene Ziele und hielt seine Schäfchen im trockenen. Eine Erfahrung, die Harvey nicht zuletzt bei sich selbst gemacht haben mußte.

Er benutzte also noch andere Wege und organisierte den Fall *Pazific Sun* auf seine Weise. Dabei führte er so viele geheime Telefongespräche und hatte so viele Treffs mit meist unbekannten, oft zwielichtigen Personen, daß das Gerücht aufkam, Senator Harvey arbeite mit subversiven Elementen zusammen.

Harvey wies diese Vorwürfe auf das entschiedenste zurück und versuchte zu beweisen, daß es ihm ausschließlich um den Fall *Pazific Sun* ging und daß er versuche, über alle möglichen Kanäle, auch kriminelle und unseriöse, an Informationen zu gelangen.

Notgedrungen glaubte man ihm.

Die größte Schwierigkeit bestand darin, den Kreis der Eingeweihten nicht auszudehnen und die Katastrophe möglichst unter dem Deckel der Verschwiegenheit zu halten.

Eine Woche nach dem Vorfall in der Jawa-See waren immerhin schon ein Dutzend Personen unterrichtet. Aber sie waren alle Geheimnisträger der höchsten Stufe drei. Daß sie dicht hielten, wurde vorausgesetzt.

»Aber irgendwo muß ein Verräter«, äußerte sich Eisenhower eines Abends seinem Vizepräsidenten gegenüber, »so ein ehrloser Schweinehund, sitzen.«

# 15

Toni Lützow, jetzt Kapitän zur See der US-Navy, war nach Ende des Krieges in den Dienst der Vereinigten Staaten getreten. Obwohl mit Eichenlaub zum Ritterkreuz ausgezeichnet, genoß er in internationalen Marinekreisen hohes Ansehen. Derzeit arbeitete er mit Admiral Rickover am Nautilus-Programm und bildete an der U-Boot-Schule in San Diego zwei Besatzungen für das erste Atom-U-Boot der Welt aus. Seine Frau Judith, sie stammte aus der mächtigen und einflußreichen Bankiersfamilie Rothild, arbeitete als Kinderärztin und Chirurgin am »Hospital zu den drei Zedern des Libanon«. Der Einfachheit halber lebten die Lützows in San Diego, wo sie sich vor sechs Jahren in den Hügeln eine weiße Bungalowvilla gekauft hatten. Das Haus war mit allem Luxus ausgestattet. Pool, Tennisplatz, Sauna. Im Grunde lebten sie zufrieden und nahezu wunschlos.

Nach Dienstschluß fuhr Lützow von der Navy-Kaserne kommend am Hospital vorbei und holte Judith ab. Heute war sie ziemlich erledigt. Sie hatte den ganzen Vormittag operiert, konnte aber trotz stundenlanger Bemühung den kleinen Patienten, einen Mexikaner, nicht retten.

»Ein Baby mit einer verkümmerten Niere und fehlender Herzklappe, das ist einfach nicht zu schaffen.«

»Gestorben?« fragte er teilnahmsvoll.

Niedergeschlagen und kaputt nickte sie.

In ihrem Buick-Cabrio fuhren sie zwei Meilen landeinwärts.

Dann verließen sie den Highway. Auf der gewundenen Straße durch den Cañon und die Serpentinen hinauf erreichten sie ihr Haus. Es stand im Schatten von Palmen und Zypressen. Trotzdem war es unerträglich heiß heute.

Judith erklärte sich unfähig, etwas zu essen. Erst nahmen sie im Pool ein kühles Bad, dann mixte Toni Lützow Martinis. Das munterte die Ärztin auch nicht auf.

Wie oft an solch deprimierenden Tagen sprachen sie über ihre Situation, schmiedeten Zukunftspläne.

Die Lage in Europa war nicht so, daß sie den Wunsch hatten, jemals nach Deutschland zurückzukehren.

»Aber von der Wiedergutmachung, weil die Nazis die Bank meines Vaters enteigneten, schicke ich Geld nach Afrika«, entschied sie.

»Da kannst du die Scheine gleich durch eine goldene Kloschüssel spülen. Bau lieber ein Waisenhaus«, riet Toni.

»Okay, für die Hälfte«, blieb sie realistisch.

»Natürlich kaufst du dir so für viel Geld noch mehr Arbeit.«

»Soll ich in Afrika etwa Bonbons und Schokolade verteilen? Laß uns schlafen, Darling«, schlug sie bald vor.

Er war einverstanden. Vielleicht würde oben, wenn sie sich näher kamen, mit ein bißchen Liebe die Stimmung besser.

Sie schlüpfte neben ihn unter das Seidenlaken.

Auch nackt war Judith immer noch so schön wie angezogen.

Er küßte ihre Augen, ihren Mund, ihren Busen.

»Du hast Brustwarzen wie Gummi«, versuchte er sie aufzuheitern, »wenn man sie streichelt, stehen sie auf.«

»Ist das gut so?«

»Nun«, meinte er scherzend, »die technische Entwicklung ist darüber hinweggegangen. Heute trägt die Dame von Welt Brustwarzen aus Schaumgummi. Sie sollen sogar vibrieren, wenn man sie anhaucht.«

Sie gab ihm einen Klaps und sagte: »Ich habe gar keinen schönen Busen. Ist viel zu klein.«

»Wart's ab, bis du Kinder hast.«

»Du weißt, ich werde nie welche bekommen«, erwiderte sie.

»Man soll die Hoffnung nie aufgeben, Darling. Es geschehen noch Wunder.«

Sie wurden abgelenkt, denn das Telefon summte.

»Das kann nur Eleanor sein«, sagte Judith, »ich hab' mehrmals versucht, sie zu erreichen. Jetzt ruft sie gewiß zurück.«

Eleanor Roosevelt, einst Ehefrau des mächtigsten Mannes der Welt, war eine gute Freundin von Judith Lützow. Sie telefonierten regelmäßig miteinander. Leider hatte die Präsidentenwitwe die Angewohnheit, es meist in den frühen Morgenstunden zu tun, ohne daran zu denken, daß die Menschen drüben in Kalifornien noch schliefen.

Dem Zeitpunkt nach konnte es also nur Mrs. Roosevelt sein. Um so überraschter war Lützow, als ihm Judith das Telefon übergab.

»Für dich«, sagte sie. »Ach du guter Gott, Washington, das Weiße Haus.«

In diesem Augenblick wurde das Gespräch aus irgendeinem Grund unterbrochen. So etwas kam öfter vor. Die Leitung war immerhin dreitausend Meilen lang ...

In seinem Büro im Senat warf Mortimer Harvey den Hörer auf die Gabel.

»Unterbrochen!« Er fluchte: »Verdammte moderne Technik.«

Bei ihm hatten sich einige Gentlemen versammelt. Zivilisten, zwei höhere Offiziere von Navy und Air Force, ein Fregattenkapitän und ein Colonel. Die Konferenz dauerte schon Stunden. Mitternacht was längst vorüber. Sie kamen nur in winzigen Schritten vorwärts.

Über gewisse Vorgänge war man in militärischen Kreisen nach wie vor auf das äußerste beunruhigt. Ausgelöst wurde es durch den Verlust des Schnellfrachters *Pazific Sun*.

Allmählich wurde Senator Harvey ungeduldig.

Er brauchte ein Ergebnis und faßte die Lage noch einmal zusammen: »Die CIA hat alle in Indochina erreichbaren Agenten angesetzt. Die Air Force unternahm permanent Patrouillenflüge und schoß Tausende von Fotos des in Frage kommenden Gebietes. Das Schiff wurde nicht gefunden. Kein Wunder, die Küsten dort und die ins Meer mündenden Flüsse sind alle von Mangrovensümpfen und dichtem Dschungel umgeben.«

»Da können Sie glatt einen Flugzeugträger verschwinden lassen.«

»Ein ideales Versteck also. An den Untergang der *Pazific Sun* glaubt natürlich niemand.«

»Gerüchteweise vernimmt man von der Befürchtung, Piraten könnten dahinterstecken«, meinte der Marinekapitän vorsichtig.

»Mag sein. An diesen Küsten wimmelt es nur so von ihnen.«

»Aber der Präsident haßt diese Version.«

Im Laufe des Gespräches wurde an Senator Mortimer Harvey, den Vorsitzenden des Sicherheitsrates, immer wieder die Frage gestellt, was die Piraten wohl mit den Bomben vorhaben könnten.

»Diese Technologie wird bestenfalls von drei oder vier Wissenschaftlern beherrscht.«

»Andere Länder haben auch Fachleute, Gentlemen.«

Es ging immer im Kreis herum. Kaperten die Piraten das Schiff etwa im Auftrag einer fremden Macht? Wer hatte daran Interesse, an dieser Superwaffe? Nur die Russen und Chinesen kamen dafür in Frage. – Gab es eine undichte Stelle im Kreise der Eingeweihten? – Ein Rätsel ohne Lösung.

Die Forderung von Senator Harvey lautete: »Der Präsident drängt. Wir müssen das alles klären, nicht schnellstens, sondern sofort. Die Geheimdienste versagen offenbar. Auch unsere diplomatischen Vertreter in Indochina stellen sich tot.«

»Wen also nehmen wir als Ausputzer, Herr Senator?«

Jeder der Anwesenden wartete auf eine Antwort. Sie kam überraschend schnell.

»Ob dieser Lützow etwas für uns tun kann?« stellte der Senator erneut in den Raum.

»Ein tüchtiger Mann mit viel Erfahrung. Doch ob er will?«

»Er wird wollen müssen.«

»Und warum ausgerechnet er?«

»Er ist der Beste«, bedauerte Harvey. »Zwar stammt von ihm die Idee mit den drei Tarnfrachtern, trotzdem war sie an sich gut. Aber für die Panne werde ich ihn an die Kandare nehmen.«

Der Navy-Offizier äußerte Zweifel.

»Und wenn er doch nein sagt? Vom Krieg spielen hat dieser Mann genug.«

»Dann befördern wir ihn zum Konteradmiral«, erklärte der Senator.

So, wie er sich auf Lützow versteifte, hörte es sich beinah an, als wolle er diesen Mann in die Scheiße reiten und ihn auf diese Weise loswerden.

Harveys Mitarbeiter wunderten sich im Grunde also nicht über Harvey. Immerhin war bekannt, daß der Senator ein Deutschenhasser war, daß er die Nazis verabscheute und Lützow mit Sicherheit nicht zu seinen Freunden zählte.

Ein Senatsdiener brachte Kaffee, zwei volle Kannen als Ersatz für viele leere Kannen. Hinter den Vorhängen sikkerte schon das Grau des kommenden Tages herein.

»Wir machen dann Schluß, Gentlemen«, sagte Harvey gähnend, »nur diesen einen Versuch noch.«

Erneut hob er das Telefon ab und ließ sich von der Zentrale mit einer Nummer in Kalifornien verbinden.

»Aber sehen Sie zu, daß diesmal das Gespräch zustande kommt«, raunzte er das Mädchen in der Vermittlung an.

Toni Lützow konnte in dieser Nacht nur schwer einschlafen. Er starrte auf die gegenüberliegende Wand, wo sein Lieblingsbild hing, das er dort aufgehängt hatte, um es immer vor Augen zu haben. Es war von Giorgio de Chirico. Leider nur eine Kopie. Das Bild hieß ›Metaphysisches Interieur‹. Eigentlich wußte er nicht, warum er dieses Bild liebte. Es zog ihn einfach an. Es brachte etwas zum Klingen, was wohl mit dem Innersten seiner Wesensart zu tun hatte.

Das Gemälde, ein Bild im Bild, zeigte ein Fenster schräg in kahler Wand, einen Zirkel, ein Windrädchen. Durch das Fenster erkannte man in der Ferne eine Festung am Meer, Brandung, einen Leuchtturm. Am Strand zog sich eine Mauer hin, ein Weg führte am Deich entlang. Es war wie ein Traum aus Romantik und Wildheit. Kein Mensch und kein Tier waren zu sehen.

Immer, wenn Lützow es lange genug betrachtete, wurde er ganz ruhig. Cool, wie es die Amerikaner nannten. Er schwebte in dem labilen Zustand zwischen Wachen und Schlafen, als erneut das Telefon summte. Der Apparat war leise gestellt. Damit Judith nicht erwachte, nahm er den Hörer sofort auf. Es war nicht Eleanor Roosevelt, sondern Mortimer Harvey vom Senat in Washington.

Reserviert hörte sich Lützow an, was ihm der Sicherheitschef des Präsidenten zu sagen hatte. Anschließend lag er schweigend auf dem Rücken und dachte nach.

Judith hatte offenbar doch nicht geschlafen.

»Was ist?« fragte sie.

»Ich soll sofort nach Washington kommen«, sagte er, »sie schicken ein Flugzeug.«

»Packst du deinen Koffer?«

»Weiß noch nicht.«

»Und was sagt dein Chirico-Orakel dazu?«

»Chirico behauptet, er wisse es nicht, er sei auch nur eine schlechte Kopie.«

»Du hast ja bald Geburtstag«, sagte Judith, »vielleicht ist das Original aufzutreiben.«

In Washington betrat Kapitän z. See Toni Lützow zum ersten Mal das Weiße Haus. Bevor man ihn in die Lage einweihte, wurde er erst auf die neue Sicherheitsstufe ›cosmic‹ vereidigt. In einem separaten Lageraum informierte ihn Senator Harvey über den Stand der Dinge. Lützow bekam Einblick in sämtliche Unterlagen, in Karten des Seegebietes, wo der Zwischenfall mit der *Pazific Sun* passiert sein mußte, ebenso Skizzen mit den nachkonstruierten Kursen des verschwundenen Schnellfrachters.

Nichts hielten sie vor ihm verborgen. Weder die Reihenfotos der Fernaufklärer von der Makassar-Straße noch Agentenmeldungen oder Nachrichten aus diplomatischen Kanälen.

Senator Harvey ließ Lützow Zeit. Als er nach Stunden wieder erschien, stellte er die entscheidende Frage.

»Was schlagen Sie vor, Kapitän, wie wir diesen Frachter wiederkriegen?«

Sie erwarteten viel von Lützow. Sie wußten, daß er einfallsreich war, ein blendender Taktiker mit unkonventionellen Ideen.

So präzise wie möglich antwortete Lützow: »Wenn es in der Java-See passiert ist, dann waren es Piraten.«

»Eine dieser neuartigen Seuchen.«

»Piraten gab es schon immer dort, Senator. Aber gegen die heutige Sorte waren die karibischen Tortuga-Piraten wahre Gentlemen. Diese Malaysier oder Chinesen sind brutal und gerissen.«

Harvey setzte sich halb auf die Tischkante. »Und wie wird man ihrer Herr, Kapitän Lützow?«

»Nicht einmal die dortigen Regierungen schaffen das. Da stecken mächtige Clans dahinter. An die muß man erst herankommen.«

»Und wie bitte, Commander, wäre das zu bewältigen?«

Lützow entwickelte gewisse Vorstellungen. Mit gekreuzten Armen hörte ihm der Senator zu. Sein geöffneter Mund erinnerte an einen hungrigen Habicht.

»Durch einen Lockvogel«, offenbarte Lützow den Kern seiner Idee.

»Welcher Art?« wurde er sofort unterbrochen.

»Vielleicht durch einen Luxusliner«, entwickelte Lützow die Strategie weiter, »den die Piraten angreifen, weil sie sich bei ihm reiche Beute erhoffen.«

»Okay. Und dann? Die Piraten haben also das Prachtschiff, und weiter?«

»Der Kreuzfahrer tarnt sich selbst durch die Passagiere. Aber ein Teil von ihnen besteht aus hochtrainierten schwerbewaffneten Soldaten, die den Angriff erwarten und abwehren.«

Harvey erhob Einwände.

»Die Piraten mit ihrem raffinierten Spitzelnetz kriegen das doch heraus. Sie greifen entweder gar nicht an oder hauen rechtzeitig ab und sind wieder einmal verschwunden.«

Auch dafür wußte Lützow Rat.

»Man muß dem Kreuzfahrer heimlich folgen. Nicht konventionell über Wasser. Am besten ist das mit einem U-Boot möglich.«

»Bei Ihnen läuft letzten Endes immer alles auf U-Boote hinaus«, wandte Harvey höhnisch ein.

»U-Boote können sich unsichtbar machen, Sir. Und im Falle eines Angriffs auch den Piraten nachpirschen.«

»Das kann ein verdammtes Geduldspiel werden, Lützow. Na schön, okay, machen Sie das für uns.«

Der Senator war ein Mann schneller Entschlüsse. Doch Lützow wehrte entsetzt ab.

In seiner eiskalten Art ließ der Senator nicht unerwähnt, daß das eine große Bewährung für Lützow darstellte, ein hohes Maß an Vertrauen. Immerhin sei er in die Dienste der US-Navy aufgenommen worden, obwohl er die üblichen Kriterien nicht erfüllte.

»Und zum US-Bürger hat man Sie auch gemacht. Nun ja, Sie hatten eben einflußreiche Fürsprecher.«

Einerseits konnte der Senator es nicht lassen zu stänkern, andererseits dachte Lützow nicht daran, die Sache zu übernehmen. Wenn sie ihn vor eine Entscheidung stellten, wäre er sogar bereit gewesen, den Dienst zu quittieren.

Da machte ihm der listige Senator eine unglaubliche Offerte.

»Mal angenommen, ich würde Sie als Admiral Lützow ansprechen. Könnte Sie das umstimmen?«

Lützow zwang sich zu einem Lächeln. »Das ist Erpressung, Sir.«

Harvey nickte zustimmend. »Alles im Leben ist Erpressung. Sogar Gottvater erpreßt uns mit der ewigen Seligkeit.«

Nur um hier herauszukommen, bat Lützow um Bedenkzeit.

»Wie lange? Achtundvierzig Stunden?«

»Vierundzwanzig Stunden«, sagte Lützow.

Am Abend rief er Judith in Kalifornien an. Er sei müde, wolle sich ausschlafen und die Frühmaschine nach Hause nehmen, erklärte er. In groben Umrissen und verklausuliert, deutete er an, was man von ihm verlangte. Die Diensttelefone waren ja an Verzerrer angeschlossen.

Überraschend riet ihm Judith, die Sache zu übernehmen. »Du wirst es ja doch machen, Toni. Erstens bist du dem Land einen Dienst schuldig, zweitens stecken dir die U-Boot-Fahrerei und solche abartigen Landsknechtsaufträge im Blut.«

Da lachte er nur kehlig und machte ihr ein Geständnis. »Du weißt, daß ich nie U-Boot-Fahrer werden wollte. Die Enge, der Mief, das Eingesperrtsein in diesem Stahlkäfig, wo man sich gegenseitig ständig auf die Nerven tritt. Es war reiner Zufall, daß ich dazukam. Aber ich hab' mir eine Hintertüre offen gelassen. Ich bekomme zwar jede geforderte Unterstützung, aber ich werde etwas Unmögliches fordern. Nämlich die Bereitstellung eines U-Bootes. Nicht eines amerikanischen, sondern eines deutschen Typ 7-C-Kampfbootes.«

»Wenn du Pech hast, gibt es noch einige Exemplare davon«, wandte Judith ein.

»Außerdem bestehe ich darauf, meine alte Besatzung, die bewährten Leute vom Kriegespfad, zusammenzuholen.«

»Keiner weiß, wo die leben und ob sie noch leben.«

»Das wäre die letzte Möglichkeit, mich aus dem Projekt herauszuwinden, falls sich meine Männer nicht zusammentrommeln lassen.«

Judith warnte ihn. »Du kennst diese Amerikaner nicht, Toni. Sie setzen in Deutschland, in ihrer Besatzungszone, alle Hebel in Bewegung.«

»Außerdem«, fuhr er fort, »wollte ich eigentlich nie Seemann werden. Ich wollte überallhin, nur nicht auf See. Leider war das damals die einzig mögliche Notlösung.«

»Du glaubst doch selbst nicht, daß du jemals einen guten Landwirt abgegeben hättest.«

»Vielleicht schon«, räumte er ein, »aber ich konnte es ja nie versuchen. Wir besaßen keinen Quadratmeter Boden. Bestenfalls zwei Blumentöpfe voll Erde.«

Judith ließ das alles nicht gelten. Sie kannte ihren Mann.

»Übernimm es, Darling. Es nicht zu tun, macht dich krank.«

»Und wenn ich dabei draufgehe?« fragte er erstaunt. »Versprichst du mir, daß du nicht allein bleibst?«

»Wen sollte ich heiraten?« reagierte sie belustigt.

»Es gibt genug Angebote, Madam.«

»Na, wenn schon jemals überhaupt, dann den Scheich von Brunei. Im Harem hat man seine Ruhe. Aber keine Sorge, du kommst wieder, Toni. Du hast einen Glücksstern.«

»Dich«, sagte er. »You are my lucky star – bis morgen, Darling, gute Nacht.«

## 16

In diesen Tagen erreichte ein leerer Kautschukfrachter die Malakka-Straße, wie die Meerenge zwischen Malaysia und Sumatra genannt wurde, und lief in den Hafen von Port Dickson ein. Der Frachter kam via Suez aus Bremen und hatte nur noch einen Passagier an Bord, eine naturblonde hübsche Frau von etwa dreißig Jahren.

Beim Einlaufen stand sie an der Reling der *Mekong* und betrachtete den an einer schlammigen Flußmündung liegenden Hafen. Offenbar hatte er seine besten Tage gesehen. Im Hafenbecken schwammen Unrat und Abfall, die das Wasser nahezu bedeckten. Die Kais der Waterfront waren verfallen, die Wellblechhallen verrostet, die Krananlagen sahen aus, als seien sie schon lange nicht mehr in Betrieb.

Mit wenig Gepäck ging die blonde Frau die Gangway hinunter. Zum ersten Mal seit vielen Wochen spürte sie wieder festen Boden unter den Füßen. Wartend blieb sie stehen, schaute sich um, als habe sie gehofft, abgeholt zu werden.

Ein Polizist trat auf sie zu und schnarrte kurz: »Follow me! Folgen Sie mir.«

Er brachte sie in die Zollabfertigung, wo ihr Paß überprüft wurde. Es gab keine Beanstandungen. Das Visum war in Ordnung, das Foto mit ihrer Erscheinung identisch.

Die Einwanderungspapiere wurden jedoch zurückgehalten. Sie mußte warten, mindestens zwei Stunden. Es wurde Abend. Endlich tauchte der Polizist wieder auf und führte sie in ein Büro. Es war kahl bis auf das Bild eines Staatschinesen an der Wand. Die Einrichtung bestand aus Schreibtisch, zwei Stühlen und einem Ventilator.

Ein junger fladengesichtiger Bursche, gelbhäutig mit

schmalen Augen, eilte herein. Er trug einen zerknitterten Leinenanzug, aber eine tadellose Oxford-Brille mit goldgerandeten Gläsern. Er nickte nur und bat sie mit beiläufiger Handbewegung, Platz zu nehmen.

Sein Englisch klang recht ordentlich, nur etwas näselnd. Die Lady schätzte, daß er zu jener Elite gehörte, die in England studiert hatte und nun zurückgekehrt war, um rasch Karriere zu machen, ihr Land auszuplündern oder zu Tode zu organisieren. So, wie sie es gelernt hatte.

Sein Blick über die Brille war von unangenehmer Schärfe.

»Sie sind Dorothea von Königsau. Ja, eindeutig. Was wollen Sie hier?«

»Bleiben«, sagte sie.

»Als was, Madam?«

»Als Lehrerin.«

»Sie sind also Lehrerin.«

»Für Hauswirtschaft, Landwirtschaft und Krankenpflege«, log sie.

Die Fragen kamen zack-zack. »Und wo wollen Sie arbeiten, bitte?«

»Bei der britischen Verwaltung in Kuala Lumpur.«

Nun lächelte das Fladengesicht zum ersten Mal. »Die gibt es nicht mehr, Madam. Die Briten haben die Japaner verjagt, und wir verjagen die Briten.«

»Dann muß ich nach Singapore«, entschied sie rasch, um die beklemmende Atmosphäre hinter sich zu bringen. »Wie komme ich da am schnellsten hin?«

Der junge Beamte spielte mit seinem Bleistift, indem er ihn waagerecht zwischen Radiergummi und Spitze festhielt und zwischen den Fingern drehte.

»Immer diese Probleme mit Touristen«, seufzte er. »Nach Singapore fährt alle drei Tage ein Zug. Der Expreß. Er verkehrt zwischen Siam und dem Süden. Einmal hin, einmal zurück. Jede Woche verkehrt auch eine Schiffsfähre, aber nicht regelmäßig. Sie müssen sich bei den Reedereien erkundigen. Der schnellste Weg wäre das Auto, ein Taxi. Sie können also entscheiden, Madam. Aber seien Sie vorsichtig. Attraktionen wie Sie sind in dieser Gegend gefährdet.«

Sie bekam ihren Einwanderungsstempel.

Wenig später stand sie draußen und verhandelte mit dem Fahrer eines uralten Austin, der wohl schon vor Jahren in London aus dem Verkehr gezogen worden war. Die Verständigung war kein Problem. Hier sprach jeder Englisch.

»Nach Singapore«, rechnete der Fahrer, »vierhundert Kilometer, vierzig Pfund.«

»Das macht in Dollar?«

»Siebzig.«

Das hatte sie gerade noch, aber nicht viel mehr.

»Nein danke«, entschied sie, »ist mir zu teuer.«

Während sie weiterging, zischte er hinter ihr her: »Dann leg dich doch lang, du Nutte.«

Das vermittelte ihr erneut einen Eindruck davon, wie man hier mit Frauen umging.

Weiter oben lehnte ein Rikschafahrer an seinem Gefährt. Wie ihr schien, tauschte der Junge mit dem Taxifahrer Blicke.

»Zu einem einfachen Hotel«, sagte sie.

Immerhin durfte sie Platz nehmen, mußte aber ihr Gepäck selbst einladen. Der Rikschafahrer trabte los. Hinter dem Hafen, bevor die Stadt begann, nur Slums, Blech- und Bambushütten. Eine Gegend, die nach Prostitution und Kriminalität roch.

Der Rikschafahrer zog die zweirädrige Karre immer weiter durch die ziemlich heruntergekommene City und am Ende wieder in ein Slumviertel. Daß die Hütten zwischen Palmen standen, vermittelte ihnen keinerlei exotischen Zauber.

Die schmutzige Straße war von einem Abwasserkanal durchzogen, in dem Kinder und Hunde badeten. Überall gab es Kleingetier, Hühner, Ziegen, Ferkel.

Vor einem unverputzten Steinhaus, aus dessen Fenster Küchenqualm drang, hielt der Rikschafahrer.

»Sie vermieten Zimmer«, rief er. »Saubere ordentliche Leute.«

Inzwischen war es dunkel geworden, fast Nacht. Die Baronesse hatte keine andere Wahl, schleppte also ihr Gepäck hinein und wurde mit der Eigentümerin, einer zahnarmen braunkiefrigen Frau, die offenbar mehrere Männer und mehrere Kinder hatte, rasch einig.

Dorothea von Königsau bekam ein Zimmer im Bambusanbau mit eiserner Bettstelle und einem blechernen Militärspind als Schrank. Überall stank es nach Abfall und Fäkalien. Erschöpft ließ sie sich auf die Matratze fallen und war dem Heulen nahe.

In der Nacht weckte sie ein Geräusch. Der Perlenvorhang, der ihr Zimmer vom übrigen Haus abtrennte, wurde beiseitegerissen. Im Licht einer Laterne sah sie das Gesicht des Rikschafahrers. Sofort verschwand es wieder schuldbewußt. Dafür hing jetzt die Figur eines untersetzten, aber stämmigen Mannes im Türrahmen. Sie konnte nur sehen, daß er glattrasiert war und goldene Ohrringe trug. Auffällig stark duftete er nach Parfum.

Der Mann blendete sie mit der Taschenlampe. Der Kegel strich über ihren Körper. Wegen der Hitze trug sie nur einen offenen Schlafanzugkittel.

Der Mann kam herein, sagte kein Wort, warf aber ein Bündel zerfledderter Geldscheine auf das Bett.

»Hauen Sie ab!« fuhr sie ihn an.

Der Dicke grinste nur.

»Habe gehört, hier kann man was kriegen.«

»Was wollen Sie kriegen?«

»Ficken«, sagte er. »Los, zieh dich aus!«

Da sie sich weigerte und auf der Matratze bis zur Wand zurückrutschte, beugte er sich über sie und versuchte ihr den Schlafanzug vom Körper zu reißen. Schrill ging die

Seide in Fetzen. In ihrer Verzweiflung zog sie die Beine an und stieß ihm beide Füße in die Visage. Getroffen taumelte der Mann rücklings zu Boden, raffte sich aber wutschnaubend wieder auf. Seine Nase blutete. Aus einer Gürtelscheide zog er ein Messer. Das hielt er ihr an der ausgestreckten Hand entgegen. Die Klinge vollführte tänzelnde Bewegungen wie eine Kobra.

Dorothea hatte immer Angst vor Messern gehabt. Mehr als vor Revolvern. Kugeln töteten, aber Messer verletzten schmerzhaft oder verunstalten einen.

Das Messer kam näher.

Sie geriet in Panik und begann zu schreien, fürchtete aber, daß das wenig nützte.

Trotzdem ließ der Zuhälter oder was er war, unvermittelt von ihr ab. Er richtete sich auf. Dabei streckte er langsam die Hände zur Decke. Seine Taschenlampe war zu Boden gefallen.

Behandschuhte Finger hoben die Lampe auf. Zwei Männer packten den Malaien und versetzten ihm einen Handkantenschlag ins Genick. Schlaff wie ein totes Kaninchen warfen sie ihn durch das Fenster hinaus in den Hinterhof. Dann sagten sie höflich: »Mrs. Brandenburg?«

Sie nickte. Tränen rannen über ihre Wangen.

»Wenn Sie Mrs. Brandenburg sind, dann kommen Sie bitte mit.«

Draußen stand ein Militärjeep, mattgrün, mit Armeekennzeichen.

Nach stundenlanger Fahrt durch Kautschukwälder über Schlaglochstraßen und sumpfige Dschungelpfade, wobei sie mehrmals achsentiefe Flüsse durchquerten, erreichten sie ein hügeliges Tal. Die Sonne ging auf.

Auf einem Hügel erkannte die Baronesse ein schloßartiges Gebäude mit Pagodendächern in einem gepflegten Park. Vermutlich ein befestigtes Kloster. Dorthin brachten sie die Männer. Eine Dienerin empfing sie, entkleidete sie, badete sie, ölte ihren Körper, frisierte sie und trug Tee auf.

Dann schlief die Deutsche stundenlang traumlos und tief. Später servierte die Dienerin ein köstliches Abendessen. Reis mit gulaschartigem Fleisch, vermutlich Huhn und Schwein, und die Zutaten wie Soßen und Gemüse in vielen kleinen Schüsseln.

In der Ferne schlug jemand rhythmisch die Trommel. Man vernahm Gesang von Männern, ähnlich den barocken Chören von Mönchen in italienischen Klöstern.

In der Nacht weckten sie feste Schritte, die auf den Marmorfliesen näherkamen. Jemand stieß die geschnitzte und vergoldete Tür auf. Ein Mann stand da. Ein Baum von einem Kerl. Begleitet wurde er von zwei anderen, die er um anderthalb Köpfe überragte. Sein Bart schimmerte rötlich. Gekleidet war er in schwarzes Leder. Um die Jacke trug er enggeschnallt Patronengürtel mit Revolver. Seine Seestiefel reichten nahezu bis zum Knie. Die schwarze Ledermütze war goldbetreßt.

Sie wußte, wer dieser Mann war. Trotzdem saß sie wie erstarrt da, unfähig sich zu bewegen, so blaß, als sei sie dem Tod begegnet.

»Ich habe mich leider verspätet«, sagte der Mann. »Wir wurden aufgehalten.«

Vor zwölf Jahren hatte sie diese Stimme zum letzten Mal gehört. Aber es schien ihr wie gestern.

»Mein Gott!« Mehr brachte sie nicht heraus.

»Niemand«, versicherte der Mann, »wird dir jemals wieder etwas antun. Keiner wird dich berühren. Man wird dich behandeln wie eine Prinzessin.«

Dorothea von Königsau fühlte sich hypnotisiert. Angestrengt, unendlich langsam, stand sie auf, versuchte wankend einige Schritte zu gehen, war aber nicht imstande, diesem Mann in die Arme zu fallen.

»Wo ist mein Sohn?« fragte der Mann, der aussah wie der Fliegende Holländer.

# 17

Toni Lützow empfing Admiral Rickover in seinem Bungalow oberhalb der Bucht von San Diego. Rickover genoß den weiten Blick über das Meer.

»Als säße man im Mastkorb.«

»Wer schickt Sie, Admiral?« fragte Lützow nach einer Weile.

»Ich schicke mich selbst«, antwortete Rickover.

Sie saßen im Schatten am Pool bei geeisten Drinks.

Nicht tastend, sondern seiner Art entsprechend robust und direkt kam der Admiral zur Sache.

»Wie ich höre, sollen Sie zum Konteradmiral ernannt werden. Dann dürfen Sie fortan Ricky zu mir sagen.«

»Okay, Ricky. Und was noch?«

Lützow hörte gespannt zu, was sein Freund und Mentor zu berichten hatte. Im Grunde lief es darauf hinaus, daß die Bedenkzeit, die sich Lützow in Washington ausbedungen hatte, bereits abgelaufen war.

»Man hat kein Wort mehr von Ihnen gehört. Was bedeutet das?«

»Daß ich die ganze Affäre für einen ziemlichen Unsinn halte, für Chickenshit.«

»Die CIA und der Navy-Geheimdienst beginnen bereits daran zu arbeiten. Speziell, was Ihre Forderungen betrifft. Ein 7-C-U-Boot, Besatzung et cetera.«

»Es bleibt trotzdem ein infantiles Abenteuer.«

Der Admiral war ein Meister darin, Menschen zu überreden. Er ließ Erinnerungen aufkommen, weckte nostalgische Gefühle. Dabei musterte er mit äußerstem Wohlgefallen Judith Lützow, diese dunkelhaarige langgliedrige Schönheit mit ihren graziösen Bewegungen und knappen, stets von Ironie und Überlegenheit triefenden Bemerkungen.

Immer wenn sie frische Gin-Lemon-Drinks servierte, nannte sie die Zahl.

»Für Sie Nummer vier, Admiral. Aber wir haben noch reichlich.«

In leuchtenden Farben schilderte der Admiral die Romantik einer längeren Unternehmung unter südlicher Sonne.

»Wir trommeln Ihnen sogar die alte Besatzung zusammen«, versprach er.

»Für so etwas hat heute doch keiner mehr Zeit«, tat Lützow es ab.

Der Admiral machte Detailvorschläge. »Jeder könnte seinen Urlaub dazu verwenden.«

Immer krampfhafter suchte Lützow nach Ausreden, bis der Admiral mit einem handfesten Argument zuschlug.

»Ich möchte hier keinen beleidigen, aber ich bin berechtigt, jedem der Teilnehmer eine stattliche Summe Geldes zu bieten. Den Deutschen geht es ja noch nicht sonderlich gut. Schätze ein Startkapital von fünfzigtausend Dollar plus Prämie würde jedem der alten Kameraden nützlich sein und weiterhelfen. Dafür kann man ein Haus kaufen, ein Auto.«

»Eine Würstchenbude«, ergänzte Lützow.

Noch bestand er aus totaler Ablehnung. Doch Rickover redete und redete. Bald hatte Lützow nur noch Bedenken wegen der Realisierbarkeit. Aber schließlich stellte die angebotene Heuer für jeden seiner Männer einen stolzen Betrag dar. Nicht nur diese Überlegung hatte Gewicht. Den Ausschlag gab letzten Endes Mrs. Lützow.

»Warum eigentlich nicht?« sagte sie. »Tu's doch einfach. Augen zu und durch.«

»Ich bin zufrieden mit dem, was ich mache«, wandte er ein. Aber jetzt schon gedämpfter.

»Zu sehr zufrieden, Darling. Du wirst bequem.«

Lützow leerte sein Glas und setzte es hart ab. »Warum ausgerechnet ich?«

»Weil Sie ein berühmter Mann sind«, drängte Rickover weiter, »Sie verfügen über die nötigen Waffen, über Erfahrung und Ihr Gehirn. Außerdem sind Sie in unseren Augen ein unversenkbares Schlachtschiff.«

Als Ehefrau kannte Judith Lützow ihren Mann am besten. Auch seine geheimen Sehnsüchte.

»Mal einen anderen Himmel sehen«, schwärmte sie ihm vor, »mit anderen Schaumgummi-Sternchen.«

Sie war eine kluge Frau, wußte von seinen Schwächen und Träumen. Doch noch immer hatte sich Lützow nicht durchgerungen.

»Bei schwerwiegenden Entscheidungen ist es wie beim Pönen von Schiffsrümpfen«, meinte er, »Anstreichen sagen die Binnenländer dazu. Beim Teeren macht der Seemann immer kurze Striche und lange Pausen.«

»Wie schon Michelangelo in der Sixtinischen Kapelle«, ergänzte Judith spöttisch.

»Mit der *Pazific Sun* wird das ein verdammt langer Strich. Deshalb brauche ich noch eine kurze Pause.«

Lützow stieg auf Bourbon Whiskey um, obwohl er wußte, daß Whiskey Entscheidungen leicht verfälschen konnte.

Ins Glas starrend, grübelte er nach, versuchte seine Gedanken zu ordnen, das Für und Wider.

Judith und der Admiral glaubten, daß nicht mehr viel fehlte, und sie hatten Lützow überzeugt.

»Sie werden es nicht bereuen, mein Junge«, drängte Rikkover.

Langsam blickte Lützow auf und zeigte seinen berühmten Gesichtsausdruck, eine Mischung zwischen Todernst und Totlachen. Dann sagte er: »Fürchte, ich bereue es jetzt schon. Aber okay, ich nehme die Herausforderung an. Wahnsinn läßt sich leichter ertragen, wenn er Methode hat.«

»Wenn man mit Methode vorgeht«, ergänzte der Admiral, »das sagte schon, wenn ich mich recht erinnere, Tirpitz, der Erbauer der Kaiserlichen Flotte im Jahr 1910.«

Als Emissär Washingtons hatte Admiral H. H. Rickover sein Ziel erreicht. Siegesbewußt, wenn auch schwankend, verabschiedete er sich.

»Sie hören von mir, Toni. Da läuft bereits schon einiges.«

Der Dame des Hauses küßte er zum Abschied europäisch die Hand. Aber mit einem lauten Schmatz, der wohl auf seinen Alkoholpegel zurückzuführen war.

Draußen bestieg er seinen Dienst-Chevrolet mit dem Admiralsstander am Kotflügel. Die dunkelblaue Limousine verschwand in der Abenddämmerung Richtung Los Angeles.

# 18

Agenten des Marinedepartments schwärmten in die westlichen Küstenhäfen Amerikas aus. Nach präzisen Vorgaben suchten sie ein Luxusschiff, das sich als Kreuzfahrer für die Südsee eignete, also über Klimaanlage verfügte.

Das Schiff sollte etwa zwanzigtausend Tonnen haben, modern und möglichst von weißer Farbe sein. Zur Zeit liebten die Amerikaner laut statistischen Umfragen die Farbe Weiß. Sie richteten sich sogar bis zur Unterwäsche danach.

Die meisten der geeigneten Schiffe waren ständig für ihre Reedereien im Einsatz, denn ein Schiff mußte immerzu fahren, wie ein Lastwagen, um seine Bau- und Unterhaltskosten zu verdienen.

In einer Werft in Oakland an der San Franzisco Bai wurde einer der Emissäre fündig. Dort lag ein Luxusliner, der in vielen Punkten den Anforderungen entsprach. Er gehörte der Reederei ›Pazific Cunard‹ und hörte auf den Operettennamen *Tahiti-Girl.*

Das Schiff wurde gerade umgebaut. Es bekam Aircondition, einen Pool und Minigolfanlagen. Im Frühherbst sollte es wieder auf Fahrt gehen.

Der Agent meldete sämtliche Einzelheiten an das Marineoberkommando-West. Dort nahmen höhere Chargen die Sache fortan in die Hand.

Ein Korvettenkapitän wurde bei der Reederei vorstellig und erklärte, daß es Gründe gäbe, dieses Schiff für ein oder zwei Reisen zu chartern.

»Eigentlich sind wir schon ausgebucht. Wer will das Schiff mieten?« wurde er vom Reeder gefragt.

Den wahren Auftraggeber zu nennen zögerte der Offizier, doch es gelang ihm nicht überzeugend.

»Der Interessent ist also die Navy?« kombinierte der Reeder und schien in Gedanken schon den Preis hochzuschrauben.

Im Verlauf der Verhandlungen erfuhr er peu à peu, daß das Schiff auf einer bestimmten Route über Indochina in die Südsee laufen sollte.

»Also über Singapore«, verstand der Reeder, ein scharfsinniger Manager, »vorbei an diesen Piratennestern. Brauchen Sie es etwa als Lockvogel?«

»Den Passagieren wird nichts geschehen«, garantierte der Navy-Offizier.

»Sie garantieren womit, Sir?«

»Zunächst mit meinem Wort.«

»Das wird die Versicherungsprämien aber ins Astronomische treiben.«

Darauf ging der Navy-Offizier gar nicht ein, sondern nannte ein verlockendes Angebot.

»Nebenbei wäre das eine Werbekampagne zugunsten der Reederei, aus der hervorgeht, daß das Schiff so luxuriös ist und die Passage so teuer, daß sich das nur Dollarmillionäre leisten können.«

Wie sich ergab, lag das Problem nicht darin, sich über den Termin und die Route Hawaii–Bangkok–Singapore zu einigen, sondern daß der Reeder einfach nicht in das Geschäft einsteigen wollte. Er nannte einen so unverschämt hohen Preis, daß sich die Navy dafür ein eigenes Kreuzfahrtschiff hätte kaufen können.

Die Verhandlungen zogen sich hin. Der Reeder sträubte sich, obwohl das Schiff seiner Fertigstellung entgegensah.

Schließlich wurde der Korvettenkapitän bei den Verhandlungen massiv.

»Sie müssen auch etwas für Ihr Land tun, Sir«, erklärte er unumwunden. »Das ist Pflicht eines jeden echten Amerikaners.«

»Dann möchte ich aber auch wissen, um was genau es geht«, forderte der Reeder.

»Das ist geheim«, erfuhr er. »Aber soviel kann ich Ihnen jetzt schon eröffnen, Sir, daß die Regierung äußerstenfalls den Notstandsparagraphen beanspruchen und Ihr Schiff kurzerhand beschlagnahmen würde.«

Fassungslos erwiderte der Reeder: »Als was, bitte? Als Truppentransporter etwa? Da müßten wir ja vorher extra einen Krieg beginnen.«

»Notfalls sogar das«, erklärte der Mann von der US-Navy todernst.

Unter Druck kam im Laufe der nächsten Tage tatsächlich die Einigung zustande. Der Reeder wurde finanziell zufriedengestellt und zu höchster Geheimhaltung verpflichtet. Als der Sicherheitsbeauftragte der Regierung, Senator Harvey, in Washington davon erfuhr, forderte er: »Das Schiff muß sich so normal verhalten, daß die Piraten nicht mißtrauisch werden und Lunte riechen. Andererseits muß es so musikdampfermäßig daherschwimmen, daß sie gar nicht anders können als anzubeißen. Ich mag diesen verdammten Nazi, diesen Lützow nicht, aber seine Ideen haben etwas ungeheuer Attraktives.«

# 19

Toni Lützow traf Admiral Rickover in New York. Mit einer viermotorigen Superconstellation flogen sie über Gander nach Frankfurt/Main.

Als erstes gab es den üblichen Drink. Als zweites noch einen. Drittens überreichte ihm der Admiral als Reiselektüre das Buch eines deutschen Verlags. Es stank noch nach Druckerpresse und trug den Titel: ›Des Teufels letztes Boot‹.

»Das fand einer unserer Agenten in Germany. Ist in diesen Tagen erschienen. Sollten Sie gleich mal lesen, Toni.« Und ironisch fügte der Admiral hinzu: »Falls U-Boote Sie faszinieren.«

»Wer ist der Autor?«

»Offenbar ein kompetenter Mann. Er nennt sich A. Rahn, war angeblich Erster Wachoffizier.«

»Ja, er ist kompetent«, bemerkte Lützow und vertiefte sich in die Lektüre.

»Beim Studium der Seekriegsgeschichte des Zweiten Weltkrieges«, unterbrach ihn Rickover, »fand ich auch die Bestätigung über das Schicksal des Bootes *U-136* und seiner Besatzung. Ihres Bootes also. Dieser Rahn soll nach Rückkehr aus Kriegsgefangenschaft beim Rundfunk als Journalist gearbeitet haben. Er schrieb das Buch und studiert inzwischen Germanistik.«

Lützow las und mußte einräumen, daß Rahn das alte U-Boot-Gefühl genau beschrieben hatte. Die Sturmwachen auf See, die Nächte der langen Messer, die Geleitzugschlachten. Alles kam wieder zurück. Auch die Krise damals, die technischen Schwierigkeiten, die sich häufenden Defekte. Rahn hatte nichts vergessen. Nicht die Geräusche, nicht die Gerüche, das schwiemelige Kleben, wie getrocknetes Salzwasser es auf der Haut hervorrief.

Das Buch enthielt Dinge, die Lützow besser kannte als jeder andere und an die er jetzt wieder erinnert wurde.

Aber woher hatte Rahn diese Einzelheiten? Kein Mensch war in der Lage, sich so viele Details ohne Notizen zu merken. Und das Kriegstagebuch von *U-136* war ja beim letzten Einlaufen in Lorient konfisziert worden. Vielleicht ergab sich einmal Gelegenheit, Rahn danach zu fragen.

Rahn schrieb unter anderem:

Kriegstagebuch *U-136*

Kommandant: Kapitänleutnant Toni Lützow

*3. Feindfahrt, Januar 1941*

*19. Januar.*

*10 Uhr 30* – Irische See Northchannel südlich Mull of Kintyre. – Seegang 5 – unsichtig.

In 260° Dampfer schnell aus dem Dunst herausgekommen. Eigene Position im Sonnensektor. Setzen uns vor. Dampfer zackt. Generalkurs 110°. Stehe nur 18 Seemeilen von Küste ab und beschließe nicht lange vor ihm herzulaufen, sondern getaucht Lage Null auf Gegenkurs zu erreichen.

*11 Uhr 45*

Getaucht mit großer Fahrt Position verbessert. Dampfer sehr schnell. Nicht mehr möglich, Gegnergeschwindigkeit auszudampfen. Entscheide Mehrfachschuß. Gegner etwa 10000 Tonnen fährt in Ballast. Rohr II, Rohr IV, Preßlufttorpedos Tiefe 2,5, Geschwindigkeit 40 Seemeilen. Laufzeit 35 Sekunden. Lage 95°, Abkom. vorne 20, hinten 20.

Erster Torpedo wird Oberflächenläufer. Zweiter Torpedo trifft. Qualmwolke verdeckt das Achterschiff, Dampfer bekommt Schlagseite nach Steuerbord. Laufe hinter seinem Heck durch. Schiffstrümmer stoßen gegen das Sehrohr. Ziehe Gefechtssehrohr vorübergehend ein. An Bb-Seite des Dampfers gehen Boote zu Wasser. Besatzung klettert auf Jakobsleitern ab. Sie tragen weiße Päckchen. Sonntagsausgehanzug. Da kann etwas nicht stimmen.

Betrachte Dampfer genauer im Luftzielsehrohr. Auf den

Ladeluken vorn und achtern führt er große Verschläge mit abklappbaren Seiten. Möglicherweise ein Hilfskreuzer.

*13 Uhr 15*

Noch halbe Stunde gewartet. Dampfer liegt wieder auf ebenem Kiel, nur achtern bis zur Ladelinie gesunken. Vermutlich schwimmt er auf Fässern oder Auftriebsgegenständen.

Batterie halbleer gefahren. Baldiges Eintreffen von Überwasserstreitkräften oder Flugzeugen ist zu befürchten. Werde noch einen Torpedo opfern. – Aufgetaucht.

*13 Uhr 25*

Bewegung an Deck des Dampfers. Verschlag auf vorderer Ladeluke öffnet sich. Enthält Torpedoabschußrohr. Es schwenkt deutlich nach Steuerbord auf uns zu. Lancierrohr feuert Torpedo ab. Drehen mit a.K. Schieße aus Heckrohr. Ato, Tiefe 3 Meter, Laufzeit 23 Sekunden. – Treffer vorn, Torpedo reißt die ganze Bordwand auf. Auch verdächtige Ladeluken werden zerstört. Mast abgeknickt liegt auf Torpedorohr auf. An Deck wimmelt es wieder von Leuten. Springen außenbords. – Der Dampfer sinkt und kentert über den Vorsteven. Von Glenbarr her Bewacher in Sicht. – Schnell getaucht.

*20 Uhr*

Bewacher mit rotweißem Topplicht sichert vermutlich Geleitzug. Weichen aus. Geben FT ab. Geleitzug aus 340° kommt auf. Fährt in stumpfer Staffel. Versuche mich vorzusetzen, dann in Geleitzug zu sacken. – Zwei schwere Bewacher passieren auf nächste Entfernung.

10000-Tonner im Abdrehen mit Heckschuß angegriffen. Torpedo trifft, aber keine Explosion. Versager. – Immer mehr Bewacher. Beim Ausfahren des Sehrohrs fährt es mit voller Kraft gegen die Stopfbuchse. Bolzen des Sehrohrtragerings bricht. Kette rauscht in den Schacht. Sehrohr nichtmehr drehbar. Optik noch klar. Sehrohr also nicht gerammt. Läßt sich mit einer Kette einfahren.

Konvoi für Bugschüsse bereits durchgewandert. Zerstörer hält direkt auf uns zu. Starkes Geräusch. Um Rammstoß zu entgehen mit 2 x a.K. auf 50 Meter.

*23 Uhr 30*

Batterie nur noch 66 Ampere. Aufgetaucht. Bb-Diesel springt nicht an. Starke Rauchentwicklung und Funkenflug. Vermutlich Wassereinbruch durch Auspuffventil. Beschädigung eines oder mehrerer Kolbenböden. Für Überwasserfahrt auf Stb-Maschine angewiesen. Mit Rücksicht auf Torpedovorrat noch nicht zur Rückkehr nach Lorient entschlossen. Laufen durch Nordkanal Südostkurs.

*20. Januar*

*00 Uhr 30* – Seegang 3. – Dünung. – Sichtig.

Nach Auftauchen von Flieger überrascht. Hat keine Bomben. Beschießt Boot mit Maschinengewehr. Hören Turmtreffer. Der Luftaufklärer wird unsere Position melden. – Dieselauspuffventil hält nicht dicht. Diesel schafft kaum hundert Ampere für Batterieladung. Batterie wird aber bei Kanalfahrt stark beansprucht. Also Reparatur.

*11 Uhr 30*

Untersuchung ergibt Kolbenboden von Zylinder-V weist großes Loch auf. Trotz Abschalten des Zylinders ist Motor nicht betriebssicher in Gang zu halten. Auch Zylinder-IV und III sowie Einspritzpumpe unklar. LI schätzt Reparaturzeit etwa 40 Stunden. Vor Beginn der Reparatur Batterien aufgeladen, Preßluft aufgefüllt.

*16 Uhr*

Wegen starken Seegangs kann Boot aufgetaucht liegen und segelt vor achterlichem Wind Kurs Isle of Man.

*22. Januar*

*0 Uhr 30* – Seegang 6 – diesig.

Fischerboote, Fährverkehr. Bleiben oben. Nur E-Maschinen einsatzbereit.

*07 Uhr*

Bb.-Motor nach 53stündiger Reparatur bedingt klar. Neue Kolbenböden aufgesetzt. Ringe gewechselt. Einspritzpumpe justiert. Die Arbeit wurde bei schlechtem Wetter mit größtem Einsatz unter der Leitung von Oblt. Ing. Behrens und dem gesamten Maschinenpersonal ausgeführt.

*12 Uhr 45*

Anlassen und erproben der Bb.-Motors. Raucht nach wie vor stark. Müßte aber in der Lage sein, das Boot auch bei Zusammenbruch des Stb.-Motors nach Lorient zu bringen. Boot nicht mehr voll operationsfähig. Über FT Rückkehrerlaubnis.

*22 Uhr*

Wegen zunehmend schlechter See nachts auf Grund gelegt.

*23. Januar 1941*

*6 Uhr 30* – Wind WSW 7 – Seegang 6 – Regenböen hochauflaufende Dünung.

Auch Stb.-Diesel schlägt stark. Zylinder-III wird abgeschaltet. Maschine kann nur noch in Ladeschaltung laufen. Erschütterungen so stark, daß Zusammenbruch des Motors zu erwarten ist.

*08 Uhr 15*

Kreiselkompaß versagt. Steuern nach Magnetkompaß. Leuchtfeuer Point of Ayre. Sichten Fischereifahrzeuge und holländischen Dampfer. Motor muß immer wieder gestoppt werden. Qualmt mit sprühender schwarzer Rauchfahne. Laufen Kurs Süd. Fordern für französische Küste Schlepperhilfe an. Eintreffen Kap Finistere plus 42 Stunden. FT. von BdU.

EINBRINGEN WEGEN SCHLECHTEN WETTERS NICHT MÖGLICH.

EINLAUFEN WENN TECHNISCH MACHBAR MIT EIGENER KRAFT –

*25. Januar 1941*

*09 Uhr 15* – Wind Nord 3-4 – Seegang 3 – bedeckt. – Ausgang Ärmelkanal Wechselkurse gefahren. Damit Marsch nach Lorient nicht von Aufklärern beobachtet werden kann. Backbordmotor bleibt unter starkem Hämmern stehen. Batteriezustand 7000 Amp.std. – Fischdampfer taucht auf. Wechseln Erkennungssignal. Versuchen im Vorbeischeren Leinenverbindung herzustellen. Gelingt nach dem zweiten Anlauf. Schlepptrosse um Kanonensockel mit fünf Törns belegt und verschäkelt. Fischdampfer schleppt mit 9 Knoten Kurs Süd. Noch 80 Meilen bis Lorient.

*11 Uhr 15*

Schleppleine kommt plötzlich lose. Unerklärlich, da Verbindung beider Trossen durch Schäkel und Kausch absolut sicher war. Blinksignale. Fischdampfer hat Trosse gelöst, um Treibmine ausweichen zu können. Läuft trotzdem auf Mine. Bleibt gestoppt liegen.

*11 Uhr 55*

Schleppen erscheint aussichtslos. Versetzungen durch Wind und Strömung stark. Laufen mit letztem Batteriestrom auf Heimathafen zu. Erreichen Lorient mit eigener Kraft.

*16 Uhr 45*

Batteriezustand noch 300 Amp.-std. Knapp ausreichend

für Licht-, Kreisel- und Hydraulikpumpen. – Hafenschlepper nimmt uns auf.

Soweit der Bericht des Autors A. Rahn allein über die Januartage 1941. Er sollte einen kurzen Eindruck vermitteln, mit welchen technischen Schwierigkeiten U-Boote im Einsatz zu kämpfen hatten.

Im Frühjahr 1941 war Lützows Boot von der letzten Feindfahrt schwerbeschädigt aus dem Atlantikeinsatz zurückgekehrt. Grund: Wasserbombenjagd nach Torpedoversagen. Noch vor dem U-Stützpunkt Lorient, nahe der französischen Bretagneküste, meuterte die Besatzung und endete in einer Strafkompanie an der Ostfront.

Auch das beschrieb A. Rahn bis in alle Einzelheiten:

Auf der großen Weltbühne, wo das Drama des Zweiten Weltkriegs ablief, traten bald wichtigere Dinge in den Vordergrund. Inzwischen hatte die deutsche Spionageabwehr, das Amt Canaris, erfahren, daß sich Roosevelt mit Churchill treffen wollte. Ein Junkers-Fernbomber und ein U-Boot operierten auf den Anreisewegen der Politiker, um die Begegnung zu verhindern.

Der Bomber und das Boot gingen verloren.

In seiner Not gab Dönitz, Befehlshaber der U-Boote, den hochspezialisierten Meuterern von *U-136* eine Bewährungschance. Nach wahrer Schreckensfahrt um Island herum erlebte *U-136* beim Angriff auf die *Prince of Wales* in der Neufundlandbucht Placentia ein Desaster. Die Staatsmänner hatten die Atlantik-Charta bereits beschlossen und waren nicht mehr an Bord. Vier Torpedos liefen in die Fangnetze.

Nach diesem Mißerfolg sahen die Männer von *U-136* keine Aussicht mehr für eine Begnadigung, geschweige denn für eine freundliche Aufnahme in der Heimat. Das Boot schlug sich also nach Südamerika durch. Lützow versenkte es vor der Küste Brasiliens.

Die Besatzung kam in der Sierra Canasta ins Internierungslager, wo es weit schlimmer zuging als im Straflager in Polen. Viele der Männer starben. Korvettenkapitän Lützows Verlobte, eine geborene Rothild, die aus Deutschland in die USA geflüchtet war, rettete die Überlebenden. Durch Hartnäckigkeit und den Einfluß ihrer mächtigen Bankiersfamilie erleichterte sie das Schicksal der Gefangenen von *U-136*.

»Den Rest kenne ich.« Lützow schlug das Buch zu und starrte hinaus in den violetten Himmel.

»Wenn dieser A. Rahn überlebt hat, müßten auch andere überlebt haben«, äußerte der Admiral zufrieden. »Auf wen kommt es am meisten an?«

Lützow zählte die wichtigsten Leute auf. »Den Leitenden Ingenieur Behrens, meinen II WO Wessel, Obersteuermann Klein.« Noch einige Namen fielen ihm ein.

»Die suchen wir bereits«, versicherte Rickover.

Bei der Zwischenlandung in Gander, während die Constellation betankt wurde, verschwand der Admiral und kam mit einem amtlich wirkenden braunen Umschlag wieder.

Auf dem Weiterflug, bevor er den Umschlag öffnete, berichtete er: »Wir haben weltweit nach 7-C-Booten gefahndet. Es existieren noch einige in mehr oder weniger trostlosem Zustand. Ein Boot hat man in Japan zu Besichtigungszwecken aufgeschnitten und halb in Zement gebettet. In Spanien gibt es auch noch eines. Man verwendet es zu Filmaufnahmen. Es ist total abgenudelt. Auf den Philippinnen wurde eines von Schrotthaien ausgeschlachtet. Ansonsten liegen in europäischen Randmeeren noch ein paar auf Grund. Lauter Boote, die von ihren Kommandanten bei der Kapitulation nicht an die Alliierten übergeben, sondern versenkt wurden.«

»Das waren doch Dutzende«, schätzte Lützow.

»Nun, da ist es ähnlich wie bei alten Autos«, meinte der Admiral, »der Zahn der Zeit nagt. Irgendwann zerfrißt sie der Rost, oder sie landen in der Blechpresse.«

Immerhin war der Umschlag jetzt offen. Rickover entnahm ihm ein Foto.

« Kennen Sie Lorient?« wollte er wissen.

»Lorient war für einige Zeit meine zweite Heimat«, antwortete Lützow. »Wir lagen im Keroman-Bunker unter einer Decke von zehn Meter Stahlbeton. Natürlich versuchten die Franzosen, ihn zu sprengen, aber er tat keinen Mucks.«

Jetzt zeigte ihm Admiral Rickover das Foto.

»Es soll ein 7-C-Boot sein aus der letzten 1945er Serie. Also so gut wie neu. Es liegt irgendwo in einer Bucht der Baretmündung bei dem ehemaligen U-Boot-Stützpunkt in der Bretagne. Gibt es dort Buchten?«

»Leider zu viele«, bedauerte Lützow und betrachtete lange das Foto.

»Zweifellos ein 7-C. Wegen der Schieflage des Turms vermute ich, daß es auf Grund sitzt. Bei Flut schwimmt es bestimmt auf. Der Tidenunterschied beträgt dort bis zu sechs Meter.«

»Unser Agent, der das Foto gemacht hat, kann den Ort genau benennen. Nur . . .«, der Admiral sprach nicht weiter.

»Nur aber . . .?« fragte Lützow.

»Die Eigentumsverhältnisse«, erklärte der Admiral, »sind leider verflixt konfus. Unsere Truppen, die damals Frankreich und somit auch die Bretagne befreiten, betrachteten das Boot als Kriegsbeute. Da keiner wußte, was er damit anfangen sollte, übergab man es der französischen Regierung. Die wußte auch nicht, wohin damit, und verkaufte es an einen Schweizer Bankier. Schätze, dieser Mann ist der erste Punkt, den Sie in Europa anlaufen müssen, Toni.«

Lützow fand dies nur logisch. Denn, daß sie ein Boot hatten, war die Voraussetzung für jedes weitere Vorgehen.

In Genf wurde Lützow von dem Bankier in dessen Stadtpalais am Rhôneufer empfangen. Der Figur nach mittelgroß mit Bauchansatz, wirkte Dr. Kutterlin zunächst umgänglich. Seine eisenharten Gesichtszüge drückten leider das Gegenteil aus.

Schon als Lützow telefonisch um das Gespräch bat, hatte er den Grund seines Besuches nennen müssen. Dr. Kutterlin war also präpariert. Der Bankier gab auch sofort unumwunden zu, daß es eine Schwierigkeit gebe – nämlich das Boot auf eigenem Kiel nach Genf zu bringen.

»Dazu braucht man Fachleute, Betriebsanleitungen. Ein U-Boot ist immerhin kein Grasmäher.«

Lützow hütete sich, ihn darauf hinzuweisen, daß ein Transport über das dichte französische Kanalsystem kein Problem darstelle. Sein altes *U-136* war 1941 ebenfalls auf Binnenwasserstraßen von der Bretagne bis an die Nordseeküste transportiert worden. Aber er wollte das Boot, und möglichst ohne dem Bankier Tips zu geben.

»Irgendwie werde ich es schaffen«, äußerte der markige Schweizer, der nahezu akzentfreies Deutsch sprach. »Immerhin haben deutsche U-Boote nach Kriegsende die Südsee erreicht. Dagegen ist der Weg nach Genf ein Katzensprung.«

Lützow erlaubte sich die Neugier zu fragen, was Kutterlin denn mit diesem Boot in Genf beabsichtige.

Der Bankier nannte ihm ein Argument, das er für stichhaltig hielt.

»In Genf residierte der Völkerbund. Jetzt sind die Vereinigten Nationen hier zu Hause. Eine Institution, die hoffentlich für Frieden sorgt. Wir brauchen Frieden auf der Welt, um unsere Geschäfte betreiben zu können, zum Wohle aller. Deshalb plane ich, unweit der Gebäude der Vereinten Nationen die verheerendsten Waffen des letzten Krieges aufzustellen. Einen Stalinpanzer, einen Liberator-Bomber und ein deutsches Unterseeboot. Zur Abschrekkung.«

Lützow ahnte, daß es schwer sein würde, einem Mann

mit so hohen moralischen Ansprüchen das Boot abzuknöpfen oder ihm sein Vorhaben auszureden. Hartnäckig wie er war, versuchte er es trotzdem.

Doch als Kutterlin gegenfragte, wozu Lützow das Boot denn brauche, fiel ihm nichts anderes ein als: »Zu Schulungszwecken der US-Navy, Dr. Kutterlin.«

Da winkte Kutterlin lachend ab und beendete abrupt die Verhandlungen.

»Wissen Sie«, sagte er beim Gehen, »auf Geld kommt es mir nicht an.«

»Haben Sie vielleicht zuviel davon?«

»Man gönnt sich ja sonst nichts«, wich der Schweizer aus. »Ich habe das Boot regulär gekauft, und Vertrag ist Vertrag.«

So scheiterte Lützows Genfer Mission zunächst.

An dem Reihenhaus in einem Vorort von Aachen betätigte ein Zivilist die Klingel. Dem Aussehen nach war er unschwer als Amerikaner zu erkennen. Hochwasserhosen, knalliger Schlips, Schulterklappentrenchcoat.

Auf dem Messingschild neben dem Klingelknopf stand eingraviert der Name: A. Rahn.

Der ehemalige Oberleutnant zur See empfing Admiral Rickover im Haus seiner Eltern, mit Erwartungshaltung, im Wohnzimmer zwischen Nierentisch und Musiktruhe. Schlank, hochgewachsen und etwas steif machte er den Eindruck eines älter gewordenen Hitlerjungen. Trotz Hawaiihemd, weiten Tropenshorts und Latschen an den Füßen, die ihm ein komisches Aussehen verliehen, wirkte er arrogant.

Ein typisches germanisches Arschloch, dachte Rickover und wollte rasch zu einem Ergebnis kommen.

Trotz der frostigen Atmosphäre lobte er zunächst Rahns U-Boot-Roman. Rahn, als Neuphilologe mit Hauptfach Englisch, verstand ihn ausgezeichnet. Die Verständigung war einfach.

»Sie studieren noch, Mister Rahn?«

»Ich habe mein zweites Lehramtsexamen hinter mir und trete im Herbst eine Stelle als Gymnasialassessor an.«

»Leben noch andere Kameraden von Ihrem ehemaligen Boot?« wollte Rickover wissen.

Wenn auch zögernd, gab Rahn einige Tips und auch Adressen preis.

»Und wo ist Ihr Korvettenkapitän Lützow heute?« stellte sich der Amerikaner neugierig.

Diese Frage schien Rahn zu mißfallen, weil sie ihn aus dem Mittelpunkt rückte. Immerhin galt Lützow noch immer als die überragende Figur eines U-Boot-Kommandanten.

»Soviel ich weiß«, äußerte Rahn schließlich, »hat sich Lützow ins warme Nest gesetzt. Er soll Kapitän zur See der US-Navy in einem Flottenstützpunkt sein. Von San Diego aus organisiert er angeblich ein Bauprogramm für neue U-Boote.«

Geschickt ging Rickover darauf ein und knüpfte an: »Halten Sie Kontakt mit ihm?«

»In den Hungerjahren haben wir ihn um ein Care-Paket angeschnorrt. Er schickte einiges rüber. Dann hörte ich nichts mehr von ihm.«

Plötzlich ertönte eine Stimme von der Tür her.

»Da bin ich!« rief Lützow. »Hallo Rahn!«

Sein ehemaliger Erster Wachoffizier fiel aus allen Wolken. Er war sprachlos.

An einer Kleinkunstbühne in Nürnberg, die sich Bamberger Hofkeller nannte, gastierten oft Cabaret-Gruppen. So auch ›Die starken Fünf‹.

Toni Lützow löste eine Eintrittskarte und ging die Treppe zu dem verqualmten Kellerlokal hinunter. Die Bude war brechend voll. Frenetischer Applaus scholl ihm entgegen.

Auf der Bühne agierte ein mittelgroßer schlaksiger Typ,

dem Frechheit und Respektlosigkeit vor allem und jedem im Gesicht stand. Er sprach gerade über Beine, vermutlich die Beine von Frauen.

»Was ist der Unterschied bei Beinen, meine Damen und Herren? Ich will es Ihnen sagen: Wenn jemand kurze Beine mag, muß das Liebe sein. Wer lange Beine mag, liebt die Kunst . . .«

Es dauerte einige Zeit, bis das Provinzpublikum kapierte und klatschte.

». . . und Liebe endet, meine Damen und Herren. Kunst hingegen nie.«

»Noch einen!« riefen sie.

Der Künstler zierte sich zunächst. »Darf es ein ordinärer sein?« fragte der Komiker.

»Wir bitten darum«, schrie das Publikum.

»Also, die kürzeste Zote aller Zeiten: Sagt der Herr zu der Dame: Du hast keine Ahnung von Tuten und Blasen. Fragt die Dame: Wie bitte geht Tuten?«

Die Gäste tobten, bis der Vorhang fiel.

Lützow suchte seinen ehemaligen II. Wachoffizier, den jetzigen Kabarettisten Wessel, bei Schluß der Vorstellung in seiner Garderobe auf. Nach stürmischer Begrüßung blieben sie nicht lange dort, sondern gingen hinüber in die Viktoria-Bar. Dort fing das Trinken und Erzählen an.

»Sie sind doch nicht in Nürnberg, Käptn«, bemerkte Wessel scharfsinnig, »um hier Verkehrsunterricht abzuhalten oder eine Bibelstunde. What's also the matter, Sir?«

In groben Zügen weihte ihn Lützow ein, berichtete ihm, was anlag, daß er dabei sei, ein Boot aufzureißen und eine Besatzung zusammenzustellen.

»Es soll also in die Südsee gehen«, verstand Wessel, »für fünfzigtausend Piepen pro Stunde. Nicht schlecht, Herr Specht. Aber«, fügte Wessel hinzu, »was machen wir am Nachmittag?«

Lützow berichtete ihm, daß er Rahn schon gewonnen habe, daß er sich mit seinem ehemaligen LI Behrens, der jetzt bei Siemens in der Reaktorkonstruktion arbeitete, in den nächsten Tagen treffen wolle.

»Wer darf's denn sonst noch sein, Chef?« wurde Wessel neugierig.

»Unseren Obersteuermann Klein hätte ich gerne dabei.«

»Ach, den Norweger«, stöhnte Wessel. »Der stinkt schon nach Kabeljau und Tran. Er ist Kapitän auf einem riesigen Walfänger. Neuntausend Tonnen oder so. Macht dicke Kohle.«

»Und woher wissen Sie das, Wessel?«

Während Wessel schubweise aus der Bourbonflasche nachgoß, kam er ins Aufschneiden.

»Wir hatten letztes Jahr eine Tournee nach Norwegen. Die sind dort oben im Mittsommer ja groß mit Freilichttheater, Lil Babs, Bibi Johns und so weiter, na, Sie wissen schon, all die berühmten Plinsen. Wir traten in Bergen auf mit Riesenerfolg. In der Pause steht da ein Typ in meiner Garderobe. Sah aus und roch wie Räucherfisch. Wer war es? Seebär Klein. Er ist schon richtig zum Wikinger geworden. Alles, was südlich des Skagerrak lebt, hält er für Zigeuner oder katholische Taschendiebe. An der Steilküste hat er ein Haus. Da kommt man nur mit 'ner Strickleiter rauf. Wenn er mal Urlaub macht, zieht er die Leiter ein, damit ihn keiner stört. Ein richtiger Eigenbrötler. Um sein Haus hat er einen hohen Zaun. Zäune sorgen für gute Nachbarschaft, behauptet er. Ob diese komisch gewordene Type bei Ihrer Exkursion mitmacht?«

»Den kriege ich schon«, hoffte Lützow zuversichtlich. »Ansonsten trete ich ihm persönlich in den Hintern.«

Spät in der Nacht, als sie schon ziemlich voll waren, bot Lützow seinem alten II WO, den er immer gemocht hatte, das Du an.

»Der Krieg ist vorbei, wir sitzen nicht in einer U-Boot-Messe, sondern auf einem Barhocker.«

Wessel druckste erst herum, dann rückte er heraus: »Ich bin mir natürlich der Ehre voll bewußt, zu Ihnen du sagen zu dürfen, Käptn. Aber wenn Sie erlauben, möchte ich lieber beim Sie bleiben.«

»Und warum das?« fragte Lützow erstaunt.

Da blickte ihn Wessel verschmitzt an und lallte etwas, das sich anhörte wie: »Wissen Sie, Käptn, es ist ein wunderbarer Unterschied, ob man sagen kann: Sie Arschloch oder du Arschloch.«

»Muß ja nicht unbedingt dazu kommen, oder?«

Lützow hatte aber durchaus Verständnis für seinen ehemaligen Bordkomiker.

Als sie sich spät trennten, versprach Wessel, mit Klein in Verbindung zu treten und ihn vorzuwarnen. Lützow wollte morgen weiter zu Behrens nach München.

»Grüßen Sie Herrn Siemens von mir. Und übrigens«, rief Wessel noch, »unser fleißiger Behrens hat nicht nur seinen Doktor Ing. gemacht, sondern auch drei oder fünfzehn Bälger.«

Lachend verschwanden sie beide in entgegengesetzten Richtungen in der Nacht.

Es windete und regnete durch die Königsstraße, ein bißchen wie auf hoher See.

# 20

»Wir legen ihn aufs Kreuz.« Mit diesen Worten kam von Rickover Entwarnung.

Der Admiral war eben ein Mann mit Ideen. Er kannte die Tricks, wie man Administrationen beikam. Außerdem hatte er als U-Boot-Chef die Koordination übernommen und setzte sich entsprechend für die Lützowsche Feuerwehr ein.

Er traf Lützow im Hotel George V. in Paris.

»Der Kaufvertrag mit Kutterlin ist ungültig«, begann er sogleich. »Paris durfte an den Schweizer Bankier gar nicht verkaufen. Das steht eindeutig im Überlassungsvertrag für Beutewaffen. Dieser Kutterlin hat also keinen rechtlich fundierten Anspruch. Holt euch das Boot, ehe es andere wegschaffen. Wir decken euch bis zum Gehtnichtmehr. Mein Wort darauf.«

Bevor Rickover wieder batterieweise Bourbon auffahren ließ, entschuldigte sich Lützow. Er habe eine Verabredung draußen am Flugplatz in Orly. Was auch der Wahrheit entsprach. Er holte Behrens von der Maschine aus München ab.

»Urlaub eingereicht und genehmigt«, erklärte der Ingenieur, »vier Monate.«

Der ehemalige Leitende von *U-136* hatte sich kaum verändert. An den Schläfen war sein dunkles Haar leicht ergraut. Daß man ihm im Straflager in Polen beinahe das brandig verfaulte Bein abgenommen hätte, davon war beim Gehen nichts mehr zu merken.

Sie begrüßten sich wie alte Freunde. Das Dienstverhältnis von LI zu Kommandant bestand ja nicht mehr.

Auf der Fahrt in die Bretagne informierte Lützow seinen LI über den Stand der Dinge.

»Also, was das Boot betrifft – das gehört uns. Wir müssen es nur noch kapern.«

»Im Sinne von klauen?«

»Feiner ausgedrückt – im Sinne von mitnehmen.«

»Bin ja mächtig neugierig auf den Zossen.«

»Wie läuft es berufsmäßig, Behrens?«

»Sie wissen ja, ich habe meinen Doktor Ing. gebaut und arbeite bei Siemens in der Turbinenabteilung. In Amerika sind sie dabei, von der alten Wasser- und Dampfverstromung wegzudriften, nämlich auf Reaktorkraftwerke zwecks Gewinnung von Energie aus Uranbrennstäben. Das wird meine Zukunftsaufgabe werden. Von Ihnen hört man ja schöne Sachen, Lützow. Sie sollen bei der US-Navy Admiral geworden sein.«

»Noch nicht. Außerdem schnurzegal, ob Admiral oder Korporal, klingt sowieso ähnlich.«

»Wer von den anderen Kumpels ist noch dabei?« wollte Behrens wissen.

Lützow wußte schon etwas mehr als bei ihrem ersten Kontakt in München und zählte auf: »I WO Rahn ist frei bis Schulbeginn im Herbst.«

»Er wird also Pauker.«

»Er strebt den Studienrat an.«

»Aha«, lästerte Behrens, »jetzt zählt er nicht nur die Erbsen, er numeriert sie auch noch.«

»Obersteuermann Klein fährt als Fischdampferkapitän. Sein Walfänger liegt in Oslo zur Überholung. Er steigt ein. Auch Wessel kommt morgen.«

»Wessel unsere Witzkanone.«

»Er schreibt Texte und Songs für die Kabarettgruppe, der er angehört«, erwähnte Lützow. »Sie nennen sich ›Die starken Fünf‹ und tingeln durch Deutschland. Ich glaube, er läßt eine Tourneerunde ausfallen.«

»Damit sind wir insgesamt zu fünft«, rechnete Behrens. »Weit kommen wir da nicht. Grade mal durch die Mole.«

Lützow pflichtete ihm bei. »Stimmt. Mit einer Handvoll

Leuten kann man ein 7-C-Boot nicht fahren. Nicht einmal im Frieden. Ich habe noch zwei Diesel- und einen E-Heizer angeheuert, Bordelektriker, Koch, Funker und Torpedomechaniker. Dazu einige Männer als seemännisches Personal.«

»Und wo haben Sie die aufgerissen, wenn ich fragen darf, Käptn?«

»Bei Traditionsverbänden, Veteranen-Clubs und U-Boot-Vereinen, da hingen ein paar Fahrensleute arbeitslos herum.«

Lützow brachte die Besatzung in zwei Hotels in Lorient unter. In einem gemieteten Motorkutter fuhr er allein mit Behrens hinaus in die Flußmündung der Blavet, wo sie sich buchtenreich zum Meer hin öffnete. Nach den Ortsangaben des Navy-Agenten fanden sie das Boot schließlich festgemacht an einer Dalbe. Da zu dieser Stunde Flut herrschte, war es aufgeschwommen und zerrte in der Strömung an Ketten und Leinen.

Sie stiegen hinüber. Sofort stellte Behrens fest, daß Turm- und Torpedoluk zugeschweißt waren. Mit dem Sauerstoffbrenner trennten sie die Nähte. Der Stahldeckel zischte beim Öffnen. Sie stiegen hinunter. Eine unbeschreibliche Duftmischung aus Brackwasser, Batteriesäure, Dieselmief und Scheiße empfing sie.

Auf dem Boot sah es aus, als sei hier eine Heerschar von Wasservandalen durchgezogen. Sie lüfteten es. Behrens machte sich sofort an die Arbeit.

Nach einem ersten Rundgang stellte er immerhin fest: »Alles vollständig. Da fehlt nichts Wichtiges, wie mir scheint. Das Hauptproblem wird sein, erst den Junkers-Kompressor, dann einen Diesel zum Laufen zu bringen.«

Was ihm nötig schien, notierte er in seinem Notizbuch, säuberlich Punkt für Punkt. Es wurde eine endlose Liste.

Während er schrieb, führte er wie stets eine Art Selbstgespräch: »Erst mal das Bilgwasser rauspumpen, lenzen,

Schmieröl der Diesel erneuern, ebenso die Hydrauliköle, Lager nachfetten. Dann brauchen wir Preßluft und wieder Preßluft. Ein Stromaggregat 220 Volt, Transformator, tausend Dichtungen, Batteriesäure, destilliertes Wasser, Caramba Rostlöser.«

»Eine Tonne Putzmittel und einen Tankwagen voll Farbe«, fügte Lützow hinzu, »Mennige und Grau.«

Die Innereien des Bootes zeigten kaum Rost. Auch die Ölfarbe war noch grün. Aber die Handräder für die vielen Rohre, die Abzweige und Entlüftungen gingen schwer oder gar nicht.

»Die Ventile, die Ventile«, jammerte Behrens in einem Ton, den Lützow noch von ihren Atlantikfahrten her kannte. »Die Ventile der Tauchtanks, der Trimmtanks, die Dieselabluftventile . . . Mann, wie die aussehen. Die eine oder andere Leitung wird versulzt sein.«

»Aber die Torpedos sind noch okay«, bemerkte Lützow, »fingerdick eingefettet.«

Sie brauchten bis zum Abend, bis einigermaßen feststand, was getan werden mußte und was sie dazu benötigten.

»Wie lange wird es dauern?« wagte Lützow zu fragen.

Wenn man Behrens eine direkte Frage stellte, kratzte er sich immer noch am Scheitel.

»Das Boot ist ziemlich neu, kaum gefahren, aber es liegt acht Jahre herum. Wenn Sie ein Auto, das acht Jahre in der Garage steht, wieder zum Laufen bringen wollen, klappt das auch nicht mit einer Drehung am Zündschlüssel. Und so ein U-Boot ist ein verdammt kleines bißchen komplizierterer Apparat.«

Zurück im Hotel ›Beauséjour‹ in Lorient, telefonierte Lützow mit Rickover und gab ihm die Bedarfsliste durch. Rickover versprach Anlieferung binnen achtundvierzig Stunden.

»Und wenn die gesamte amerikanische Besatzungsarmee in Europa nichts anderes tun sollte als das.«

Am Abend bei einem gemeinsamen Essen im ›Chez Madame Le Mic‹ machte Lützow die Besatzungsmitglieder miteinander bekannt. Einer der Seeleute – sie wußten noch immer nicht genau, um was es ging – wollte etwas über den Einsatz wissen.

»Erst mal gibt es Knochenarbeit«, versprach Behrens.

Und Wessel flaxte: »Wir möchten endlich die Gewißheit darüber haben, ob Hitlers Adolf nun in der Reichskanzlei umkam oder ob es ihm gelungen ist, sich in die Südsee zu verflüchtigen.«

Lützow brachte wieder Ordnung in die Diskussion.

»In malaysischen Gewässern kam es zu Übergriffen von Piraten. Dabei ging ein wichtiges Schiff der US-Navy verloren. Das müssen wir finden. Wir machen das, beginnen deswegen aber keinen Kreuzzug.«

»Dann sind wir fast schon am Südpol«, wandte Steuermann Klein ein, »und wie geht es heimwärts?«

»Wahrscheinlich Panama-Nordatlantik.«

Zu vorgerückter Stunde baten sie den ehemaligen II. Offizier, jetzt Kabarettist, den kleinen Wessel, etwas zum Besten zu geben. Doch der zierte sich auf ungewohnte Weise.

»Am Stammtisch hab' ich nichts drauf. Nur auf der Bühne. Alles vergessen, bis auf ein kleines Gedicht, lautet wie folgt:

Auf dem Flusse Blavet-River
Altes Boot bewegt sich widder
Ist sich grün wie Wiese.
Drieberschrift: Algensynfonie ...

»Noch eines!« forderten sie.

»Na scheen, kommt sich Frau zu Doktor, fragt: Doktorchen, bekommt man sich Kinder von Hoffmannstropfen? Antwortet Doktorchen: Kommt darauf an, wie alt sich Hoffmann ist.«

Wessel setzte sich wieder.

Trotz heftigem Beifall.

»Eigentlich wollte ich ja Medizin studieren.«

»Und warum hast du Komiker studiert?« reizte ihn Rahn.

»Weil ich zu klein bin. Da hätte ich nur Kinderarzt, nicht Frauenarzt werden können.«

»Wer von euch ist verheiratet?« fragte Ex-Obersteuermann Klein.

»Außer Lützow und Behrens kein Neuzugang«, stellte Wessel fest. »Wie steht es mit dir, Rahn? Du warst doch immer scharf auf rassige Zigeunerweiber.«

Rahn wehrte sich heftig. »Das ist eine krasse Unterstellung. Ich träumte eher von einer blassen Blondine.«

»Von einer krassen Heroine Marke Edda Kriemhilda.«

»So heißt ja nicht mal die Margarine aufs Brot.«

Wessel lästerte weiter.

»So eine mit eckigen Schultern und kleinen Titten, die hohe Absätze trägt und bei Seegang damit kentert, nämlich dort, wo sie nichts hat, am Hintern.«

»Von mir aus«, ging Rahn auf den Scherz ein. »Aber den Doktor phil. muß sie schon haben.«

»Und du hast den Doktorarsch offen«, murmelte Wessel angetrunken.

Ein GMC-Dreiachser der US-Navy brachte alles, was fehlte.

Sechs frischgeladene Lkw-Batterien, ein Stromaggregat, volle Preßluftflaschen, Schmieröle und auch ein modernes Funkgerät.

»Frischwasser und Dieselkraftstoff wird per Leichter angeliefert«, meldete der Begleitoffizier des Transporters. Und dann waren Nebel und Regen angesagt, die ihre Arbeit tarnen und somit erleichtern würden.

Unter dem Kommando von Behrens gingen sie systematisch ans Werk. Sie entrümpelten das Boot, desinfizierten es und pumpten die Bilgen vom Wasser frei. Alle Öle wurden gewechselt, die rostige Kühlwasserbrühe gewechselt, der Ju-Verdichter überholt, die Batterien gewartet. Dann gab es das erste Mal Licht im Boot. Ein paar Sicherungen sprangen heraus, aber die Kurzschlüsse wurden schnell gefunden und behoben.

Am zweiten Tag sprang der Ju-Verdichter, eine Gegenkolbenmaschine, an und erzeugte das, wofür er konstruiert war, nämlich Preßluft. Aus Druckleitungen und Behältern zischte es massenhaft.

Die Dichtungen wurden erneuert, Ventile soweit möglich gängig gemacht. Behrens war pausenlos auf den Füßen. Zum Schluß kontrollierte er noch das Ventilspiel der MAN-Motoren und justierte die Einspritzpumpen. Dann bekam der Diesel zum ersten Mal Preßluft. Reichlich unwillig, aber immerhin, sprang erst der an Steuerbord, dann der an Backbord an.

Sie liefen eine Stunde warm. Jetzt gab es noch dies und das daran einzustellen.

»Sie arbeiten zufriedenstellend«, meinte Behrens, »na ja, MANs, die leben ewig. Irgendwie faßt sich das Boot wie neu an, nur eben versaut. Außenbords können wir leider nichts machen.«

»Dafür laufen wir die Werft an«, sagte Lützow.

»Wo?«

»Italien.«

Der Begleiter des amerikanischen Lkw-Transporters meldete Lützow, daß er französische Polizisten auf Fahrrädern beobachtet habe. Sie hätten durch Ferngläser herübergeguckt und fotografiert. Hin und wieder kam auch ein Fischlogger vorbei.

»Sie sollten sich beeilen, Käptn«, riet der Offizier.

»Noch zwei Tage«, schätzte Lützow, »wir tun, was wir können.«

Das Innere des Bootes, das ausgesehen hatte, als hätten die plündernden Matrosen einer halben Flotte darin gelagert, war zumindest sauber, wenn auch nicht so blitzblank, daß es einen preußischen Obermaat befriedigt hätte.

Sie übermalten das taktische Zeichen des Bootes am

Turm, einen roten Krebs mit geöffneten Zangen, und setzten die amerikanische Flagge ohne Tam-tam und Salut.

Tags darauf tuckerte ein Leichter die Mündung herunter, spülte ihre Tanks und lieferte Frischwasser und Dieselöl.

Klein berechnete die Tidenverhältnisse und schlug vor: »Morgen gegen sechzehn Uhr wäre günstig.«

»Also dann, morgen sechzehn Uhr«, entschied Lützow.

»Aber mit diesem Boot tauche ich nicht«, erklärte Rahn.

»Ich auch nicht«, beruhigte ihn Lützow.

Am Abend durften sich die Männer noch ein letztes Mal vollkübeln.

In den Nachmittagsstunden kam Dunst auf, den heftiger Regen bald niederschlug.

Für jeden gab es eine Tasse Bull-shoot, Rinderbrühe mit Kräutern, einem Schuß Rotwein und ein paar Tropfen Cognac.

»Bringt dich besser hoch als Mocca«, meinte Behrens schlürfend.

»Oder Absinth.«

»Oder eine Linie Kokain«, ergänzte Wessel der Feinschmecker.

Nach dem Kentern der Flut lösten sie die Leinen.

Das Boot trieb in der Strömung vom Ufer weg. Bald zeigte das Echolot, daß sie in der Fahrrinne waren. Die Diesel sprangen an. Etwas rumpelnd begannen die Schrauben zu drehen. Aber sonst funktionierte alles Wichtige. Das Ruder ließ sich anstandslos bewegen.

»Wie oft sind wir hier 1941 ausgelaufen«, bemerkte Rahn versonnen.

»Gesund einlaufen war mir aber lieber«, betonte Wessel.

Langsam kündigte sich das offene Meer durch lange Dünung an. Völlig unerwartet vernahmen sie an Backbord den Heulton einer Sirene, ohne im Grau der Dämmerung etwas zu erkennen. Schon erfaßte sie der milchige Strahl eines Scheinwerfers. Er tastete über sie hinweg, dann hielt er sie fest.

»Ein Küstenwachboot«, flüsterte Rahn. »Der hat hier auf uns gewartet. Erst die Polizisten an Land, jetzt die Küstenpatrouille.

»Mit dreimal AK davonlaufen«, riet Wessel.

Aber da drehten die Waffen des Wachbootes schon auf sie zu. Immerhin eine Zwillingsflak, zwei MGs und eine Bordkanone. Geschätztes Kaliber 3,7 cm.

Von drüben kam per Megaphon die Aufforderung zu stoppen und beizudrehen. Außerdem erfolgte noch das entsprechende internationale Blinksignal.

»Mal abwarten«, sagte Lützow, »gaanz ruhig, Leute.«

Ohne Bug- und Hecksee trieben sie im Ebbstrom. Der französische Bewacher schälte sich aus dem Dunst, preschte heran, wurde herumgerissen und legte sich parallel zu ihnen, ohne jedoch Leinen zu werfen.

Der Kommandant drüben grüßte herüber. Dann sah er wohl die amerikanische Flagge und fragte: »Haben Sie die Auslaufpermission des Hafenkapitäns, Monsieur?«

»Von welchem Hafen?« fragte Lützow. »Das Boot liegt seit Jahren am Strom.«

Der Franzose diskutierte offenbar mit einem seiner Maate. Dann rief er: »Auslaufgenehmigung hiermit erteilt. Wir sind froh, daß wir das Wrack in der Bucht endlich los sind. Gute Fahrt, Messieurs!«

Damit haute er ab, daß die Motoren dröhnten.

Ziemlich erleichtert nahmen die U-Boot-Leute Westkurs.

»Bleiben Sie zunächst auf zwohundert Grad«, sagte Lützow zum Rudergänger und verschwand im Funkraum.

In den nächsten Stunden fuhren sie mit sechs Knoten hinaus in die Biskaya. Gegen Mitternacht ging Lützow abermals in den Funkraum. Später sprach er mit seinen Männern auf der Brücke.

»Die Order ist da. Kursänderung.«

»Auf Amerika«, bemerkte Wessel vorlaut.

»Nein, auf La Spezia. In der Marinewerft der 6. US-Flotte haben sie Kapazitäten freigemacht und warten auf uns.«

»Durch Gibraltar also.«

»O mia bella La Spezia ist auch nicht viel schlechter als Napoli«, meinte Wessel, »oder am Broadway längs.«

Zunächst hielten sie auf Kap Finistere zu. Die Distanzen wurden berechnet, die Wetterberichte eingeholt. Sie liefen abseits des Dampferweges, versuchten so wenig wie möglich Kontakte zu bekommen.

Einmal brachte der Koch Kaffee auf die Brücke mit Zucker in der Dose und Zuckerzange.

»Du bist wohl neu hier?« fragte Wessel amüsiert, »hast noch nie ein U-Boot von innen gesehen.«

»Warum?« fragte der Koch erstaunt.

Wessel erklärte es ihm: »Auf Unterwasserfahrzeugen trägt man den Zucker lose in der Hosentasche. Man faßt mit der Hand hinein, nimmt eine Faust voll, hält sie über die Tasse, öffnet sie langsam und läßt den Zucker hineinrieseln, solange, bis ich halt sage.«

»Und warum so?« fragte der Koch.

»Weil das feine Marinesitte ist und den Umgangsformen auf Unterwasserfahrzeugen entspricht. Kapristi?«

Kopfschüttelnd kletterte der Koch wieder nach unten. Er wußte nicht, wie es gemeint war. Ob man ihn vielleicht verarscht hatte.

Nach zwölf Tagen meist stürmischer Fahrt erreichten sie ohne größere Zwischenfälle die Werft der 6. US-Flotte in La Spezia. Dort war ein Dock freigeräumt worden. Lützow hatte Pläne bereitgelegt und das Handbuch für den Leitenden Ingenieur. Das übergab er und erklärte sich bereit, mit Übersetzung zur Verfügung zu stehen. Einige Besonderheiten erläuterte er jedoch im Kreis der Werftingenieure.

»Dies, Gentlemen, ist ein antikes Stück, ein U-Boot vom

Typ VII-C-45 Atlantikkampfboot. Einhüllendruckkörper aus Panzerstahl genietet. Atlantiksteven verstärkt, Fla-Waffen im Wintergarten, 3,7 cm Kanone, fünf Torpedoabschußrohre. Der Schnorchel erlaubt getaucht sechs Knoten Dieselfahrt. Tonnage gesamt tausend, Länge siebenundsechzig, Breite 6,2 Meter. Tiefgang fünf Meter. Zwei Dieselmotoren mit zwotausendsiebenhundert PS, zwei Elektromaschinen mit siebenhundertfünfzig PS, umschaltbar auf Generator. Siebzehn Knoten über Wasser, acht Knoten unter Wasser, Tauchtiefe zwohundertachtzig Meter.« Inoffiziell, das erwähnte er aber nicht, bis auf vierhundert. »Reguläre Besatzung: Vier Offiziere, siebenunddreißig Unteroffiziere und Mannschaften. Jetzt allerdings nur ein Haufen von vierzehn Experten. Treibstoffvorrat«, fügte er noch an, »hundertachtzig Tonnen. Reichweite achttausend Seemeilen. Und jetzt, frisch ans Werk, Freunde.« Es kam darauf an, das Boot tauchklar zu machen.

Die Unterwasserauslässe wurden entrostet und nachgeschweißt. Alle Ventile für die Trimm- und Tauchtanks sowie die Ballasttanks wurden gängig gemacht oder erneuert. Ein Tiefenruderlager wurde ersetzt. Auch mehrere Batteriezellen. Zum Abschluß bekam das Boot die bei der US-Navy übliche Bemalung, ein verhältnismäßig helles Graublau.

Im Golf von Neapel und vor Ischia unternahm Lützow die ersten Tauchversuche, lief dann wieder zurück, um noch die einen oder anderen von Behrens reklamierten Schäden zu beheben. Es gab Undichtigkeiten an den Torpedoklappen, kleine Wassereinbrüche, das Backbord-Wellenlager hatte zuviel Luft. Inzwischen wurde das Boot verproviantiert, mit Treiböl und Trinkwasser versorgt.

Im Frühsommer 1953 verließ *U-136*, wie sie es jetzt wieder nannten, ohne Musik La Spezia und fuhr Richtung Alexandria–Suezkanal.

Täglich einmal fand Funkverkehr zwischen dem Boot

und der Leitstelle in Washington statt. Weil Lützow immer besorgter dreinschaute, fragte ihn Rahn nach dem Grund.

»Wir liegen hinter dem Zeitplan zurück«, erklärte der Kapitän, »und brauchen mindestens drei Wochen, bis wir unser Einsatzgebiet erreicht haben. Inzwischen ist aber der Lockvogel, den wir für die Piraten ausgeworfen haben, schon unterwegs. Wir müssen ihn pünktlich am Eingang der Malakka-Straße treffen.«

Klein rechnete schon: »Siebentausend Seemeilen, Tagesetmal vierhundertzwanzig Seemeilen, macht roundabout achtzehn Tage. Drei Wochen.«

Beruhigend versicherte LI Behrens, daß es kein Problem darstelle, mit den Dieseln auch für längere Zeit große Fahrtstufe zu laufen.

»Die MANs sind echt spitzenmäßig.«

Mit den Stars and Stripes am Flaggenstock sahen sie aus wie ein amerikanisches U-Boot. Sie hatten auch eine entsprechend taktische Nummer erhalten. Anders durften sie den Suezkanal nicht passieren. Da er täglich von Einheiten der US-Navy benutzt wurde, fiel der Durchmarsch des Lützow-Bootes nicht weiter auf.

Im Roten Meer wurde es glühend heiß. Heiß, daß die frische Farbe am Schanzkleid Blasen warf. Die Männer trugen jetzt Tropenuniform in Khaki. Ansonsten: ständig glatte unbewegte See.

»Bodenseewetter«, nannte es Wessel, »nur etwas wärmer.«

Kaum hatten sie den Jemen mit der Meerenge von Bab el Mandeb querab, da erreichte sie eine Hiobsbotschaft, die schlagartig alles veränderte. Doch mit Fäkalflüchen wurde es auch nicht besser. Ihr Einsatzauftrag blieb dadurch zwar bestehen, aber, wie Lützow fürchtete, um mehr als tausend Prozent erschwert.

Wessel bemerkte die Niedergeschlagenheit seines Käptn, stieg unter Deck und ließ eine Schallplatte auflegen. Er hatte sie mit Mühe beschafft und mit an Bord gebracht. Eine alte schwarze Schellackscheibe, die auf *U-136* immer dann gespielt worden war, wenn es nicht sonderlich gut stand.

Mit ihrer tiefen Stimme sang Zarah Leander: »Ich weiß, es wird einmal ein Wunder geschehn, und dann werden alle Wünsche wahr . . .«

»Nur glaube ich nicht daran«, fürchtete Lützow.

»Aber Zarahs Vorhersage ist immer eingetroffen. Sie hat stets Wort gehalten, die Dame aus Schweden.«

»Hoffen wir's«, sagte Lützow. »Kursänderung auf fünfundachtzig Grad.«

Aden wanderte achtern aus.

Das Arabische Meer, der Indische Ozean lagen vor ihnen.

## III. TEIL

# Das Duell der Admirale

# 21

Das Desaster mit dem Luxuskreuzfahrer *Tahiti Girl* begann damit, daß der Chefarzt spätabends den Kapitän in seiner Kajüte aufsuchte.

»Den beiden Patienten geht es schlechter, Sir.«

»Die Diagnose?« fragte der Kapitän.

Er wußte, daß Schiffsärzte nicht die besten ihrer Zunft waren, vertraute jedoch dem Engländer, der nur wegen illegaler Abtreibungen seine Praxis in Schottland hatte aufgeben müssen.

»Extrem hohes Fieber deutete zunächst auf einen grippalen Infekt hin, Käptn.«

»Kann es nicht Malaria sein, Doktor?«

Der Arzt zog sich einen Stuhl heran. »Leider nein. Ich fürchte Schlimmeres. Bei einem der Patienten tritt im Scheitelbereich Blut aus der Kopfhaut.«

Der Kapitän fuhr schon lange genug zur See, um einiges an Krankheitsfällen erlebt zu haben.

»Sprechen Sie bitte das Wort Meningitis nicht aus, Doktor.«

Der Arzt zuckte mit den Schultern.

»Ich wage ja selbst nicht, an eine Gehirnhautentzündung zu denken. Aber vieles deutet darauf hin. Zum Beispiel Ausfall abhängiger muskularer Effekte. Die Schließmuskeln gehorchen nicht mehr – sie scheißen und pissen ins Bett. Einer der Patienten ist komatös, bewußtlos also, der andere liegt hochrot da, zeigt schnarchende Atmung, Puls ist hart und voll. Kaum Pupillenreaktion. Wenn das noch zwei oder drei Stunden anhält, kann ich mit Bordmitteln nichts mehr machen.«

Was das bedeutete, war dem Kapitän klar. Er mußte darüber mit dem Manager der Pazific-Clunard-Reederei sprechen. Er war an Bord, um die erste Reise des Schiffes nach der Modernisierung mitzumachen.

Bevor der Kapitän ihn in der Reederkabine aufsuchte, fragte er den Arzt noch: »Kann so etwas durch die Aufnahme von Speisen oder Getränken entstehen? Müssen wir mit einer Epidemie rechnen?«

Hier konnte der Arzt den Kapitän beruhigen.

»Wenn es sich um eine infektiöse Meningitis handelt, dann ist erfahrungsgemäß eher die Wirkung von Bakterien im Spiel, wie sie sich in Wasserleitungen, Bädern oder Duschen entwickeln.«

»Die Leitungen wurden doch alle durchgespült und desinfiziert.«

»Womit?«

»Mit den handelsüblichen Mitteln, denke ich.«

»Auch die Hähne und die Brauseköpfe?«

Der Kapitän eilte hinauf zum Deck A, wo der Reedereimanager die große Suite mit Heckterrasse bewohnte. Er war schon im Schlafanzug und hatte eine Tablette genommen.

Als der Kapitän seinen Bericht beendet hatte, war er sofort hellwach und fluchte erst einmal leise. Nur seine Lippen bewegten sich dabei.

»Können die Kranken das in Hongkong oder Manila aufgeschnappt haben?«

»Egal wo«, erwiderte der Kapitän, »es geht um Leben und Tod, Sir.«

»Wer sind die Leute? Etwa zwei von den Marins?«

Nur dem Kapitän und dem Manager war bekannt, daß die *Tahiti-Girl* die Rolle eines Lockvogels spielen sollte und sich deshalb zwölf Mann einer Spezialeinheit an Bord befanden. Aber eigentlich war das Lockvogelspiel erst für den zweiten Teil der Reise vorgesehen.

»Keiner von den Marins, Sir«, bestätigte der Kapitän, »die Betroffenen sind ein Rindermillionär aus Texas und ein Großbauunternehmer aus L. A.«

Beide wußten sie, was das bedeutete. So prominente Fahrgäste durfte man nicht einen Hauch gefährden.

»Wie ist unsere Position?« fragte der Clunard-Manager.

»Etwa fünf Grad Nord, hundertzehn Ost. Wir wollten Borneo anlaufen, den Passagieren ein paar Menschenfresser vorführen. Aber jetzt müssen wir wohl in einen Hafen mit optimaler klinischer Versorgung gehen.«

»Was schlagen Sie vor?«

»Da kommt nur Singapore in Frage, Sir.«

»Kann nicht irgendein schnelles Boot die Kranken übernehmen?« versuchte der Manager den Ablauf der Reise noch zu retten.

»Bei dem Seegang, Sir? Und das Wetter wird eher noch gröber. Außerdem sollen Patienten in diesem Zustand so wenig wie möglich bewegt werden.«

So wurde ein Notplan entworfen.

Die *Tahiti-Girl* meldete sich in Singapore an, wofür die Passagiere, wenn auch murrend, Verständnis zeigten. Um den Zeitplan einzuhalten, würden sie nicht durch die Sundastraße fahren und an der Küste Sumatras entlang Richtung Bangkok, sondern den kürzeren Weg durch die Straße von Malacca nehmen. »Mein Gott, wieviel Zeit kostet uns das?« wollte der Reederei-Manager wissen.

»Singapore ansteuern, ein- und auslaufen, zehn Stunden minimum, Sir. Aber die Verspätung können wir einholen, wenn wir die Sumatra-Rundfahrt ausklammern.«

Schweren Herzens mußte der Manager dieser Entscheidung zustimmen.

»In Bangkok wartet ein neuer Schub Passagiere«, erwähnte der Kapitän überflüssigerweise.

»Eigentlich sollten wir die Malaccastraße ja meiden und diese ganze malaysische Pestküste. Unsere Begleitsicherung ist erst in achtzehn oder zwanzig Tagen zur Stelle.«

Der Kapitän bedauerte. »Wir haben keine andere Wahl, Sir. Man stelle sich vor, die zwei Passagiere sterben an Bord, weil nicht alles zu ihrer medizinischen Versorgung

Mögliche getan wurde. Dann können Sie in Zukunft Ihre zahlenden Fahrgäste mit dem Staubsauger einsammeln, Sir.«

Der Manager, verantwortlich für den finanziellen Erfolg des Reedereigeschäfts, für den guten Ruf von Clunard und daß die Aktionäre ihre Rendite bekamen, entschloß sich notgedrungen. »Okay, Kurs Singapore. Zur Entschädigung geben wir den Passagieren ein tolles Bordfest. Lassen Sie das von Küchenchef und Kellermeister schon mal vorbereiten, Käptn.«

MS *Tahiti-Girl* setzte die zwei Schwerkranken in Singapore an Land. Dann nahm es Kurs Nord.

Die weiteren Ereignisse lasen sich im Schiffstagebuch (nachträglicher Eintrag) wie folgt:

*22. Juni*

Seegang 2 – leichter Südost – Temperatur 26° – Geschwindigkeit 24 Knoten – Kurs 310°.

Bordfest im Thailändischen Golf voller Erfolg. Dauert bis 02 Uhr.

*23. Juni*

*02 Uhr 15*

Schiff läuft bis über die Toppen illuminiert. – Beleuchtung abgeschaltet. An Steuerbord voraus merkwürdiges Brausen. Meer schäumt wie bei Unterwasserexplosion jedoch ohne Fontäne. Keine weiteren Spuren ausgemacht. Radar zeigt auf 360° kein Fahrzeug an. Kurs und Fahrt beibehalten.

*02 Uhr 25*

Plötzliches Erscheinen von schwarzgekleideten maskierten Männern auf der Brücke. Greifen an. Brückenwache durch Narkosepatronen kampfunfähig geschossen.

*02 Uhr 30*

Funker beobachtet, wie zwei der unbekannten Männer aus Stahlflaschen Preßluft in die Ansaugöffnungen der Klimaanlage einblasen. Vermutlich Schlafgas.

*02 Uhr 40*

Von den Piraten, um solche handelt es sich wahrscheinlich, Maschinenpersonal überwunden. Schiff liegt gestoppt.

*02 Uhr 50*

Die Piraten haben die Wirkung des Gases abgewartet, sperren mit Nachschlüsseln die Kabinen auf und rauben den schlafenden Passagieren, was wertvoll ist. Schmuck, Geld, Sonstiges. Eine Gruppe öffnet den Tresor des Bordzahlmeisters und entnimmt ihm sechzigtausend Dollar in bar.

*02 Uhr 55*

Geweckt durch den Lärm erwachen die als Touristen getarnten mitfahrenden Marins. Halb betäubt nehmen sie den Kampf gegen die Piraten auf. Schießereien, die zu Verletzungen auch bei den Piraten führen.

*03 Uhr 20*

Eine Stunde nach Beginn des Überfalls verschwinden die Piraten mit ihrer Beute. Nehmen ihre Verwundeten mit. Das Fahrzeug der Piraten ist im Radar nicht auszumachen. Möglicherweise handelt es sich um eine stark motorisierte Dschunke aus Holz mit Antiradaranstrich.

*03 Uhr 30*

Schiff funkt SOS. Mit Eintreffen der angeforderten Hilfe ist vor Morgengrauen nicht zu rechnen. Bei Dämmerungsbeginn leere See.

*04 Uhr 30*

Die Filme der Bordkameras ausgewertet. Sie haben während des Überfalls gearbeitet. Zu erkennen ist auf den Fotos wenig. Die Piraten trugen Masken. Ihr Anführer ist hellhäutig und überragt seine Männer um Haupteslänge.

Nach Aussagen der Passagiere wurde er von den Piraten »Admiral« genannt. Die Angreifer verständigten sich hauptsächlich durch Handzeichen. Die wenigen gewechselten Worte waren nicht zu verstehen. Verwendeten wohl malaysischen Dialekt.

Vor Bangkok ließ sich der Clunard-Manager mit dem Lotsenboot an Land setzen, um auf schnellstem Weg nach San Francisco zu fliegen.

»Bereiten Sie alles für die Untersuchung durch die Polizei vor«, befahl er dem Kapitän. »Alle Patronenhülsen aufsammeln, Fußspuren, Fingerabdrücke und so weiter sichern. Weiß der Teufel, wie das geschehen konnte. Ob da ein Koordinationsfehler vorliegt oder ob unsere Bestimmung als Lockvogel verraten wurde . . .«

»Die zwei Fälle von Meningitis waren gewiß nicht vorher zu planen, Sir«, wandte der Kapitän ein.

»Ja, das hat uns in die Scheiße geritten. Wie geht es den beiden?«

»Besser«, sagte der Kapitän.

»Mir verdammt leider nicht«, fluchte der Manager.

## 22

An Bord des U-Bootes waren die Wachen längst eingeteilt. Sie gingen im Zweierstrop nach englischem System. Die Stimmung war gedrückt. Lützow hatte seine nächsten Mitarbeiter über den Zwischenfall im Golf von Thailand informiert.

»Jetzt wissen diese Halunken natürlich, daß Amerika sich die Übergriffe nicht länger bieten läßt und etwas gegen sie unternimmt. Marineinfanterie auf einem Luxusliner ist höchst ungewöhnlich, und diese Gangster sind nicht bescheuert.«

Längst hatten sie Nummer und taktisches Zeichen eines amerikanischen U-Bootes am Turm übermalt. Auch die Stars and Stripes führten sie nicht mehr als Flagge.

»Wir sollen als vagabundierendes deutsches U-Boot aus dem Zweiten Weltkrieg gelten«, erklärte Lützow. »Das ist mit der US-Navy so abgesprochen.«

»Und warum das, wenn ich fragen darf?« bat Rahn, der stets überkorrekte, um Aufklärung.

»Weil wir möglicherweise bald gezwungen sind, in Hoheitsgewässern fremder Staaten zu operieren. Die USA wollen sich nicht in diplomatische Verwicklungen hineinziehen lassen.«

»Mit den Kleinen kann man's machen«, räsonierte Wessel, »immer auf die Minderbemittelten.«

Sie verhielten sich kriegsmäßig mit Kurs auf die Malediven. Sobald am Horizont Schiffe auftauchten, gingen sie ihnen aus dem Weg oder verdrückten sich unter Wasser. Abseits der Schiffahrtsrouten glaubte Lützow die Geheimhaltung am ehesten aufrechterhalten zu können.

Allein in der endlosen Weite, nicht mehr als eine Colaflasche im Ozean, steuerten sie nun Generalrichtung Sumatra. Die Weite, die endlose Weite. Ringsum nur See, Himmel, Horizont, Endlosigkeit. Meile um Meile, Tag und Nacht. Die Hitze, das Licht, das dröhnende Schüttern der Diesel. 900 Umdrehungen pro Meile. Wie viele noch?

Erst 3000 Meilen, dann noch mal 2000 Meilen. Erst im Arabischen Meer, jetzt im Indischen Ozean. Tagesetmal 400 Meilen. Nettofahrzeit bis Indonesien: noch immer eine Woche.

Ihre Leitstelle hatte sich geändert. Sie lag jetzt in Pearl Harbor. Der Funkverkehr wurde ohnehin auf das Nötigste beschränkt.

»Der Indische Ozean liegt mir nicht«, gestand Wessel.

»Bald kommen wir in den Golf von Siam.«

»Der liegt mir auch nicht.«

Das Schanzkleid der Brücke schien tagsüber zu glühen. Sie näherten sich dem Äquator. Die Nächte brachten kaum Abkühlung. Selbst nachts auf der Brücke im Fahrtwind klebten die Khakihemden an ihnen. Obersteuermann Klein litt wieder unter seiner Dreifingerallergie und kratzte ständig daran. »Das ist sich Rache von Götter«, pflaumte Wessel, »kommt sich durch Fangen von kleine unschuldige Walfische zwecks Anhäufung von Kohle.«

»Nein, kommt sich von Riechen an Gänseblümchen«, entgegnete Klein.

»Klar, wo sich so viele hier wachsen.«

»Allmählich erreichen wir historische Gewässer, Herrschaften«, erzählte Lützow zur Ablenkung. »Ein Stück weiter von hier liegt irgendwo auf tausend Meter Tiefe das größte Kriegsschiff aller Zeiten, die japanische *Yamito* mit achtundsiebzigtausend Tonnen. Sie war zweihundertsechzig Meter lang, ein ungeheuer solide gebauter Koloß. Sechs Bombenvolltreffer brauchte sie, und mehrere Torpedos, um überhaupt Schlagseite zu bekommen. Aber dann detonierte eine der Munitionskammern. In der Nacht war sie nicht mehr zu retten und sank.«

»Sie hatten einen prima Admiral, die Japse«, wandte Rahn ein, »diesen Yamamoto. Warum passierte ihnen sowas?«

»Das ist richtig. Aber ...«, erinnerte sich Lützow, »die Amerikaner waren einfach noch wütender als er. Wenn Sie mal im Leben eine schwierige Sache zu lösen haben, Rahn, und fühlen sich zu schwach, um damit fertig zu werden, dann merken Sie sich einen Trick. Denken Sie an etwas Mieses. An etwas grundsätzlich Gemeines zu denken, das hilft, gibt Kraft.«

Wessel, der zuhörte, meinte grinsend: »Dann hätte Admiral Yamamoto an seinen grundsätzlich gemeinen Tripper denken sollen. Na ja, in der Liebe, im Krieg und auf hoher See ist alles erlaubt.«

Sie hatten eine qualvoll ruhige Fahrt in spiegelglatter See bei weiter zunehmenden Tagestemperaturen. Selbst unter Sternenhimmel war es kaum erträglich, und die Stimmung sank wegen der Sache mit dem Luxusliner *Tahiti-Girl* auf Null.

So gab es auch die üblichen kleinen Reibereien an Bord. Zum Beispiel, wenn LI Behrens sich vom Koch sein Steak total blutig servieren ließ.

»Ich hab' mir geschworen, nie mehr zu hungern«, erklärte er kauend.

»Was hat das mit Kannibalismus zu tun«, fragte Wessel, »schmeckt doch wie Hund hinten unten.«

»Bei dem Anblick hätte ich Lust, Vegetarier zu werden«, meinte Lützow. »Blutwurst ja, aber nicht, wenn es rot im Teller schwappt.«

Einmal hatten sie ein Dieselproblem, das Behrens – Wessel nannte ihn immer ›Bestes Ingenieur von Welt‹ – mit dem Mechaniker nach einem Tag Schwerstarbeit in den Griff bekam. »Die Kupplungen, immer diese Kupplungen«, jammerte Behrens, »und die Filter.«

»Und die Weiber«, gab Wessel noch einen drauf. »Für

eine Säge ist die Welt aus Holz, für den LI ist die ganze Welt eine Schraube.«

»Und für den Dichter ist sie ein leeres Blatt Papier«, ergänzte Rahn, der berühmte Romanautor.

Auch ihr Trinkwasser nahm fauligen Geschmack an.

»Wie die Pisse von Greta Garbo«, bezeichnete es Wessel.

»Da muß sich eine Ratte in den Tank verirrt haben«, fürchtete Obersteuermann Klein, »das erleben wir auf Fischdampfern öfter.«

Sie beschlossen eine Insel anzulaufen, die Süßwassertanks zu reinigen und neu zu füllen, auch wenn sie das zwei Tage aufhielt.

Nachts näherten sie sich so einer Insel mit einsamem Hafen.

Port Tubo.

»Das einzige, was diesen Ort auszeichnet«, schimpfte Rahn, »sind seine Mücken.«

»Aber in verschiedenen Farben«, tröstete ihn Wessel.

Sie erledigten ihre Arbeiten, gingen dann, vordesinfiziert mit Whisky, an Land.

Die Insel hatte eine Wahnsinnshauptstadt. Sie bestand aus fünf Hütten, Latrinengräben an der Straße, ein paar Läden und einem heruntergekommenen chinesischen Puff, der sich Hotel nannte.

Wessel wollte hineinstürmen, doch sie hielten ihn zurück.

»Mann, was magst du außer vögeln sonst noch?«

»Weitervögeln«, lallte Wessel.

Wieder in See, passierten sie ein im Zweiten Weltkrieg schwerumkämpftes Gebiet.

Aus seiner Kenntnis amerikanischer Seekriegsgeschichte, die er sich als Dozent der US-Navy angeeignet hatte, erzählte Lützow beim Abendessen: »Als die Engländer 1944 drangingen, den Archipel zurückzuerobern, besonders den japanischen Flottenstützpunkt Georgetown, verteidigten die Japaner ihn äußerst zäh. Auf einer Landspitze der Insel Munda griffen sie zu einem enorm aufwendigen, aber wirksamen Trick.«

»Sie pinkelten zur Abschreckung Hakenkreuze in den Sand«, alberte Wessel.

»Amerikanische Aufklärungsflugzeuge überflogen das Gebiet wochenlang, ohne daß ihnen etwas Besonderes auffiel. Und mit einem Mal entdeckten sie auf der Insel zu ihrer Verblüffung – es war zwischen Morgen und Abend eines einzigen Tages – das Entstehen eines vollständigen Luftstützpunktes.«

»Wie das?« erkundigte sich Behrens, als Techniker völlig fasziniert. »Normalerweise braucht man monatelang, allein um den Dschungel wegzuräumen und das Terrain zu planieren. Wie also haben die Japaner das geschafft? Wie haben sie die Arbeiten vor den Kameras der US Air Force verbergen können?«

»Also wie bitte ...?« begann sich auch ihr Chronist Rahn zu interessieren.

Lützow machte es feierlich. »Sie hatten vorgetäuscht, daß sie das Gelände in seinem ursprünglichen Naturzustand als Palmenhain belassen würden, indem sie die Wipfel der Palmen an Drähten in die Höhe gehievt hatten. Die Stämme darunter waren gefällt, gerodet und so die Luftbasis errichtet worden.«

»Da hatten die Amis aber tüchtig zu schlucken, um mit dieser Überraschung fertig zu werden. Mindestens dreimal.«

»Etwas in dieser Art hätte den Japanern auch bei den Midways einfallen sollen«, meinte Wessel sarkastisch.

»Hoffentlich«, fürchtete Lützow, »ist den malaysischen Piraten nichts in der Art eingefallen.«

Um nicht einzurosten, tauchten sie ab und zu. Sie beherrschten die dazu nötigen zwei Dutzend Handgriffe nicht mehr wie im Schlaf, aber fast so.

Wenn Wessel Turmwache hatte, scheuchte er die Kameraden manchmal mit einem Signal wie: »Alarm! Staubwolke an Backbord! Nein, belege Alarm. Nur eine Kamelkarawane.«

Längst reagierte keiner mehr darauf.

Manchmal holten sie sich von Land Kokosnüsse, Topinambur-Süßkartoffeln, eßbares Grünzeug wie Brennesselkraut oder Sauerampfer.

Noch war es eine rundum fröhliche Nostalgiereise. Die alten Seeleute erzählten die alten Dönkes, rissen die uralten Witze, sangen die alten Songs und Shanties. Auch mal zwischendurch: ›Träumen von der Südsee‹.

Natürlich waren alle zehn Jahre älter geworden, aber auch lässiger, cooler. Zumindest fanden sie das. Und Wessel hielt sie in Laune mit seinen Sprüchen.

»Die Guten müssen sterben, die Bösen auch, die nur meist später und prächtiger. Laßt uns also das Leben genießen und böse sein, Kameraden.«

Sie passierten eine Küste, die Wessel total beschissen nannte.

»Im Innern leben da noch Eingeborene, Menschenfresser, in ihrer ursprünglichen Wildheit«, schwadronierte er. »In den Küstenebenen vegetieren einige stets besoffene holländische Koprapflanzer. Oft sind sogar die Palmen schon alkoholkrank.«

»Woher wissen Sie das?«

»Alles aus dem Baedeker. Der Herr Baedeker, der große Reiseführer, soll hier das Zeitliche gesegnet haben. Er wurde in Kokosschnaps konserviert.«

Einen ruhigen klaren Morgen bezeichnete Wessel als ›Kaiserwetter‹.

»Wie nannte doch der kurzarmige Wilhelm II. so etwas? Einen Tag zum Heldenzeugen. Dabei war er schwul bis Oberkante Unterlippe. Machte mit seiner Staatsyacht auf der Reise nach Capri immer Jagd auf hübsche italienische Matrosenbubis.«

»Dir ist aber auch gar nichts heilig«, warf ihm Rahn vor.

»Doch«, betonte Wessel, »ich.«

Endlich erreichten sie die Malaccastraße und ihren südlichsten Punkt, Kap Kukup. Temperatur 55° im Bootsinneren. In den Nächten badeten sie oft.

»Wissen Sie noch, Käptn«, erinnerte Behrens, »1942 auf unserer Flucht nach Südamerika? Da sind wir auch mitten im Atlantik nackt herumgeschwommen. Statt einer Uniform hatten Sie drei goldene Streifen mit Leukoplast auf die Schulter gepappt, weil Sie immer getaucht und vollgespritzt wurden. Sie haben geschrien: ›Ich bin der Kapitän!‹ und dabei auf ihre drei Klebestreifen gedeutet.«

»Das muß ein Gerücht sein«, antwortete Lützow schroff.

Nachts, wenn Lützow allein Wache ging, kam oft Rahn, der vor Hitze im Boot nicht schlafen konnte, herauf.

Einmal sagte Lützow zu ihm: »Ein verdammt ehrliches U-Boot-Buch haben Sie da verfaßt. Woher stammen alle die Details?«

Da machte ihm Rahn ein Geständnis. »Aus dem Kriegstagebuch, Käptn. Sie haben es ja selbst geschrieben.«

»Das KTB wurde doch vor unserer Verhaftung in Lorient konfisziert.«

»Aber ich fertigte privat Kopien an. Ich hielt es für meine Pflicht.«

Da kam es Lützow bitter hoch. »Hielten Sie es auch für Ihre Pflicht, die Meuterei damals sofort einzutragen?«

»Das war meine Aufgabe als I WO«, versuchte Rahn sich herauszureden.

Aber mit dieser Eintragung, und weil Lützow sie herausgerissen hatte, war ihr Untergang eingeleitet worden.

»Haben Sie wirklich das Kriegstagebuch kopiert, Rahn? Schreiben Sie etwa auch diese Unternehmung haarklein auf?«

»Die Ereignisse jeder Stunde, Käptn.«

»Nicht zu fassen! Etwa für ein zweites Buch?«

Rahn wich aus. »Möchten Sie die Notizen lesen?«

»Lieber nicht. Wir sind noch mittendrin. Der Roman ist noch lange nicht zu Ende.«

Schluß mit lustig. Allmählich ging der Treibstoff zu Ende. Sie sollten einen Tanker der US-Navy treffen. Als Rendezvouspunkt erhielten sie zunächst grobe Koordinaten: 5° Nord, 99° Ost.

Einmal verrechnete sich Obersteuermann Klein bei der Standortermittlung.

»Macht ja nix«, bemerkte Wessel ironisch, »Einstein konnte auch nur bis neun zählen.«

Ab und zu stellten sie fest, daß ein Flugzeug näher kam und sie umkreiste. Auch tauchten am Horizont immer wieder schnelle Dschunken auf. Doch das störte sie weiter nicht. Beharrlich hielten sie jetzt wieder Gegenkurs Richtung Indischer Ozean.

Wessel und der Obersteuermann gingen eben Wache, da sagte Klein: »Bis jetzt war es echt rentnermäßig. Vielleicht passiert bald was.«

»Es ist ein Abenteuer und außerdem nicht schlecht bezahlt. Was verdienst du so in der Stunde als Fischdampferkapitän. Zehn Mark?«

»Zuwenig.«

»Dann fünfzehn.«

»Unter siebzehnfünfzig öffne ich morgens gar nicht erst das linke Auge«, meinte Klein.

Wessel wußte, daß diese Kapitänsburschen Hunderte von Dollars in der Stunde machten, und frozzelte weiter.

Lützow war durch das Turmluk aus der Zentrale heraufgekommen und hatte das Gespräch mitgehört.

»Moment mal«, sagte er lachend, »es geht hier nicht um das Einkommen von Gehirnchirurgen oder?«

»Wenn wir drei Monate unterwegs sind, macht das auch fünfhundert Dollar pro Tag. Hübsch toller Schnitt, Käptn.«

Immer öfter näherten sich jetzt Flugzeuge und Yachten,

so daß sie sich beobachtet und verfolgt fühlten. Sie schüttelten sie ab, indem sie tauchten.

Einmal gab es Probleme mit dem Drucklufterzeuger. Sie kamen fast nicht mehr hoch, weil es ihnen nicht gelang, die Tauchtanks auszublasen. In letzter Sekunde schaffte es Behrens mit Tricks. Mit a.K.-Fahrt plus Tiefenruder hart oben und seinem Reserve-Mechaniker.

»Das machen nur die blutigen Steaks«, meinte Wessel.

Minutenlang fühlten sie sich wieder zurückversetzt in die Zeit der Geleitzugschlachten im Nordatlantik.

Zwecks kleinerer Reparaturen liefen sie eine einsame Bucht an. Die Arbeit war noch nicht beendet, da wurden sie vom Dschungel aus beschossen. Eilends und ehe die Leute im Dschungel Granatwerfer einsetzten, hauten sie ab.

Diese Ecke Malaysias war ein besonders verkommener Landstrich. »Die völlig verhungerte, verelendete Bevölkerung«, sagte Lützow, »leidet fürchterlich unter dem Terror der Clans. Die kleinste militärische Aktion treibt die Massen in die Flucht. Ziellos irren sie dann herum, verdreckt, verlassen und krank. Das geht schon seit einem Jahrhundert so.«

»Ja, ja, die feinen Herren Eroberer«, bemerkte Rahn. »Bei den Sioux waren es die Amerikaner und bei den Indern die Engländer.«

»Hört euch einer diese Nazitöne an«, bemerkte Wessel, »und was war bei diesem Dekorationsmaler aus Braunau am Inn? Wie hieß er doch noch mal?«

»Jeder Mensch ist irgendwo ein Nazi«, beharrte Rahn.

Per Funk wurde der Tankertreff klariert. Mit großer Fahrt liefen sie hin.

Die Operationsabteilung der US-Navy hatte sich für den Kontakt des U-Bootes mit dem Navy-Tanker offenbar von Meteorologen beraten lassen.

Die See zeigte sich ziemlich bewegt. Nicht weit entfernt

war ein Taifun durchgezogen. Es regnete noch hinter ihm her. Sie fanden sich mittels Funkpeilung.

In der Nacht übernahm Lützows U-Boot unter schwierigen Bedingungen zunächst hundert Tonnen Öl, dann mehrere Paletten Konserven. Schinken in Dosen, Luncheonmeat in Dosen, Corned beef in Dosen, Eier in Dosen, Kartoffeln in Dosen, Gemüse in Dosen und Obst in Dosen. Es gab auch frische Schweinefleischhälften und gutversiegeltes amerikanisches Weißbrot. Und einige Dosenöffner dazu.

Über Funkspruch meldete der Kommandant des Versorgungsschiffes noch etwas zu dem U-Boot hinüber.

»Das war nicht alles, Gentlemen. Wir haben ein Extrageschenk des Admirals an Sie.«

Vom Deck des Tankers hob der Kran einen länglichen Gegenstand.

Man setzte das Fünf-Meter-Ding nahe der Torpedoluke von *U-136* vorsichtig ab. Der Gegenstand hatte die Form eines Torpedos, mochte aber etwas kürzer und etwas schlanker sein. Genau war das in der wasserfesten Umhüllung nicht erkennbar. Ein Spezialist stieg an Bord von *U-136* über und blieb dabei, während der Torpedo in der Tube durch das Luk ins Innere hinabgelassen wurde.

»Er weist nicht unser Kaliber auf«, sagte Lützow, »was sollen wir damit?«

»Vielleicht danken Sie Gottvater eines Tages noch, daß Sie ihn haben«, erklärte der Navy-Offizier. »Es ist ungefähr das Modernste, was es auf dem Gebiet gibt. Ein sogenannter SA-T. Übersetzen Sie es meinetwegen mit ›Submarin-Attack-Torpedo‹ – Unterwasser-Angriffs-Torpedo. Total top secret. Der Aal befindet sich in einer Art Einstecklauf. Die verstellbaren Führungsringe passen genau in Ihre Rohrweite.«

»Und wie geht man damit um?« wollte Lützows Torpedomechaniker wissen.

»Er kann fast alles von alleine«, wurde ihm erklärt. »Ein

schlaues Kerlchen. Sie machen die Torpedoklappe zu, entwässern das Rohr, schieben ihn hinein und verbinden eine rotmarkierte Bohrung mit Ihrer Abschußmechanik.«

»Keine Preßluft auffüllen, keine Batterie laden?« fragte der Mechaniker.

»Er läuft mit Trockenelementen, sogenannten Permadur-Batterien, damit kommt er leicht fünfzehn Meilen weit bei etwa fünfundzwanzig Knoten.«

»Haltbarkeit?«

»Wenn Sie das Verfallsdatum meinen, kann ich Sie beruhigen. Das Ding arbeitet im nächsten Jahrhundert noch.«

»Hoffentlich zufriedenstellend«, zweifelte Lützow, »und was kann er?«

»Er verfügt über einen elektronischen Suchkopf mit Magnet-Geräusch und Kohlendioxydpistole. Der ganze Klapperatismus spricht auch bei starken Tarnanstrichen an. Tiefen- und Seitenruder reagieren automatisch zielgesteuert. Abschuß wie gewohnt.«

»Füllung?«

»TNT extra fein.«

»Also, Daumen mal Pi«, sagte Lützow. »Na fabelhaft.«

Der glattrasierte frischgebadete Navy-Offizier mit seiner auf Falte gebügelten Khakiuniform zog tief Luft und betrachtete die U-Boot-Männer noch eine Weile verwundert.

»Mit Parfum können wir leider nicht dienen, Commander.«

Dann verabschiedete er sich rasch.

»Darf ich Ihnen einen Whisky anbieten?« fragte Lützow. »Bei der US-Navy gibt es den ja nicht an Bord.«

»Her damit!« rief der Leutnant begeistert. »Und zu welcher Navy gehören Sie bitte?«

»Zu Lützow Spezial-Force.«

In diesen Minuten nahm der Funker von *U-136* ein SOS auf. Ein Schiff meldete Angriff durch Piraten.

»Entfernung?« fragte Lützow aufspringend.

»Keine sechzig Seemeilen, Commander.«

Sie schmissen den geschniegelten Navy-Offizier schier von Bord und setzten den Kurs zu dem betroffenen Schiff ab.

Dann befahl Lützow: »Äußerste Kraft voraus! Geben Sie her, was drin ist, Behrens.«

»E-Maschinen zuschalten!« befahl Behrens nach achtern.

»Jetzt geht's los, Herrschaften«, sagte Lützow, »der Ball ist eröffnet. Alles festhalten!«

## 23

In San Diego wartete Dr. Judith Lützow auf ein Zeichen ihres Mannes. Seit dem Tag, als er von ihr Abschied genommen hatte, lebte sie in großer Sorge. Die Sorge steigerte sich dermaßen, daß sie sich selbst beim Operieren zusammennehmen mußte, nicht an Toni, sondern an ihre Arbeit zu denken.

Um sich abzulenken, übernahm sie oft freiwillig die Nachtschichten anderer Ärztekollegen. Meist fuhr sie dann todmüde nach Hause, um den Briefkasten wieder einmal leer vorzufinden. Ihr Telefon hatte sie auf Kundendienst schalten lassen. Während ihrer Abwesenheit wurden sämtliche Anrufe entgegengenommen. Aber auch telefonisch hatte sich Toni nicht gemeldet. In ihrer Not rief sie bei der Operationsabteilung/West der US-Navy an. Sie fragte den zuständigen Stabsoffizier, ob er etwas von ihrem Mann gehört habe. Man bedauerte und verwies sie an das Marineoberkommando in Kalifornien. Daß die Angelegenheit streng geheim war, brauchte man ihr nicht zu erklären.

Ein Fregattenkapitän in San Francisco versicherte immer wieder: »Wir wissen auch nichts, Madam. Sorry.«

»Admiral Rickover koordiniert doch den Einsatz«, zeigte sie sich informiert.

»Der Admiral weilt noch in Europa als Marinesachverständiger bei NATO-Verhandlungen in Paris und London.«

»Wann kommt er zurück?«

»Unbestimmt, Madam.«

»Ist er erreichbar?«

»In Paris wohl kaum.«

»Kann mir denn niemand helfen?« Der Stimme nach war sie den Tränen nahe. »Wir sind doch nicht im Krieg.«

»Top secret«, hieß es, »ist immer top-secret. Im Krieg wie im Frieden, Madam.«

Doch dann gab ihr der Korvettenkapitän, dem sie schon bei einem Empfang begegnet war, einen Tip.

»Zweifellos, Madam, besteht Funkkontakt. Der wird jedoch über das Büro des Sicherheitsbeauftragten abgewikkelt. Die Regierung hat die Angelegenheit zur Präsidentensache erklärt. Vorsitzender des Sicherheitsausschusses ist Senator Mortimer Harvey.«

»Danke, den kenne ich«, sagte sie und legte auf.

In den nächsten Tagen versuchte Dr. Judith Lützow mit dem Senator Kontakt zu bekommen. Er war kaum erreichbar. Sobald sie ihren Namen nannte, wurde sie auf Warteschleife geschaltet. Am Ende hieß es immer, der Senator sei nicht im Hause. Sie war sicher, daß ihr Name auf der Liste jener Unpersonen stand, mit denen der Senator nicht verbunden werden wollte. Trotzdem versuchte sie es immer wieder. Einmal sogar in der Zigarettenpause zwischen zwei Operationen.

Und plötzlich war Harvey am Apparat. Mit gespielter Freundlichkeit entschuldigte er sich.

»Wie ich höre, haben Sie mehrmals angerufen, M'm. Ich hätte mich schon gemeldet, kenne aber Ihre Nummer nicht. Um was geht es? Kann ich Ihnen helfen?‹

Der Senator hatte schnell gesprochen, war also in Eile. Judith überging die scheinheilige Ausrede.

»Was hören Sie von meinem Mann, Commander Toni Lützow?«

Nach kurzer Pause, in der er zu überlegen schien, reagierte der Senator.

»Die Abwicklung des Unternehmens liegt nicht in meinen Händen, M'm.«

Schlagartig war die Verbindung unterbrochen. Judith Lützow glaubte fast schon, es stecke Absicht dahinter. Trotzdem wartete sie eine geschlagene Minute. Nur Störgeräusche in der Fernleitung. Plötzlich vernahm sie wieder die Stimme des Senators.

»Sind Sie noch dran, Dr. Lützow? Sie müssen entschuldigen, ich spreche über Autotelefon von meinem Dienstwagen aus. Diese neuartigen Dinger haben noch ihre Macken. Kommen wir zur Sache. Über den Admiral kann ich nichts sagen, die Sache ist geheim.«

Das klang wenig freundlich. Außerdem legte der Senator auf. Doch damit gab sich Judith Lützow jetzt nicht mehr zufrieden.

In den nächsten Wochen, immer noch ohne Nachricht von Toni, ließ sie ihre weitreichenden Verbindungen spielen. Sie kannte genug Leute in den Ministerien und in der Wirtschaft. Bald mußte sie jedoch einsehen, daß es leichter war, über ihre Bankkontakte zehn Millionen Dollar aufzutreiben, als Informationen über ihren Ehemann zu erhalten.

Die Verbindung zu der Präsidentenwitwe Eleanor Roosevelt wollte sie nicht beanspruchen. Eleanors Beziehungen zum Weißen Haus und zu Eisenhower reservierte sie sich für den äußersten Notfall.

Sie wartete also, bis sie von Eleanor angerufen wurde.

Diesmal trat eine Pause von zehn Tagen ein, was selten vorkam.

Wie immer, mitten in der Nacht, meldete sich die Präsidentenwitwe. Nachdem die üblichen Neuigkeiten, Stories und Gesellschaftsklatsch zwischen Ost- und Westküste ausgetauscht waren, bemerkte Madam Roosevelt: »Irgendwie kommst du mir bedrückt vor, Kindchen.«

»Seit zwei Monaten habe ich nichts mehr von Toni gehört«, erwähnte Judith.

»Rickover und Senator Harvey müssen doch Bescheid wissen.«

»Rickover weilt noch in Europa, und Harvey ist ein krummer Hund«, sagte Judith.

Hier stimmte ihr Madam Roosevelt vorbehaltlos, wenn auch diplomatisch zu.

»Wie alle Männer, die aus bescheidenen Verhältnissen kommen, ist er arrogant und setzt seine Ellbogen ein, um Karriere zu machen. Da er leider auch intelligent ist, hat er den Aufstieg geschafft. Jetzt ist er doppelt schwierig. Vor allem in dieser Machtposition.«

»Wo kommt er her?« wollte Judith wissen.

»Aus einem Nest im Mittelwesten. Riverfield, Wyoming, hörte ich. Die ganze Familie hing an einem kleinen Drugstore und schlug sich schlecht und recht durchs Leben. Mortimer Harvey mußte sich sein Studium mühsam erarbeiten. Er hat also kein großes Vermögen im Hintergrund wie andere Politiker.«

»Seine Eltern sollen in London umgekommen sein«, erinnerte sich Judith. »Ich hörte da etwas von Waffengeschäften.«

Das war Mrs. Roosevelt neu. Sie wollte sich informieren und wieder melden.

Wenige Tage später hörte Judith Lützow Interessantes von ihr.

»In allem, auch in Gerüchten, steckt immer ein Körnchen Wahrheit«, erklärte Eleanor. »Mortimer Harvey hat seinem Vater in den letzten Kriegsjahren tatsächlich einen Waffendeal in Millionenhöhe zukommen lassen. Vielmehr soll er da an einer wichtigen Schraube gedreht haben«, schränkte sie ein. »Und folgendes ist noch interessanter: Im letzten Jahr, wie auch in diesem, war Mortimer Harvey auffallend oft in Spanien. Er hat sich bei Marbella am Meer eine Finca, ein Landgut, gekauft, eine Luxusvilla und eine Yacht. Nun fragt man sich natürlich, wo hat der Betteljunge aus dem Mittelwesten das Geld her? Dies nur als private Information, Darling. Aber in diesen Tagen bin ich bei Mrs. Eisenhower zum Tee und werde deinen Fall zur Sprache bringen, damit dieser ungehobelte Pinsel Harvey einen Arschtritt bekommt.«

So betont überfreundlich, daß es schon an blanken Zynismus grenzte, meldete sich Senator Harvey in Kalifornien. Als sei er ihr einen Dienst schuldig, übermittelte er Judith Lützow: »Ihrem Mann geht es gut. Mehr kann und darf ich dazu nicht sagen. Schon möglich, daß Sie noch längere Zeit nichts von ihm hören, aber ich werde Sie auf dem laufenden halten, Madam.«

»Wofür ich Ihnen von Herzen danke, Senator«, zwang sie sich zu antworten.

»Aber bitte, Sie kennen mich doch.«

»Aber ja, Senator. Ich weiß alles über Sie. Sie sind ein Menschenfreund, uneigennützig, herzensgut und immer so besorgt.«

»Das hört man gern, Madam«, spottete er. »Ich weiß auch alles über Sie.«

»Was denn, Senator?«

»Daß Sie mich nicht mögen.«

»Und daß Sie Toni Lützow hassen«, ergänzte sie, »ist auch bekannt.«

Mit der Raffinesse eines erfahrenen Politikers versuchte Harvey, dem Gespräch die Spitze zu nehmen. Er schluckte deutlich. »Sie sind die schönste, charmanteste, in Treue ergebenste Frau, die ich je kennenlernte.«

»Unter jüdischen Ärztinnen aus Europa«, schränkte sie ein, »das macht den Kreis kleiner, Senator.«

Dann lag sie da, allein auf dem großen Bett, und starrte auf Tonis Lieblingsbild von Giorgio de Chirico.

Sie versuchte es, aber sie konnte dem metaphysischen Interieur nichts abgewinnen. Sie konzentrierte sich auf das Bild. Der Anblick half ihr wenig, entspannte sie nicht. Sie fragte sich immer wieder, was Toni daran fand, an diesem Chaos. Vielleicht lag es auch an ihrer Gemütsstimmung. Ihre Gedanken schweiften ab. Sie wollte beim Kunsthandel herumhorchen, vielleicht war das Original doch käuflich. Wäre gewiß ein wunderbares Geschenk bei Tonis Rückkehr.

Immer wieder betrachtete sie das Bild. Doch da kam nichts herunter. Sie löschte das Licht. Im Dunkeln faltete sie die Hände und begann zu beten.

»Gottvater«, murmelte sie, »mach, daß er heil zurückkommt. Und bitte schenke mir Geduld, lieber Gott, Geduld, aber sofort.«

# 24

*U-136* lief mit Höchstfahrt jenen Punkt in der nördlichen Malaccastraße an, von dem das SOS gekommen war.

Noch außer Sichtweite des Frachters ließ Lützow tauchen. Die Geheimhaltung seiner Anwesenheit ging ihm über alles.

Das Manöver erforderte die hundertmal geübten Handgriffe, welche U-Bootleute im Traum beherrschten. Nur mußten sie diesmal mit einem Viertel der Mannschaft bewältigt werden.

Immer die gleiche Routine: Dieselmotoren abschalten – Abgasventile zu – Kupplungen – E-Maschinen an – fluten – Flutventile eins, zwei, beide. – Das übliche Brausen, Sprudeln und Rauschen, mit dem Wasser in die Tauchtanks strömte und die Luft durch die Entlüftung preßte, setzte ein.

E-Maschinen hundert Umdrehungen – Tiefenruder beide unten – Boot schneidet unter – vierzehn Meter Sehrohrtiefe – das Boot ist durchgependelt –

Die E-Maschinen summten. Das Sehrohr wurde ausgefahren. Lützow nahm Rundblick im Morgengrauen vor.

»Eigentlich gibt es das gar nicht«, sagte er.

Der von den Piraten angegriffene Frachter lag noch gestoppt da. In der starken Strömung, die vom Indischen Ozean her durch die Malaccastraße ins Chinesische Meer setzte, wurde er allmählich abgetrieben.

Lützow fuhr mit dem Sehrohr einmal dreihundertsechzig Grad herum und wiederholte nochmal: »Eigentlich widerspricht das allen Erfahrungen. Kein Boot, kein Rettungsring, keine Gemüsekiste. Irgendwo müssen diese Piraten doch abgeblieben sein. Oder gibt es neuerdings eine Methode, sich in Luft aufzulösen?«

*U-136* umrundete den Frachter und nahm dann wieder Kurs Südost.

»An Sonar! Frage: Geräusche?«

Der Horcher, wichtigster Mann auf einem getauchten U-Boot, denn er machte den Blinden zum Sehenden, meldete: »Tankermaschine in eins-drei-sieben-Grad. – Ablaufend.«

*U-136* und seine Männer verhielten sich weiter wie im Krieg. Sie kreuzten die Schiffahrtsrouten nur nachts aufgetaucht, tagsüber hielten sie sich etwas näher bei den Dampferwegen. Es waren meist große Tanker, 50000-Tonner, die in zunehmender Häufigkeit vom Persischen Golf nach Japan fuhren.

In den nächsten Tagen patrouillierten sie ein weites Seegebiet ab. Über Funk erfuhren sie, wann ein Schiff mit für Piraten interessanter Ladung ihren operativen Bereich durchfuhr, den Golf von Thailand im Norden, die Straße von Malacca, die Jawa-See im Süden. Ständig horchten sie den Seenotfunk ab und nahmen wiederholt SOS-Rufe auf, wenn es zu Übergriffen von Piraten kam.

Dann lief Lützow stets mit AK die Position an, ohne jedoch einzugreifen. Daß sie auf Hilfeleistung verzichten mußten, erklärte er seinen Männern.

»Wie immer auf der Welt gibt es Kleine und Große. Und hier gibt es kleine und große Piraten. Solche, die mit Motorbooten anrauschen und kleine Happen schlucken, und andere, die sich an Zehntausendtonner heranwagen. Nur auf die Herrschaften, die in großem Stil arbeiten, auf die kommt es an. Unsere Tarnung geben wir erst auf, wenn es sich lohnt. Denn eines dürfen wir nie vergessen, nämlich was unser Ziel ist. Wir müssen den Frachter *Pazific Sun* finden.«

»Den mit den Stinkbomben«, ergänzte Wessel.

»Dies allein ist unsere Aufgabe.«

»Das kann nur eine Piratengruppe veranstaltet haben, hinter der eine gediegene Organisation steht«, vermutete Rahn.

Da sie nichts dem Zufall überlassen wollten, liefen sie in mondlosen Nächten die Küste der Malaysischen Halbinsel an. In einer Entfernung, die mit Schlauchbooten und Außenbordmotor zu überwinden war, wartete *U-136*, während sich der Spähtrupp, meistens war es ein Paar Ex-Offiziere, in den kleinen Hafenstädten und Hafenkneipen umsah.

Dazu bildeten sie zwei Gruppen. Eine davon mußte an Bord bleiben und in der Lage sein, das Boot zu führen, falls etwas passierte. Team eins bestand aus Toni Lützow und Wessel. Nach mehreren erfolglosen Versuchen, bei denen sich Wessel als erstklassiger Plauderer, Unterhalter und trinkfest erwiesen hatte, versuchten sie es in einer Hafenstadt namens Bungah. Sie lag etwa fünfundvierzig Kilometer südlich von Melaka, am Rande eines großen Sumpfgebietes.

»Ich opfere mich ja gerne wieder auf«, klagte Wessel, »und saufe mich zusammen bis zum Abhandenkommen der Muttersprache, aber die Burschen in den Kneipen sind verdammt ausgepicht. Hätte nie gedacht, daß ein so minimaler Malayse solche Mengen Palmfusel verträgt.«

Gegen dreiundzwanzig Uhr fuhren sie mit dem Schlauchboot los. Wie immer wollten sie noch vor Eintritt der Dämmerung zurück sein. Mit *U-136* war das übliche Blinksignal verabredet.

Im Hafen bei den Pierdalben legten sie an, kletterten nach oben und folgten dann nur noch dem Lärm und dem Mief nach gegrillten Garnelen und Schnaps.

Die Kneipen, meist windschiefe Hütten, waren nicht wesentlich besser als die Behausungen der Fischer und Prostituierten. Lützow und Wessel quetschten sich in eine Pinte, aus der Lärm und Tabakdunst auf die Straße herausquoll. Sie gaben sich wie britische Seeleute, fläzten sich breit an den Tresen, soffen, redeten, schmissen auch ein paar Runden. Wenn es an der Zeit war, wenn die anderen Trinker schon ihr kaum verständliches Pidgin-Englisch lallten und glasige Augen hatten, zog Lützow meist eine Fotografie heraus und zeigte sie herum.

»Das war mein Schiff«, prahlte er, »habe die Abfahrt verpennt, wegen ’ner Nutte, plus Tripper. Mein Kahn trampt hier Fracht von Hafen zu Hafen. Hat ihn einer von euch gesehen? Wer ihn gesehen hat, dem spendiere ich glatt hundert Malaysis.«

»Name?«

»*Pazific Sun*.«

»Aha, *Pazific Sun*. No, this ship was not here.«

Das zerknitterte Foto wanderte von Hand zu Hand. Jeder hätte sich gerne etwas verdient, aber von allen Seiten kam nur Kopfschütteln. Keiner hatte den Dampfer je gesehen. Die großen Pötte fuhren sowieso nur draußen vorbei.

Lützow fürchtete, daß das wieder ein Abend ohne Ergebnis bleiben würde, der nur ihre Leber in Mitleidenschaft zog. Doch plötzlich stand Wessel, der am anderen Tisch geklönt hatte, hinter ihm.

»Nichts wie ab durch die Mitte, Käptn! Nicht fluchtartig, aber sofort.«

Sie zahlten und verdufteten.

Draußen war Wind und Regen aufgekommen. Sie schlugen die Kragen ihrer Uniformjacken hoch, zogen die Schirmmützen tiefer.

»Was gibt’s, Wessel?« Lützow machte lange Schritte.

Wessel steckte sich erst eine Zigarette an und sagte dann: »Den Frachter, den wir suchen, den mit den Stinkbomben, die *Pazific Sun*, den gibt es nicht. Den hat hier keiner gesehn. Kam hier niemals nie vorbei, behaupten sie alle. Aber etwas anderes, Chef.«

Sie stemmten sich gegen den Sturm.

»Machen Sie es nicht so spannend«, schrie Lützow schon atemlos.

»Vor Jahren«, fuhr Wessel fort, »muß hier in der Nähe ein U-Boot gelegen haben.«

»Wo in der Nähe?«

»Im Kesang-Fluß. Einer will es mit eigenen Augen gesehen haben. Er hat es mir beschrieben. Es lag dicht bei den

Mangrovensümpfen fest, wo der Fluß die scharfe Biegung nach Süden macht.«

Lützow hielt das zunächst noch für Seemannsgarn. »Wann war das?«

»Nur ein paar Jahre her. Vier oder fünf.«

»Oder zehn«, befürchtete Lützow. »Wo ist das Boot jetzt?«

»Plötzlich war es weg. Es saß auf einer Schlickbank wie angewachsen. Sie müssen es abgeschleppt haben.«

»Wer?« fragte Lützow mehr sich selbst. »Und was für ein Boot war es? Ein japanisches, ein britisches?«

»Oder ein deutsches«, wagte Wessel es auszusprechen. »In dieser Ecke verholten sich nach der Kapitulation einige von den U-Kreuzern, die auf Fernfahrt waren. Dachten wohl, das sei Hula-Hula südseemäßig hier.«

»Das müssen wir genauer haben. Das müssen wir überprüfen«, erklärte Lützow wildentschlossen.

»Und wie bitte, Käptn?«

»Wir fahren zu der Stelle hin. Wenn wirklich ein U-Boot dort lag, jahrelang dort lag, sollten noch Spuren davon zu finden sein.«

Sie kletterten in das Schlauchboot, machten es los, rissen den Heckmotor an und hüpften damit die zwei Meilen hinaus, bis sie die schwarzen Umrisse von *U-136* erkannten. Sie gaben das Erkennungssignal. Wenig später waren sie an Bord. Es ging auf 0 Uhr 30. In einer Stunde war Dämmerungsbeginn. Lützow hing mit dem Obersteuermann über dem Kartenblatt. Sie berechneten die verschiedenen Flußtiefen des Kesang anhand von Tidentabellen, die Strömung ebenso wie die Distanz. Dann traf Lützow eine Entscheidung.

»Für heute ist es zu spät. Wir müssen wenigstens bei Dunkelheit in den Fluß einsickern. Morgen nacht also.«

Er warf Zirkel und Bleistift auf die Seekarte, ging in sein Schapp, zog den Vorhang zu und versuchte zu schlafen.

Während der Abenddämmerung mogelte sich *U-136* in die Mündung des Kesang-Flusses hinein. Jederzeit alarmklar.

Als Schnelltauchen der geringen Wassertiefe wegen nicht mehr möglich war, hatte schon die Dunkelheit eingesetzt. Es war zwei Tage nach Neumond. Die Sterne gaben zuwenig Licht, um auf größere Entfernungen Einzelheiten sichtbar zu machen.

Trotzdem befahl Lützow, aus ihrem Vorrat eine Flagge herauszusuchen.

»Die britische«, sagte er. »Die Engländer haben hier noch das Sagen.«

In langsamster Dieselfahrt machten sie, wenn man die Gegenströmung abrechnete, drei Knoten. Erst fuhren sie nach Norden, etwa vier Meilen, danach nach Osten. Stets hielten sie sich in der Mitte des Flusses. Das Log zeigte noch Tiefen zwischen fünf und sieben Meter an.

»Aufpassen, Herrschaften, verdammt aufpassen!« forderte Lützow von seinen Männern.

»Noch fünf Meilen bis zur großen Flußbiegung«, meldete Obersteuermann Klein aus der Zentrale zur Brücke.

»Danach wird es verdammt seicht, Gentlemen«, warnte Lützow.

Die Ufer rückten näher heran. Auf beiden Seiten, besonders an Steuerbord, war Mangrovendschungel zu erkennen, diese verschlungenen Bäume auf ihren steinharten Luftwurzeln. Außerdem begann es nach Dschungel zu riechen und zu tönen. Die Duftmischung aus ufernahem Stehwasser, Algen und faulendem Getier erinnerte an eine Fischfabrik.

Der Lärm im Dschungel wurde lauter. Ein Zirpen und Krächzen, ein Gurren, Sirren und Pfeifen hob an. Eine echte Orientierungshilfe.

Mitternacht verging, ehe sie die scharfe Biegung des Flußarmes, wo die Schlickbänke kamen und es nur noch mit Flachbooten weiterging, erreichten.

Lützow ließ per Hand loten. Bald hatten sie nur noch etwas mehr als einen Meter Wasser unter dem Kiel. Aufsitzen wollte er auf keinen Fall.

»So eine Sandbank«, bemerkte Rahn, »hätte uns damals auf dem Weg nach Südamerika fast das Boot gekostet.«

»Danke für den Hinweis«, antwortete Lützow, obwohl es unnötig war, ihn daran zu erinnern, »aber nur beinahe.«

Er ließ auf E-Maschinen umschalten und hielt das Boot bei etwa fünfzig Schraubenumdrehungen gegen die Strömung in Flußmitte.

Obersteuermann Klein meldete: »Ebbe kentert 03 Uhr 30.«

Lützow rechnete. Das bedeutete, daß sie am frühen Morgen noch auflaufendes Wasser hatten und zu den Sandbänken hinüberfahren konnten.

Die Geschwindigkeit der Strömung ließ nach, denn die Flutwelle des auflaufenden Hochwassers wirkte dagegen. Verhältnismäßig früh wurde es hell. Weder am Fluß noch im Wald oder am Himmel war etwas Verdächtiges auszumachen.

»Durch diese Mangrovensümpfe«, meinte Wessel, »kommt man kaum durch. Kann mir kein Fahrzeug vorstellen, das so was schafft.«

»Vielleicht ein fünfzig Tonnen schwerer Amphibienpanzer«, schätzte Behrens.

Als es hell genug war, brachten sie die Schlauchboote an Deck, pumpten sie mit Preßluft voll. Ein Kommando setzte zu dem verschilften Streifen Land über, wo sich der Mangrovenwald etwas zurückgezogen hatte.

Wessel leitete die erste Abteilung. Mit Rahn und zwei anderen Männern suchte Lützow indessen die Sandbänke ab. Er hatte nicht ernsthaft gehofft, etwas zu finden. Die Hochwasser der Monsunzeit spülten hier alles weg, was nicht einbetoniert war.

Sie suchten trotzdem und noch weiter flußaufwärts. Auch dort ohne Ergebnis.

»Das hätten wir uns sparen können«, meinte Rahn oberschlau.

»So haben Sie mal malaysischen Dschungel aus der Nähe kennengelernt.«

»War ein fabelhaftes Erlebnis, Käptn. Echt unvergeßlich.«

Die Abteilung, die Wessel führte, erreichte nach ihnen *U-136*. Wessel stand im Schlauchboot und winkte aufgeregt mit beiden Armen. Rechts hielt er etwas Armlanges, rostbraunes.

Sie hatten tatsächlich einen Fund gemacht. Mehrere Kartuschen, Hülsen von Granaten also, und zwei rostige Konservendosen.

»Das lag auf einem Hügel. Dort haben sie eine Feuerstelle gebaut und eine Latrine. Es stinkt nach Schifferscheiße.«

Das Material wurde gereinigt und untersucht.

»Verrottete Munition«, stellte Lützow fest. »Hülsen von 2-cm-Flakgranaten und einer 8,8.«

»Mann, die haben hier ganz schön rumgeballert.«

Sie maßen die Kaliber. Sie waren metrisch. Dies allein reichte zur Identifizierung noch nicht aus. Doch mit der Lupe entdeckte Behrens am Boden einer Konservendose die Einprägung RS-KM. Diesen Metallstempel kannte jeder noch vom Krieg her. Er bedeutete Rindfleischsülze/ Kriegsmarine. Das Kürzel für eine allseits beliebte Konserve, die sich hervorragend als Brotaufstrich eignete. Damit ergab sich ein brauchbares Puzzle.

Behrens faßte zusammen: »Deutsche Marinekonserven und deutsche Muniton. Es muß sich tatsächlich um ein deutsches U-Boot gehandelt haben.«

»Sieg heil!« ergänzte Wessel.

Sie machten, daß sie weiterkamen. So ein Dschungel hatte tausend Augen.

Lützow zog das Boot rückwärts bis zu einer Stelle, wo er wenden konnte, ohne mit Heck oder Bug Grund zu berühren. Dann liefen sie seewärts ab.

Klein war auf die Brücke gekommen, kratzte seinen Scheitel und meinte: »Denkbar, daß die Piraten dieses U-Boot heute noch verwenden? Vieles spricht dafür.«

»Und vieles spricht dagegen«, erklärte ihr Leitender Ingenieur. »Ein U-Boot ist kein Äppelkahn. Ein U-Boot fahren muß man können. Auch das Fliegen muß man erst lernen.«

»Vielleicht haben es sich die Engländer unter den Nagel gerissen.«

»Aber die gehen damit nicht Schifferl ausrauben.«

Sobald die Tiefe es zuließ, tauchten sie und kamen erst in der Dämmerung wieder nach oben.

Um 20 Uhr AOT war Funkzeit. *U-136* erhielt längere Informationen. Sie kamen verschlüsselt von der Leitstelle in Hawaii.

Der Funker brachte den Klartext in die O-Messe. Die Order war nicht dazu angetan, Lützows Appetit auf das Abendessen anzuregen.

Er legte seinen Kameraden in der O-Messe den Text vor.

»Ich muß einen amerikanischen Geheimagenten treffen. Das ist nur in Singapore möglich. Er wartet im Hilton-Hotel, Suite 262.«

»Colbert heißt er«, las Wessel. »Hübscher Name, wie von einer Hollywood-Diva. Wie heißt sie doch mit Vornamen? – Ach ja, Claudette. Gute Nacht, Claudette, det Geld liegt vorm Bette.«

Sie änderten den Kurs auf 105 Grad.

Lützow beschloß, in Bungah an Land zu gehen. Dieses Fischernest kannte er schon.

## 25

Nach längerem Suchen fand Lützow ein Taxi, einen verlotterten Chevrolet, der nach allem möglichen stank, nach Pfannkuchen und nach Nuttenparfum, nur nicht nach Auto.

»Singapore«, sagte er zu dem Fahrer.

»So spät noch, Sir? Das sind neunzig Meilen.«

»Wollen Sie nicht oder können Sie nicht?«

»Das kostet Sie zwei Dollar die Meile. Egal ob hin und zurück oder einfach.«

»Fahren Sie schon los, Mann. Mit Dampf bitte.«

Der Fahrer drehte sich noch einmal um. »Singapore ist eine ordentliche Stadt, Sir. Bis wir hinkommen, ist da nichts mehr zugange.«

»Machen Sie sich gefälligst nicht meine Sorgen.«

»Dachte ja nur«, maulte der vorlaute Malaysier. »Wenn man über die Causeway-Brücke rüber ist, wollen die Gentlemen meistens zum nächsten Puff.«

»Bringen Sie mich ins Hilton, wenn's recht ist.«

Der Malaysier forderte fünfzig Dollar Vorkasse und bequemte sich dann, den Motor anzulassen. Hinter dem Ort ging es erst Richtung Sugar-Mati. Endlich hatten sie die Schlaglochstrecke hinter sich und rollten auf der freewayähnlichen Straße, die die Engländer im Krieg gebaut hatten. Die japanische Armee hatte die Straße dann freudig mitbenutzt, und Singapore war nicht mehr zu retten gewesen.

Sie verließen das Festland bei Jahor-Baharu, rollten auf der breiten Eisenbahn-Autobrücke über den Sund, denn Singapore war im Grunde eine Insel.

Der Fahrer nahm die lange Orchard Road, die die Stadt wie das Rückgrat eines Tieres durchzog. Dann bog er ab, kurvte einmal um den Canning Park herum und schien sich heillos verfranzt zu haben. Mehrmals schaute er auf seine zerfledderte Stadtkarte, fragte einen Taxikollegen, und so kamen sie endlich an.

Im Westen war der Himmel noch immer ziegelrot, trotz der späten Stunde. In der Stadt stank es nach trockenem Staub, obwohl die Sprengwagen den Asphalt beregneten.

Vor dem Hilton bezahlte Lützow den Rest für die luxuriöse Fuhre. Draußen schüttelte er sich erst einmal die Flöhe von Hose und Sakko.

Er hatte sich entschlossen, einigermaßen zivil aufzutreten, war also glattrasiert, trug eine frischgebügelte hellbeige Khakihose, Tropenhemd mit Krawatte und ein dunkelblaues Marinesakko, das aussah wie ein Blazer.

Daß er nicht auffiel, bemerkte er, als er das Hilton betrat und ihn der Mann an der Rezeption erst kaum, dann uninteressiert musterte.

»Zu Mister Colbert, zwosechszwo.«

»Wer?« fragte der Hotelangestellte unhöflich.

»Colbert.«

»Nein, Sie, Sir, meine ich.«

»Toni Lützow my name.«

Der Rezeptionist meldete ihn an und murmelte dann, ohne aufzublicken: »Sie können hochfahren, Sir. Lift zwei.«

Minuten später betrat Lützow das Apartment des CIA-Agenten.

Sie kannten sich nicht, waren einander nie begegnet, verzichteten aber auf Legitimation. Welche anderen Persönlichkeiten der Weltgeschichte sollten hier schon einander treffen. So viele Colberts und Lützows gab es nicht in Indonesien.

Der Amerikaner ließ frisches Eis bringen. Gin und Whisky standen noch in ausreichenden Mengen auf dem Tisch.

Wenig später erschien der Zimmerservice, eine ziemlich

muffelige junge Inderin. Sie bediente so hochnäsig und herablassend wie eine jener Aushilfen, die im Hauptfach Jura studierten und selbst nicht genau wußten, waren sie nun schon Rechtsanwältinnen oder noch Zimmermädchen. Wortlos streifte sie das angebotene Trinkgeld ein und verschwand grußlos.

»Sind die hier alle so?« staunte Lützow.

»Nur Weißen gegenüber. Sie gründen hier gerade rotzfrech ein paar neue Staaten vom alten Muster.«

»Nach welchem Vorbild?«

»In Singapore könnte es ein wenig auf Masche Adolf Hitler-Gestapo-Drittes-Reich hinauslaufen.«

Sie nahmen tüchtige Schlucke vom Bourbon und kamen dann zur Sache. Der CIA-Agent gab eine kurze Erklärung ab.

»Es schien uns schlechterdings unmöglich, Sie auf Ihrem Boot aufzusuchen, man hätte Sie erst mal gefunden haben müssen. Über Bildfunkempfänger verfügen Sie an Bord auch nicht. Hier wäre also Foto Nummer eins, aufgenommen von den Kameras des Kreuzfahrtschiffes *Tahiti-Girl* während des Überfalls.«

Die Fotos waren offenbar schon selektiert worden. Das, worauf es ankam, zeigte einen hünenhaft großen Burschen, dunkel gekleidet. Er trug keine Strumpfmaske, sondern eine getönte Brille. Darauf ließ sich erkennen, daß er hellhäutiger war als seine bedeutend kleineren Kumpane.

»Der Mister Piratenhäuptling, den sie Admiral nennen«, erwähnte Colbert. »Das ist er.«

Lützow betrachtete das Foto fasziniert und sehr lange bis zur Ungeduld des CIA-Agenten.

Dann bemerkte er vorsichtig: »Ist das Foto vielleicht eine Fälschung?«

»Wenn wir fälschen, dann fälschen wir besser.«

»Das nehme ich an.«

»Kennen Sie den Burschen?« wollte der Amerikaner wissen.

»Könnte sein.« Lützow zögerte. »Aber etwas anderes kenne ich auf jeden Fall.«

»Nämlich was?«

Durch die Vergrößerung waren die Fotos nicht schärfer geworden. Lützow ging damit unter das Licht der Stehlampe und nickte mehrmals.

»Die Uhr«, äußerte er.

»Nur eine ganz normale Armbanduhr.«

»Ich trug auch jahrelang die gleiche normale Uhr, immer mit Zifferblatt am Handgelenk innen, damit man das Glas bei Alarmtauchen nicht am Turmluk zerschlug.«

»Ebenso wie dieser Mann?«

Wenn der Piratenadmiral den linken Arm nicht angehoben hätte, wäre es nicht so genau zu erkennen gewesen. Doch Lützow hatte keinen Zweifel mehr.

»Spezialuhr der ehemaligen deutschen Kriegsmarine. Eindeutig die U-Boot-Ausführung. Dunkles Ziffernblatt, Zeiger und Ziffern grüne Leuchtfarbe, wasserdicht mit Panzerglas.«

»Und was schließen Sie daraus?«

»Ich will da nicht voreilig sein, Colbert.«

Lützow bekam nun die Kopie eines Paßfotos vorgelegt. Es zeigte vom Kopf bis zum Rockgürtel eine etwa dreißigjährige blonde Frau. Sie trug das Haar in einer senkrechten Nackenrolle.

Lützow war sicher, schon auf den ersten Blick.

»Das ist Dorothea von Königsau. Wie kommen Sie zu dem Foto?«

»Durch irgendeinen V-Mann beim Zoll. Mehr kann ich darüber nicht sagen. Hilft es weiter?«

»Vielleicht ein Stück«, hoffte Lützow. »Sie hat einen gewissen Brandenburg geheiratet. Aber der ist 1941 abgesoffen.«

»Was hätten Sie denn noch gerne, um glücklich zu sein«, spottete der CIA-Agent.

»Die gute Nachricht.«

»Es gibt keine gute.«

Lützow kam auf das Angebot zurück. »In einem staatlichen Archiv in Berlin werden alle vorhandenen Unterlagen der ehemaligen Kriegsmarine, auch der U-Boot-Waffe, gesammelt. Können Sie mal checken, Colbert, ob während der Kapitulation im Frühjahr 1945 ein deutsches IX-D-2-Boot in malaysischen Gewässern unterwegs war oder hier dem Feind ausgeliefert wurde?«

»Neun-D-zwo«, erkundigte sich der Agent, »was ist das?«

»Ein großes Fernkampfboot. Der Typ versorgte meist Japan mit neuesten Waffenmodellen und operierte im Indischen Ozean wie im Südchinesischen Meer gegen Geleitzüge.«

»Eine Art U-Kreuzer«, verstand der Amerikaner und schaute auf die Uhr. »Wenn ich sofort telefoniere und es dringend mache, kann die Antwort in wenigen Stunden vorliegen.«

»Dann machen Sie es dringend«, bat Lützow. »Ich haue mich solange aufs Ohr.«

Colbert übergab ihm einen Apartmentschlüssel.

»Haben wir für Sie gemietet. Gleich nebenan. Baden täte Ihnen auch nicht schlecht. Wir sehen uns dann beim Frühstück. So long!«

Um sieben Uhr morgens erwachte Lützow, weil es auf den Straßen lauter wurde. Er duschte, kleidete sich an und ging zu Colbert hinüber. Colbert hörte sein Anklopfen nicht. Also trat er ein. 262 war nicht zugesperrt.

Kaum war er einen Schritt im Zimmer, nahm er Blutgeruch wahr. Colbert lag auf dem silberweißen Teppich und bewegte sich nicht. Er schlief auch nicht, seine Augen waren offen. Sie starrten leblos. Er war tot.

In aller Vorsicht suchte Lützow den Raum ab, entdeckte aber keine Notiz. Auch nicht auf dem Block neben dem Telefon. Eines wurde ihm sofort klar, von irgendwelchen Leuten war der Kontakt Colberts mit ihm entdeckt und durchtrennt worden. Ein Zeichen, daß der Feind ihnen schon dicht auf die Pelle rückte.

Lützow fürchtete den einflußreichen Arm dieser Leute und wußte, wie rigoros die Polizei in Singapore handeln konnte. Zweifellos würde man ihn mit der Ermordung des Amerikaners in Verbindung bringen.

Das Blut am Kehlschnitt Colberts war getrocknet. Die Lache auf dem Teppich glänzte noch. Aber wie zum Teufel waren die Mörder hereingekommen bei einem Mann, der auf Vorsicht gedrillt war und zu kämpfen verstand wie dieser CIA-Agent?

Lützow machte, daß er wegkam.

An der Tür stieß er mit dem Zimmermädchen, das gerade den Frühstückswagen hereinrollen wollte, zusammen. Sie sah den Toten und schrie gellend. Lützow stieß sie beiseite.

Der Korridor war leer. Er rannte bis zum Lift, sprang hinein, fuhr bis ins Souterrain und konnte das Hotel unbemerkt verlassen.

Doch wohin jetzt? Sein Boot wartete auf ihn, aber hundertvierzig Kilometer entfernt. Mit Wessel hatte er ausgemacht, daß sie sich in der Kneipe von Bungah treffen wollten. Jeden zweiten Tag sollte Wessel dort warten. Solange, bis er kam. Aber wie kam er hin?

Es gab zwei Möglichkeiten, nach Norden zu gelangen. Mit der Eisenbahn oder mit dem Taxi. Aber erst mußte er raus aus diesem Stadtviertel.

Er sah ein Polizeifahrzeug und dann noch eines. Sie fuhren mit Sirene und stoppten vor dem Hilton. Beamte rannten herüber. Lützow schlug einen Haken in den Park und verlor sie aus den Augen. Doch ein Stück weiter hielten ihn zwei andere Polizisten an. Er war Weißer. Ein Weißer galt immer als verdächtig, und ein Weißer wurde gewiß schon über Funk gesucht.

Sie verlangten seine Papiere. Er hatte einen amerikanischen Paß, aber kein Visum.

Das Funkgerät des zweiten Beamten quäkte. Er nahm die Durchsage aus dem Walkie-talkie entgegen.

Lützow erkannte, daß er nur noch eine Chance hatte, wenn er die Flucht ergriff. Er riß dem malaysischen Polizisten den Paß aus der Hand und rannte los, zickzack wie ein Hase, jede Deckung, die Büsche, den Brunnen, die Palmengruppe nützend. Der Polizist immer hinter ihm her.

Zweifellos wäre ihm Lützow im Menschengewühl der Pickering Street entwischt, wären da nicht zwei andere Polizisten aufgetaucht.

Sie riefen ihn an: »Bleiben Sie stehen!«

Sie zogen die Pistolen und luden durch. Er lief weiter um sein Leben. Da feuerten sie. Die Kugel war schneller. Lützow spürte einen fürchterlichen Schmerz zwischen Oberarm und Schulter, als hätte ihm eine Mine, eine Handgranate, den Arm weggerissen.

Diese Schweine schossen zweifellos mit Hohlkopfmunition.

Lützow taumelte noch fünfzig Meter weiter, stolperte. Ihm wurde schwarz vor Augen. Er fiel flach hin, sprang wieder auf und verlor endgültig das Bewußtsein.

Um ihn herum war wattiges Weiß. Allmählich nahm es die grauen Konturen eines Hospitalzimmers an. Der stechende Geruch von Lysol drang ihm in Nase und Rachen.

Hinter seinem Kopf tickte ein Apparat. Rechts neben ihm an einem Gestell hing ein Glasballon mit klarer Flüssigkeit. Davon lief ein Schlauch in seine Armvene.

Auf dem Stuhl neben dem Bett saß ein Mann. Ein Inder mit großporigem Gesicht und dunklen Schatten um die Augen.

Der Mann hatte einen Notizblock und fragte, fragte, fragte. Lützow verstand seine Fragen nicht und konnte sie auch nicht beantworten. Die Erklärung, daß er sich dazu nicht in der Lage sah, war einfach. Wie benebelt fühlte er keinen Schmerz. Sie schütteten ihn also mit Morphium zu.

Der Mann, zweifellos Polizist, fragte trotzdem weiter. Ein Arzt kam hinzu, weißer Mantel, Stehkragen, und schüttelte den Kopf.

»Den können Sie lange anbohren, Kommissar, der steht noch voll unter Schmerzdrogen.«

»Schon seit zwei Tagen«, stellte der Polizist fest. »Wie lange noch?«

»Solange es nötig ist.«

»Mordspuren muß man schnell auffinden oder sie erkalten, Doktor.«

»Der läuft Ihnen nicht davon, Kommissar.‹

»Wie sieht es aus mit ihm, Doktor?«

»Schulter zerschmettert.«

»Was haben Sie vor?«

»Notwendig ist es nicht«, meinte der Arzt, »aber wir werden ihm den Arm amputieren.«

»Und warum tun Sie das? Der Einfachheit halber?«

»Das Gelenk zu erhalten wäre eine sehr schwierige teure Operation. Ist dieser Mann nicht ein Mörder?«

Der Inder nickte.

»Na also. Strafe muß sein«, entschied der Arzt, der es vermutlich mit seinem Berufsethos nicht sonderlich ernst nahm. Aber Asiaten hatten eine andere Auffassung von Humanität.

»Wann glauben Sie, ist er voll vernehmungsfähig, Doktor?«

»Sagen wir nach der Amputation.«

»In achtundvierzig Stunden?« vergewisserte sich der Kriminalbeamte.

»Bis dahin wird er wieder aufgewacht sein. Wir nehmen ihn morgen früh als ersten dran.«

Das meiste davon hatte Lützow verstanden. Er wollte schreien, brachte aber keinen Ton heraus. Er wollte sich wehren, war dazu aber nicht in der Lage. Er fühlte sich wie gelähmt, gefesselt, festgebunden, einzementiert.

Der Kriminalbeamte ging.

Man kümmerte sich wenig um den Verletzten. Er lag da, dämmerte vor sich hin, gerade daß man ihm ab und zu einen Schluck Tee zu trinken gab.

Der Abend kam, die Nacht war endlos.

Lützow hatte wirre Träume. Sie sägen dich zum Krüppel, dachte er immer wieder, schneiden dir den Arm ab. Ausgerechnet den linken, den du am meisten mochtest . . .

Der Morgen dämmerte, die Sonne schien durch die Gardinen.

Dann kamen sie und holten ihn.

Im OP war alles bereit.

Sie legten ihn auf den Tisch, und er bekam die Narkose.

Er zählte . . .

»Wie heißt der amerikanische Präsident?« fragte der Anästhesist.

Er wußte es schon nicht mehr. Im Halbschlaf zählte er automatisch weiter.

Bei neun war er weg.

# 26

Das zweite Erwachen war wie beim ersten Mal. Weiße Watte, die sich in Nebel auflöste, graue undeutliche Konturen, sein schlichtes Einzelzimmer im King Edwards Hospital, alles wie gehabt. Noch mit geschlossenen Augen prüfte Lützow die Funktion seiner Glieder durch. Die Zehen ließen sich bewegen, ebenso der rechte Arm. Links spürte er nichts.

Da überkam es ihn vernichtend. Verdammt, sie haben ihn dir abgenippelt.

Immer noch mit geschlossenen Augen tastete er nach links.

Oben an der Schulter war alles dick verbunden.

Das ist der Stummel, dachte er schon. Doch dann glitt seine Hand tiefer, fand den Ellbogen, den Unterarm und die kalte Hand.

Seine Erleichterung war unvorstellbar. Der Arm war also noch dran. Mühsam öffnete er die Augen, die verklebten Lider. Über der Pupille bildeten sich Schlieren wie über der Sehrohroptik, wenn das Boot unter einer Öllache hindurchgefahren war. Aber allmählich wurden die Konturen scharf. An seinem Bett saß jemand. Eine Frau.

Judith? Unmöglich! Eine Fata Morgana ...

Ihre Hände kamen sich entgegen, drückten sich innig und fest. Die Nägel krallten sich nahezu ineinander. Eine Halluzination, die er nicht verschwinden lassen wollte.

Es dauerte einige Zeit, bis er es zu fassen vermochte.

»Judith, bist du es wirklich?«

»Kein Wachtraum«, sagte sie.

»Mein Gott, wie ist das möglich?«

»Mit Glück, und wenn man es will.«

»Du siehst hübsch aus in deinem neuen blauen Kleid.«

»Eigentlich ist es mehr grün.«

Er spürte, wie sie sich zu ihm herabbeugte und ihr Mund den seinen zärtlich berührte.

»Hauptsache, du bist da«, sagte er, und noch einmal: »Erzähl mir: Wie ist das möglich?«

»Ich wurde verständigt und flog sofort herüber.«

»Verständigt? Von wem? Von Senator Harvey, von Rikkover? Aber der kann doch gar nichts wissen.«

»Nein, eine Frau rief an«, erzählte sie.

»Eine was? Eine Frau – welche Frau – irgendeine Frau?«

Judith sprach leise, denn die Schwester war hereingekommen und brachte Tee.

»Eine völlig unbekannte Person. Sie nannte keinen Namen, sprach aber deutsch. Vielleicht jemand von der Botschaft.«

»Von welcher Botschaft?«

Durch die Narkosen und die ständigen Schmerzmittel war er beeinträchtigt. Noch arbeitete sein Denkapparat langsamer. »Wie soll es weitergehen? Wie kommt es, daß sie dich zu mir lassen?«

»Der Botschafter ist der gute Freund eines Freundes.«

»Du mit deinen verdammt phantastischen Money-Maker-Verbindungen. Das Zimmer ist aber noch bewacht.«

»Wir holen dich hier raus«, versprach sie. »Der Staatsanwalt hat die Mordanklage zunächst niedergeschlagen.«

»Dann geht es also nur noch um illegale Einwanderung.«

»Man wird sehen.«

Da er sich plötzlich gut fühlte, wollte er wissen, ob er aufstehen dürfe, um ein paar Schritte zu gehen.

»Wenn du kräftig genug bist.«

»Wie lange liegt die Operation zurück?«

»Zweieinhalb Tage«, sagte sie.

»Und wie ist alles verlaufen?«

»Ich kam im letzten Moment mit dem Botschafter in den Operationssaal. Er legte Protest ein gegen die menschenunwürdige Behandlung eines amerikanischen Staatsbürgers. Diese asiatischen Metzger hatten schon die Knochensäge in der Hand. Aber ich habe dich wieder zusammengeflickt. Zwei Knochennägel, etwas Draht und eine Stahlplatte mit Schrauben. Die Wunde ist zu, verheilt prächtig. Wenn du fleißig übst, kannst du den Arm gebrauchen wie vorher. Denn die halbkaputten Sachen halten ...«

»... halten immer am längsten. Ich weiß.«

Mit Judiths Hilfe machte er einige Schritte, dann mehrere, es ging recht ordentlich.

»Morgen machen wir weiter«, versprach sie ihm.

»Nein, wir machen jetzt weiter.« Er zählte jeden Schritt.

»Schon ein halber Kilometer.«

Erschöpft legte er sich wieder hin und schlief sofort ein.

Spätabends, Judith wollte gerade ins Hotel fahren, als der Polizist, der das Krankenzimmer bewachte, hereinkam und Lützow einen Briefumschlag übergab.

»Wurde abgegeben, Sir.«

»Von wem?«

Der Polizist hob die Schultern und verschwand.

Lützow schlitzte den Umschlag auf. Inhalt ein Bogen mit Maschinenschrift. Zwei Zeilen in deutscher Sprache.

WENN DIR DEIN LEBEN LIEB IST, DANN BEGIB DICH NACH HAUSE.

»Klingt Mittelhochdeutsch«, sagte Lützow, »einwandfreie Orthographie.«

»Mach dir nichts draus«, sagte Judith, weil sie merkte, daß ihn dieser Brief beunruhigte. »Ich komme morgen wieder. Grüble nicht soviel. Vielleicht bringe ich morgen eine Überraschung mit.«

Mit der Nachricht in der Hand hatte Lützow die Nacht verbracht. Als er erwachte, hielt er sie immer noch fest.

Judith zog sie ihm vorsichtig aus den Fingern, zerriß den Bogen und warf ihn in den Papierkorb.

»Aber du solltest dich vielleicht daran halten«, äußerte sie vorsichtig.

»An diesen anonymen Rat, an eine erpresserische Drohung?« begehrte er auf. »Ist das deine ehrliche Meinung?«

»Und die einiger Leute, die das Land hier kennen.«

Sie versuchte, ihn zu überreden, den Job, über dessen Einzelheiten sie nicht informiert war, hinzuwerfen.

»Jetzt geht es nicht nur möglicherweise, sondern mit Sicherheit um dein Leben, Toni.«

Aber Rückzug aus Feigheit kam für einen Mann wie Lützow nicht in Frage. Er konnte seine Kameraden nicht im Stich lassen. Jetzt, da er mehr zu wissen glaubte, wollte er seinen Auftrag auch erfüllen und den Kampf beenden. Möglicherweise erfolgreich.

»Nein, keine halben Sachen«, entschied er. »Mitgegangen mitgehangen.«

»Dein Schutzengel hat dich gewarnt.«

»Der warnt mich auch noch mal.«

Sie machten Spaziergänge. Diesmal schon eine gute Stunde den Korridor entlang, einige Treppen hinauf und herunter. Immer gefolgt von dem Polizisten.

Allein im Zimmer, kramte Judith verstohlen etwas aus ihrer Umhängetasche. Es sah aus wie ein amerikanischer Paß, aber wie einer von besonderer Art.

»Ein Diplomatenpaß«, erklärte sie, »damit genießt du eine gewisse Immunität. Wenn du dich kräftig genug fühlst, können wir es morgen versuchen.«

»Hier wegzukommen schaffe ich immer. Auch wenn der Doktor behauptet, ich sei fast tot.«

»Was wissen Ärzte schon«, äußerte sie so abfällig, als habe sie nie Medizin studiert. »Das ist doch wie bei der alten Frau und ihrem Auto. Es hat vier platte Reifen, eine leere Batterie und kein Benzin. Wen wundert es, daß es nicht läuft. Die alte Frau weiß das. Genausoweit her ist es mit dem Wissen der Ärzte über ihre Patienten. Ohne Beine kannst du nicht gehen, ohne Arme nicht arbeiten. Das ist ihre ultimative Diagnose. Die Polizei wird dir morgen drei Stunden Zeit lassen.«

»So mit Augen zu und Hand auf. Wer hat das arrangiert?« fragte er.

»Es kostete nur müde hunderttausend Dollarscheine. Was bedeutet schon Papier.«

»Die Stunde also zu dreiunddreißigtausend«, rechnete er, »gute Heuer.«

»Der Sohn meines Onkels, des New Yorker Rothild, ist hier Generaldirektor der Zweigstelle für Indonesien. Er ist mein Vetter. Er hat das arrangiert. Im Gentlemen-Club. Drei Stunden bleiben uns also.«

Lützow, ein erfahrener Taktiker, der sich sowohl im Krieg als auch bei Behörden und allen Tricks auskannte, zweifelte daran, daß das klappen könnte.

»Und wie soll das funktionieren?«

»Ich komme morgen noch einmal vorbei, bringe dir einen Arztmantel und warte vor dem Hospital im Wagen der Botschaft. Es ist ein schwarzer Cadillac, der das CD-Schild führt und den Stander des Botschafters. Du steigst ein, und wir fahren zum Flugplatz.« Sie machte ihm Mut. »Das war's dann, schlicht und ergreifend.«

»Aber du wirst ohne mich das Land verlassen müssen, Liebste.«

»Das weiß ich«, bedauerte sie. »Ich kenne das Lützowsche Sturheitsprinzip.«

Immer wieder sprachen sie jeden einzelnen Schritt durch.

»Es ist jetzt zwanzig Uhr«, sagte Judith, »dann also in vierzehn Stunden, Darling.«

Der Abschied tat weh, denn eine neuerliche Trennung stand bevor.

Am nächsten Morgen erschien Judith pünktlich. In aufgesetzter Fröhlichkeit verabreichte sie ihm eine Injektion in den Oberschenkel.

»Das baut dich auf.«

»Was ist da drin?«

»Ephedrin, Coffein, Kokain, Traubenzucker, Glutamin, Vitamine.«

»Also alles, was in Pervitin drin war. Das Zeug, das wir und die Piloten im Einsatz immer lutschten. Fitspritzen nennt man das.«

»Vier bis fünf Stunden«, versprach sie, »hält es an.«

Ihre vorgetäuschte Heiterkeit wich schmerzlichem Ernst. Sie verabschiedeten sich schon im Hotelzimmer wortlos und innig. »Am Flughafen sind immer so viele Leute«, sagte sie und umarmte ihn, als sehe man sich nie wieder. »Später verläßt du mit dem Wagen Singapore. Der Reserveschlüssel klebt hinter der Sonnenblende.«

Dann ging sie mit entschlossenen Schritten, ohne sich noch einmal umzusehen.

Lützow hatte schon seine Zivilsachen an. Die linken Ärmel an Hemd und Sakko waren aufgeschnitten. Den Arztmantel hängte er einfach über. Wenig später folgte er Judith.

Der Stuhl des Polizisten war leer.

Mit dem Lift fuhr Lützow hinunter, eilte rasch, aber nicht schnell durch den Haupteingang und hielt nach dem schwarzen Cadillac Ausschau. Doch der Wagen kam nicht. Nirgendwo ein schwarzer Cad.

Er wartete fünf Minuten, fast eine Viertelstunde. Dann sprach er einen der Gärtner an.

»Haben Sie hier einen großen schwarzen amerikanischen Schlitten gesehen?«

Der Gärtner fragte seinen Kollegen. Der nickte. Ja, er hatte das Botschaftsfahrzeug erkannt.

»Erst saß eine dunkelhaarige Frau darin, die lenkte ihn. Sie hielt an. Dann stieg ein Mann zu. Sie stritten und fuhren davon.«

Lützow konnte sich den Vorfall zunächst nicht erklären und winkte einem Taxi. Der Flugplatz lag im Osten nahe Seragoon Harbor. Die Fahrt bis Changi-Airport dauerte etwa zwanzig Minuten.

Lange suchte Lützow herum, sowohl vor dem Haupteingang wie auf dem Parkplatz. Endlich sah er den Cadillac, etwas versteckt, neben einem Gebäude für Luftfracht stehen.

Der Wagen war nicht versperrt, der Schlüssel jedoch abgezogen. Ein absolut supergepflegtes Fahrzeug ohne einen Staubfussel am Armaturenbrett und an den Sitzen. Um so mehr wunderte Lützow der rote Fleck oben an der Rükkenlehne des Fahrersitzes. Er glänzte noch feucht.

Mit dem Zeigefinger wischte er darüber. Blut!

Zum Teufel, was war hier los?

Er zwang die aufkommende Panik nieder. Sein Puls raste. Er eilte hinein in die Abfertigungshalle. Die Maschine der PanAmerican nach Hawaii über Manila war noch nicht aufgerufen. Am Schalter wollte er fragen, ob der Passagier Judith Lützow schon eingecheckt hatte, denn sie war nirgendwo zu sehen. Auch nicht in der Cafeteria. Vor dem Schalter stand eine Schlange. Eine plötzliche körperliche Schwäche trieb ihm kalten Schweiß auf die Stirn. Seine Wunde schmerzte und begann zu bluten. Und er sah Judith immer noch nicht. Und Judith kam auch nicht . . .

Statt dessen lehnte an einer Säule ein Mann und fokussierte ihn. Er war großgewachsen, mindestens einsfünfundachtzig, blond, blauäugig, vielleicht fünfzig Jahre alt. Er trug Zivil, einen Burberry-Trenchcoat und eine schottisch gemusterte Six-Pence-Mütze.

Der Fremde grinste unverschämt direkt. Die Hände hatte er dabei in die Taschen vergraben und in der Rechten möglicherweise eine Waffe. Ihre eckigen Konturen zeichneten sich ab. Wie Schuppen fiel es Lützow von den Augen. Er kannte diesen Burschen.

Wenn es je Zweifel gegeben hatte, jetzt waren sie ausgeräumt. Ein letztes Mal war er ihm vor dreizehn Jahren begegnet. Das war an der französischen Bretagne-Küste gewesen, nahe dem U-Boot-Stützpunkt Lorient, im Park des

Sardinenschlößchens von Kap Kernével, wo der Befehlshaber der U-Boote, Dönitz, residierte. Nach Rückkehr von Feindfahrt hatte ihn Dönitz zum Vortrag befohlen. Er war mit dem klapprigen Flottillenkübel hinausgefahren, unrasiert, stinkend, noch in Bordklamotten. Am Eingang war er einem eleganten parfumduftenden Kapitänleutnant begegnet. Der hatte ihn angesehen mit so kalten Augen, wie man einen todgeweihten Gladiator mustert. Salve Cäsar, morituri te salutant! In dem Augenblick, als der Stenz die Mercedeslimousine bestieg, hatte er sogar verächtlich ausgespuckt, als wisse er schon, welches Schicksal Lützow bevorstand.

Dieser Mann lebte also noch und hatte den Untergang seines Typ-21-Bootes im Atlantik auf wundersame Weise überstanden. Ähnlich Gegnern aus prähistorischen Zeiten standen sie sich jetzt gegenüber. Auge in Auge. Und der andere war Sigurd Brandenburg.

Begleitet von zwei Leibwächtern schlenderte er auf Lützow zu. Seine ehemals glatte Haut war jetzt unrein wie Rauhfasertapete, und wie immer sprach er mit etwas schiefem Mund, was seine Arroganz noch verstärkte.

»Auf deine Frau wirst du lange warten, Admiral.« Seine Stimme, rauh wie Korundpapier, klang trotzdem schneidend.

Lützow überfielen schlimme Ahnungen.

»Wenn du ihr etwas angetan hast«, keuchte er, »dann bring ich dich mit eigenen Händen um, erwürge ich dich und reiß dir die Kehle raus.«

»Ja, das machst du locker mit Rechts«, spottete der andere.

Ostentativ schaute Brandenburg sich um. »Und wann bitte soll das stattfinden? Wo, wie? Hier etwa? Da mußt du mehr Umdrehungen geben, Lützow, sonst bist du erledigt, noch ehe du die erste Strophe deiner neuen Nationalhymne gesungen hast.«

»*Brandenburg*!« mehr brachte Lützow nicht heraus. Er

ballte die Faust. »Brandenburg, es gibt Menschen, die sind als Dreckschweine geboren und entwickeln sich weiter zum Hundsfott. Aber selbst Hundescheiße hat einen edlen Charakter im Vergleich zu dir.«

Noch lächelte der Piratenadmiral. Lässig steckte er sich eine Zigarette an, schnappte einmal hastig daran und erwiderte: »Ein Deserteur, ein Volksverräter wie du, kann mich nicht beleidigen. Trotzdem ein faires Angebot, Admiral. Wenn du auf der Stelle kehrt machst und abfliegst, von hier gleich mit der nächsten Maschine und arrivederci, dann wird Mrs. Judith vor dir in San Diego sein. Falls aber nicht, schicken wir euch beide mit Kopfschuß nach Hause.«

Einarmig wollte sich Lützow auf ihn stürzen. Brandenburgs Bodyguards sprangen herbei und hielten ihn fest.

»Und darauf«, fügte Brandenburg noch in aller Ruhe hinzu, »das Ehrenwort eines ehemaligen deutschen Seeoffiziers.«

In der Abflughalle entstand Unruhe. Aber nicht wegen der Auseinandersetzung zwischen Lützow und Brandenburg. Draußen fuhren Autos vor, Jeeps und Mannschaftswagen. Sie bremsten mit quietschendem Geräusch. Blaulicht kreiste, eine Sirene heulte, Befehle wurden geschrien. Die Polizisten, eine Sondereinheit in gefleckten Kampfanzügen mit Stahlhelm, MPi bewaffnet, stürmten herein.

Alles sauber herausgeputzte Soldaten mit gewienerten schwarzen Springerstiefeln. Das Regime achtete auf Ordnung.

Schlimmes ahnend, riß Lützow sich los und machte, daß er wegkam. Sonst hatten sie ihn wieder. Möglicherweise war die Polizei sogar von Brandenburg alarmiert worden.

Er geriet durch eine Tür nach links, wo das neue Flughafengebäude errichtet wurde. An der Großbaustelle gab es noch keine Türen. Die Öffnung nach Osten hin und die zum Vorfeld waren frei.

Lützow sprang über Schutt und Baumaterial, rannte hinaus, umging die Polizeisperre und erreichte den Botschaftscadillac. Hinter der Sonnenblende holte er den Reserveschlüssel hervor und fuhr los. Zunächst ohne Ziel. Einfach fort von hier, weg aus Singapore.

Zur Hauptverkehrszeit am frühen Abend wagte er sich über die Brücke zum Festland.

Bei dem Vorort Baharu lag die Grenze zur Malaysischen Republik Johor. Die Grenze war bewacht. Sie hatten Scheinwerfer aufgestellt und schon eingeschaltet.

Betont langsam rollte Lützow an den Schlagbaum heran und hielt seinen Paß bereit. Die Polizisten hatten offenbar das ovale Corps-Diplomatique-Kennzeichen erkannt und den Botschaftsstander. Sie winkten ihn durch.

Es herrschte schon Dunkelheit, als Lützow die neunzig Meilen nach Bungah hinter sich gebracht hatte.

In der Kneipe, wo sie verabredet waren, sah Lützow zunächst keinen seiner Männer. Aber ein Telefon. Er rief die amerikanische Botschaft in Singapore an und brachte den Attaché auf Trab.

»Meine Frau, Judith Lützow, ist am Flughafen entführt worden. Informieren Sie den Bankier Rothild und versuchen Sie alles, um sie zu finden. Am Airport, am Bahnhof oder im Hafen. Setzen Sie sich notfalls mit Washington in Verbindung. Senator Harvey und Admiral Rickover sind über meinen Einsatz informiert. Bei Gott, tun Sie etwas. – Und verdammt schnell bitte!«

Er machte weiter durch Lärm und Qualm die Runde.

Vor einem Drink, der aussah wie Dieselöl mit Benzin, war sein LI Behrens eingenickt. Lützow rückte dicht heran und weckte ihn.

Behrens war überglücklich, den Chef wohlbehalten neben sich zu sehen. »Wir hatten Sie fast schon aufgegeben.«

»Wohlbehalten bin ich nicht.« Lützow deutete auf seinen Arm. Der Verband war durchblutet. Er hatte Schmerzen.

»Haben wir noch Morphium an Bord?« fragte er.

Behrens nickte.

»Genug.«

»Dann laß uns gehen.«

Um Mitternacht verließen sie mit dem Schlauchboot den Fischerhafen an der malaysischen Küste. Draußen halfen die U-Boot-Männer dem Verletzten an Deck und durch das Turmluk in die Zentrale. Lützow saß da, auf der Kartoffelkiste, wirkte zu Tode erschöpft und niedergeschlagen.

Stockend berichtete er von dem blonden Mann auf dem Foto, den die Piraten Admiral nannten, dem Absender des Drohbriefes, dem Entführer seiner Frau und von seiner Erpressung.

»So was bringt nur einer fertig – ein von Grund auf abartiger Mensch wie Brandenburg.«

Jetzt, wo Lützow alles zusammenfügte, Punkt für Punkt, machte ihn das fertig wie ein später Schock.

Seine Männer standen herum und wußten nicht, wie sie ihm helfen konnten.

»Und die gute Nachricht, Käptn?«

»Ist, daß es keine gute gibt.«

Nach einer Weile blickte Lützow auf und wandte sich an Behrens.

»Frage: Maschinen?«

»Betriebswarm, Käptn.«

»Frage: Batterien?«

»Voller Ladezustand.«

»Dann ab die Post. Kurs zwohundertzwanzig Grad. Malaccastraße.«

Wochenlang suchte Lützow mit *U-136* die südlichen Meere ab. Verbissen und von Haß getrieben, ähnlich wie der Walfängerkapitän Ahab, als der den weißen Leviatan verfolgte. Wo sich irgend etwas ereignete, war Lützow zur Stelle. Tag und nacht hängte er sich an dicke Pötte, aber auch an kleinere Luxusyachten. Doch die Suche blieb ergebnislos.

Hager, bärtig, eingefallen, wurde Lützow, der nie ein

großer Redner gewesen war, immer verschlossener und einsilbiger. Nur selten machte er eine Äußerung, die nicht rein dienstlich war.

»Dieser Brandenburg ist jetzt Anführer einer mächtigen Piratenorganisation«, sagte er einmal.

»Wie kam er zu dieser Ehre?«

»Wie kommen wir zu der Ehre, hier sein zu dürfen«, spottete Lützow. »Vermutlich benutzt Brandenburg für seine Piratenangriffe den ehemaligen deutschen U-Kreuzer.«

»Der uns überlegen ist«, stellte Rahn fest. »Stärker bewaffnet und schneller.«

»Aber er taucht langsamer, und wir sind wendiger«, erinnerte Lützow. »Nur mit diesem IX-D-2-Boot konnte er immer wieder blitzschnell auftauchen und verschwinden.«

Lützow, der sich nur langsam von der Schußwunde erholte, verlegte all seine Kraft und Energie auf einen einzigen Punkt. »Verdammt, ich muß diesen Menschen kriegen«, fluchte er immer wieder.

Denn nur über Brandenburg, da war er sicher, führte der Weg zu dem Atombombenfrachter *Pazific Sun* und zu Judith.

Sie waren voller Hoffnungslosigkeit und in der Stimmung von Männern, die das Glück mied. Nur der eiserne Wille Lützows trieb sie vorwärts.

Bis Ende August blieb die Jagd Ahabs nach dem weißen Leviatan ergebnislos. Doch eines Nachts, sie hielten sich an der sumatramesischen Seite der Meerenge, hörten sie in der Ferne Explosionen. Über Seenotfunk kam verstümmelt SOS und Mayday.

Sie preschten aufgetaucht heran. Ein brennender Frachter am Horizont wies ihnen den Weg. Vermutlich hatte er sich gegen die Übergriffe der Piraten zur Wehr gesetzt, und sie hatten ihn beschossen.

Wie zu erwarten, war von den Piraten nichts zu sehen.

»Das muß Brandenburg gewesen sein.« Lützow hatte

das Nachtglas vor den Augen. »Wie immer konnte er auch diesmal wieder verschwinden.«

Auch wie er es gemacht hatte, war Lützow klar.

»Brandenburg hat Erfahrung in deutscher U-Boot-Taktik. Damals entwischten wir nach Torpedoangriffen den britischen Zerstörern und U-Boot-Jägern, indem wir unter dem getroffenen Gegner einfach durch und wegtauchten.«

»Prien soll das erfunden haben«, erwähnte Rahn. »Dann ist der Piratenadmiral also ein perfekt im U-Boot-Kampf geschulter Gegner.«

»Ein neuer Beweis, daß Brandenburg hier am Werk gewesen ist.«

Sie blieben im Abstand zu dem Frachter liegen. Helfen konnten sie ihm nicht. An Deck sahen sie Männer mit Schläuchen hin und her rennen. Sie versuchten, den Brand unter Kontrolle zu bringen, halfen sich also selbst. Später meldeten zwei Tanker, daß sie zu Hilfe kämen.

Lützow lief mit *U-136* ab.

Kaum waren sie auf Gegenkurs, brachte der Funker ein FT. Es stammte von dem Kapitän des havarierten Schiffes. Er erwähnte, daß das Feuer gelöscht sei und daß der Pegel des durch Lecks eindringenden Wassers mit Lenzpumpen gehalten werde. Er sprach auch von einer Ramming.

Als Lützow das gelesen hatte, schien sich seine Miene auf magische Weise zu erhellen.

»Angenommen, Brandenburg hat beim Durchtauchen sein Boot beschädigt.«

»Hört sich ganz so an, Käptn.«

»Dann hinkt er jetzt nach Hause«, meinte Wessel, »wie ein Hund auf drei Beinen.«

»Und was macht ein geprügelter verletzter Hund?« fragte Lützow.

»Er pißt an jeder Ecke rum«, vermutete Wessel.

»Vielleicht tut Brandenburg das auch.«

»Nur hat ein U-Boot keine Urinblase, Chef.«

»Aber Treibstofftanks«, erklärte Lützow. »Also auf Ölspur achten, Leute.«

Er konnte es selbst nicht erklären, aber er hatte eine Art Gefühl im Bauch, als sei der Zahltag nicht mehr fern.

## 27

Im schrägen Licht der Frühsonne entdeckte der Brückenausguck auf dem Wasser farbige Schlieren. Es glitzerte in den Regenbogenfarben. Zweifellos eine Ölspur. Sie zog sich nach Norden auf die malaysische Küste zu.

Öllachen gab es hier en masse, wenn die Tanker nachts ihre Bilgen reinigten und den Dreck auspumpten. Deshalb ließ Lützow eine Probe nehmen.

Ein Mann schöpfte sie mit dem Feudel ab. Behrens untersuchte sie mit den primitiven Mitteln, die er zur Verfügung hatte.

Das Ergebnis lieferte er auf der Brücke, wie immer weder traurig noch fröhlich.

»Zweifellos Motorendiesel, Käptn.«

»Dann muß er es sein.«

»Er schweißt wie ein angeschossener Hirsch«, stellte Rahn befriedigt fest.

»Wie lange schon?« wollte Behrens wissen.

Lützow schaute auf die Uhr.

»Wir folgen jetzt drei Stunden der Spur, und sie wird nicht dünner.«

»Dann ist ihm einer von den großen Dieselöltanks aufgerissen«, vermutete ihr Leitender Ingenieur. »Schätze Bunker Nummer sieben.«

Die steigende Sonne gleißte ihnen entgegen, die Sicht war klar bis zum Horizont.

»Frage: Tauchen?« erinnerte Wessel den Kommandanten.

Lützow winkte ab.

»Tarnung ist nicht mehr nötig. Wozu schon? Wir wissen, wer er ist, und er weiß, daß wir hinter ihm her sind.«

Sie hielten die Spur bis zum Mittag über nahezu neunzig

Seemeilen hinweg. Offenbar suchte Brandenburgs U-Kreuzer Schutz im malaysischen Küstendschungel.

»Da wird er sein Schlupfloch haben«, meinte Rahn.

»Klar, daheim will er seine Wunden lecken.«

»Und dort müssen wir ihn kriegen. In seiner Höhle. Mit Fangschuß.«

Behrens, der mit auf der Brücke war, warnte stirnrunzelnd: »Ein Monsun-Boot ist doppelt so groß wie unseres. Es hat eintausendfünfhundert PS mehr.«

»Seine Bewaffnung ist stärker. Vermutlich hat er eine Vierling und sogar eine 8,8 cm«, ergänzte Rahn.

»Aber er liegt etwas höher aus dem Wasser als wir«, bemerkte Lützow, »und taucht, wie schon erwähnt, langsamer.«

»Das gleicht es nicht aus«, fürchtete Rahn.

»Aber fast«, meinte Wessel, »schätze es steht zehn zu achtkommafünf.«

»Nun kommt es auf seine Torpedos an. Das ist entscheidend.«

»Es werden noch die alten sein«, vermutete Lützow. »Woher sollte er sich passende Radartorpedos beschafft haben? Was gab es damals, 1945? Den T-fünf-Typ.«

»Aber LUT und FAT, den flächendeckenden Torpedo und den lageunabhängigen ebenfalls«, ergänzte Wessel.

»Selbstverständlich mit Magnet- und Geräuschpistolen.«

»Haben wir auch«, sagte Lützow, »und sogar noch etwas besonders Feines.«

»Klar, den T-fünf mit Riechkolben.«

»Plus hochprima Tagesform.«

»Genannt Motivation. Wirksam wie Malzkaffee.«

Bald tauchte die Küste auf, schmal wie ein grüner Federstrich.

Obersteuermann Klein hatte unter Berücksichtigung von Tide und Stromverhältnissen mitgekoppelt. Er brachte den Kartenabschnitt herauf und schaute irgendwie besorgt drein. »Die Spur führt zu einem Küstenbereich, der verdammt gerne gemieden wird, nämlich in ein riesiges Sumpfgebiet mit vorgelagerten Bänken aus Korallensand.«

»Schwemmland«, erinnerte sich Lützow.

»Richtig. Der Kelangfluß und der Langet bilden hier windungsreich ein riesiges Delta. Schätzungsweise eintausendfünfhundert Quadratmeilen groß.«

»Also vierzig mal vierzig Meilen. Und wie kommt man hinein?«

Der Obersteuermann deutete am Kartenrand auf Stellen, die er rot markiert hatte.

»Hier und dort könnte man sich durchzwicken. Verdammt schmal, kaum zwei Kabellängen breit mit starker Strömung. Von da führt ein Tiefwasserschlauch weiter durch die Sümpfe bis zum festen Land vor einer zweihundert Meter hohen Hügelkuppe.«

Lützow schaute sich die Karte an. Eine schwierige Entscheidung.

»Werfen wir eine Münze, wo wir reinfahren, Käptn?«

Lützow war prinzipiell gegen Schicksalsspielchen. In haarigen Situationen wollte er immer selbst entscheiden.

»Dort oder da«, murmelte er. »Nehmen wir dort. Versuchen Sie noch eine Landmarke zu peilen, Klein, wegen genauer Position. Und laufend Tiefe messen.«

In vorsichtiger Marschfahrt näherten sie sich dem der Küste vorgelagerten Delta und dem Schwemmland. Plötzlich, ohne daß es dafür eine Erklärung gab, riß die Ölspur ab.

»Entweder«, vermutete Lützow, »er ist weggetaucht und schlägt einen Haken, oder er lockt uns absichtlich in eine Falle.«

»Dann ist er ganz beschissen dran und mächtig in Not«, behauptete Wessel.

»Wir auch«, äußerte Rahn pessimistisch.

Der Horchraum meldete kein Schraubengeräusch, aber der Mann am Echolot rief laufend die Tiefe aus.

... vierzig ... dreißig ... zwanzig ... fünfzehn ...

Mit nur wenigen Metern Wasser unter dem Kiel schlüpften sie durch die Enge zwischen den Kalkriffen. Der Strom setzte gegen sie. Einmal mußte Lützow ›äußerste Kraft‹ anfordern, damit das Boot nicht aus dem Ruder lief und sie auf die Bank gedrückt wurden, die wie ein flacher graubraun gesprenkelter Buckel an Steuerbord lag.

Dann waren sie drin. Es war ruhig wie in einer Lagune und fast windstill. Die Tiefe des Fahrwassers blieb mit sechs Metern konstant. Aber das Land rückte näher.

Jenseits der Landzunge, nach einer Biegung auf Südost, nahmen sie zwei Dinge wahr: die mächtige Öffnung einer Vulkanberghöhle und unweit davon entfernt das über die Mastspitzen eines Großfrachters laufende Tarnnetzzelt.

»Ein Ding wie ein Schlachtschiff«, staunte Wessel.

»Kein Zweifel. Zehntausend Tonnen. Das ist die *Pazific Sun.*«

Zunächst fuhren sie auf die Höhlung zu.

»Scheinwerfer an!« befahl Lützow.

Mit den Zeiss-Gläsern erkannten sie, daß sich in der bewässerten Höhle eine Betonpier entlangzog, versehen mit Pollern zum Festmachen. Dahinter grobbehauene kahle Felswände, Rohre aller Kaliber, Lampen, das Werkzeug einer kleinen Reparaturwerft und riesige Stapel von massiven Behältern in Munitionskistenqualität.

»Da baggert er seine Beute«, meinte Wessel, »und was zu futtern auch.«

Bis auf eine schwimmende Arbeitsplattform mit Kran und eine Motorpinasse war die Höhle leer.

Sie leuchteten noch tiefer hinein, dann zog Lützow das Boot rückwärts, drehte es, um es hinter dem Frachter in Deckung zu bringen.

»Den Frachter nutzt Brandenburg als Wohnschiff«, vermutete Rahn.

»Was immer er unternehmen wird«, hoffte Lützow, »so verrückt wird er nicht sein und uns beschießen. Er könnte den Frachter treffen. Und dann – madonna mia!«

Lützow ließ die 3,7 und die 2 cm besetzen, während *U-136* zwischen dem Anleger und dem Frachter festmachte. Fünf Mann schnappten sich Maschinenpistolen, genug Magazine und machten sich bereit, auf den H-Bomben-Frachter zu marschieren. Jeder war sich klar darüber, daß das Schiff bewacht wurde und daß es zu einem Feuergefecht kommen konnte.

Als letzter ging Lützow von Bord. Ein wenig mühsam erkletterte er den Bambussteg. Der Funkmaat holte ihn ein.

»Durchsage, Käptn, auf Sprechfunk.«

Als Absender kam nur einer in Frage, nämlich Brandenburg.

Lützow drehte den Kopf nach hinten.

»Was will er?«

Der Funker zögerte mit der Antwort.

»Los, Mann, was will er?«

Der Funker übermittelte betreten den Wortlaut.

»Komm heraus, du elende Wasserratte, und stell dich zu ehrlichem Kampf, oder wir feuern euch in Grund und Boden.«

»Das klingt schon heftig nach Götterdämmerung«, meinte Wessel.

Lützow kümmerte sich zunächst nicht darum. Sie hatten ihr Ziel, den Frachter, erreicht. Jetzt mußten sie ihn in die Hand bekommen.

Oben an Deck tauchte ein Schatten auf. Der Posten feuerte sofort. Sie schossen zurück. Der Getroffene schrie und verschwand. Dann wollte es einer am Backbordseitenschott noch einmal wissen. Er gab ebenfalls eine Salve ab. Aber mehr in die Luft. Offenbar nur, um sich Mut zu machen.

Nach kurzem Schußwechsel kam er mit erhobenen Händen aus dem Frachter, gefolgt von zwei anderen Malaysiern.

»Wie viele seid ihr?« fragte Rahn auf englisch.

»Nur wir«, hörte er.

Sie überwältigten die Wachen, fesselten sie und durchsuchten das Schiff.

»Es liegt seit nahezu einem halben Jahr hier«, schätzte Behrens. »Fahrbereit ist es wahrscheinlich nicht. In dieser Gegend wachsen Schiffe verteufelt schnell fest.«

»Sie scheißen sich fest«, bemerkte Wessel, »vornehm ausgedrückt.«

Aus den Kabinen stolperten ihnen drei Typen, strahlend mit geöffneten Armen entgegen. Von weitem gaben sie sich zu erkennen.

»Wir sind Amerikaner!« riefen sie.

»Und wir das Befreiungskommando goldene Morgensonne.«

»Na endlich!«

»Wir mußten ein paar Umwege nehmen«, erklärte Lützow.

»Mann, haben wir aber sehnlichst auf Sie gewartet, die Hoffnung fast schon aufgegeben«, sagte einer.

Die Männer wirkten blaß, unterernährt und verdreckt, mit Pusteln und Furunkeln in den Gesichtern, vergammelt wie nach langer Gefangenschaft in einem mittelalterlichen Burgverlies.

Schnell stellte sich heraus, daß es die Atomwissenschaftler waren. Zwei von ihnen hatte man auf der Flucht erschossen, zwei andere waren aus Mangel an ärztlicher Hilfe an einer Tropeninfektion verstorben.

»Aber uns brauchte man noch«, höhnte ein Graukopf. »H-Bomben sind keine Fastnachtsknaller.«

Der älteste der Wissenschaftler nahm Lützow am Arm und führte ihn nach oben zu den Einzelkabinen.

»Wir sind nicht allein an Bord, Sir.«

Das nahm Lützow an.

In den besseren Kabinen, unterhalb der Brücke, fanden sie eine Frau, die zitternd und verheult auf ihrer Koje saß.

Sie war blond, etwa dreißig Jahre alt und so gepflegt, wie es den Umständen nach möglich war. Lützow hatte ihr Paßfoto erst in der Hand gehabt.

»Sie sind Dorothea von Königsau«, stellte er fest.

Sie blickte auf, wischte sich das tränennasse gerötete Gesicht.

»Und Sie müssen Lützow sein. Wir kennen uns.«

»Sind wir uns je begegnet?«

»Ist lange her. Es war damals in Flensburg.«

Ja, er erinnerte sich.

Mühsam stand sie auf und stützte sich auf ihn.

»Kommen Sie mit, Käptn«, keuchte sie und drängte ihn hinaus, »aber bitte fassen Sie sich. Nehmen sie Ihr Herz in beide Hände.«

In dieser Lage klang das mehr als theatralisch. Aber er konnte nicht ahnen, was ihm bevorstand.

Als die Baronesse von Königsau-Brandenburg die nächste Kabinentür öffnete, schlug Lützow ein Geruch entgegen wie nur einmal in seinem Leben. Es war damals im Straflager in Polen gewesen, als Behrens mit dem brandig verfaulten Bein dem Tode nahe in der Sanitätsbaracke von Lager Wadrowa gelegen hatte.

Die grauen Leinenvorhänge an den Bulleyes waren zugezogen. Nur wenig Helligkeit sickerte herein. Aber was Lützow in diesem trübschalen Licht erkannte, würgte ihm den Hals zu.

Auf einer Armeepritsche unter einem durchbluteten eiterfleckigen Laken lag Judith.

Das Geräusch der Eintretenden hatte sie geweckt. Offenbar hatten ihre fiebrigen Augen Lützow sofort erkannt. Sie hob ihre Hand, ließ sie jedoch kraftlos wieder fallen. Das Sprechen fiel ihr schwer.

»Wie gefällt dir mein neues blaues Kleid?« flüsterte sie. »Ich wußte ja, daß du kommst.«

»Jetzt nehme ich dich mit und laß dich nie mehr allein.«

Sie versuchte zu lächeln, was ihr kaum gelang.

»Ich fürchte, du wirst mich bald für immer alleine lassen müssen, Toni.«

»Unsinn, Darling. Die halbkaputten Sachen halten doch immer am längsten.«

»Aber nicht die ganz kaputten.«

Unter großer Anstrengung richtete sie sich auf, atmete schwer und rasselnd.

Sie umarmten einander. Lützow spürte die glühende Hitze ihres Körpers. Er spürte ihr Herz pochen, hart, aber nur sehr langsam. Ihr Oberkörper, vom Hals bis zu den Schultern, war hochrot wie rohes Fleisch. Aus einer Wunde, die sich von der Kehle bis zum Nacken zog, sikkerte farblose Flüssigkeit. »Ja, ich gehe . . . aber leider ohne dich . . .«, sagte sie.

Es klang verdammt endgültig.

Da wußte er, daß es die Wahrheit war, und es brach ihm das Herz.

Judith sackte zurück. Sie hatte die Augen geschlossen und war ohnmächtig geworden.

»Ich habe sie gepflegt, konnte aber nichts tun«, erklärte die Baronesse fast tonlos.

In einer Mischung aus Wut und Verzweiflung fuhr Lützow sie an: »Habe . . . konnte . . . was wollen Sie damit sagen?«

»Bei der Entführung wurde sie verwundet. Eine Sepsis kam dazu. Blutvergiftung. Ich sagte, er solle einen Arzt holen oder sie ins Hospital bringen. Als Antwort schlug er mich, dieser sadistische Mistkerl. Ihre Frau hat tapfer gekämpft, Commander, wollte sie unbedingt noch einmal sehen. Sie hat gekämpft bis zum Ende ihrer Kräfte, weil sie daran glaubte, daß Sie kommen. Bis zum allerletzten Moment klammerte sie sich daran.«

Ohne zu fragen begriff Lützow, wie es um Judith stand. In der Hoffnung, er würde sie finden, hatte sie dem Tod noch Tag für Tag abgerungen. Jetzt besaß sie keine Energie mehr.

»Und ich bin an allem schuld«, klagte die Baronesse. »Hätte ich sie doch nicht gerufen.«

»Ich hätte mehr als einen Arm für sie gegeben«, erwiderte Lützow.

Er hielt die Hand seiner Frau, und es war mitanzusehen, wie sie langsam dahinging.

Sie starb, ohne noch einmal die Augen zu öffnen. Plötzlich hörte ihr Herz auf zu schlagen ...

Lützow saß neben ihr. Er wußte nicht wie lange, und er fühlte sich selbst wie tot.

Die Baronesse stand dabei.

»Weinen Sie nur«, sagte sie voller Mitgefühl.

»Ich kann nicht weinen.«

»Niemals?«

»Nur nach innen«, gestand er schluchzend. So saß er da, bis ihn etwas aufschreckte. Durch das offene Schott hörte er das Anspringen eines Bootsmotors, dann sein Hochjaulen, gefolgt von Rufen und Pistolenschüssen.

Er kümmerte sich nicht darum, bis Rahn hereinkam und schweratmend meldete: »Da versuchte einer zu entwischen, Käptn. Er sprang vom Motorboot aus ins Wasser. Wir fischten ihn raus. Könnte ein Russe sein. Wie kommt ein Russe hierher? Sie sollten sich den Burschen ansehen, Chef.«

»Ich komme.«

Vorsichtig löste Lützow seine Hand aus den verkrampften Fingern der Toten.

Der Mann, der zu fliehen versucht hatte, war wirklich Russe. Er sprach Englisch. Laut Paß übte er den Beruf eines Chemikers aus.

Beim Verhör verplapperte er sich jedoch.

»Kommen Sie vielleicht von Senator Harvey?« fragte er. »Oder sind Sie gar Harvey selbst?«

»Ich bin Senator Harvey«, log Lützow.

Der Russe wirkte unsicher.

»Nein, Sie sind es nicht, Sir.«

»Was haben Sie mit Harvey zu tun?« forschte Lützow.

Aber da schwieg der Russe fortan.

Sie durchsuchten seine Kabine und fanden auf dem Schreibtisch Notizzettel mit mehreren Telefonnummern. Dazu die Worte Washington und Riverfield/Wyoming.

Washington war der Dienstsitz von Senator Harvey. In Riverfield im Mittelwesten lag sein Wahlkreis.

Es gab Telefon in der Kabine des Russen mit Landanschluß. Und es war sogar in Betrieb.

Lützow wußte genug. Um mehr aus dem Russen herauszuholen, darauf verstanden sich andere Leute besser. Er war kein Verhörprofi. Aber daß Senator Mortimer Harvey hinter allem steckte, schien jetzt so gut wie bewiesen.

Harvey war also die undichte Stelle. Wie konnte es auch anders gewesen sein, als daß einer, der alles wußte, alles verraten hatte, um sich zu bereichern?

Lützow wandte sich an einen der Atomwissenschaftler.

»Dieser Mann ist Chemiker. Was hat ein Chemiker hier zu suchen? Sollte er die Bomben polieren?«

Der Atomexperte führte Lützow und seine Crew hinein in den Bauch des Frachters, sechs Decks tiefer in den Laderaum. Was sie nach Lösen der Stahltürplombierung vorfanden, setzte Lützow nicht nur in Erstaunen, sondern überfiel ihn mit Entsetzen.

»Die Wasserstoffbomben! Mein Gott!«

»Damit kann man Kontinente auslöschen«, sagte Rahn.

Wessel sah das mehr sarkastisch.

»Wenn da eine über Afrika platzt, werden alle Neger blond.«

Die H-Bomben hingen unberührt in ihren Federgestellen. Aber im hinteren Teil des Raumes stand eine Reihe gelber Blechfässer, so groß wie Öl-Drums, mit Totenköpfen versehen, mit verschlüsselter Bezeichnung und dem ehemaligen deutschen Hoheitsadler.

»Was ist«, wollte Lützow wissen, »das denn?«

»Wer hier nur H-Bomben vermutet«, erklärte der Atomwissenschaftler, »ist ein ahnungsloser Wicht. Eines Tages wurden diese Fässer von Bord eines U-Bootes herübergehievt. Der Russe bewachte sie wie seinen Augapfel.«

Lützow entzifferte die Aufschrift.

»Was bedeutet Cyklon-C?«

»Ich bin kein Chemiker«, sagte der Atomphysiker, »aber von dem Russen hörte ich, daß es sich hier um etwas unvorstellbar Schlimmeres als Atombomben handelt. Das Zeug ist von teuflischer Herkunft. Es stammt aus dem Unkrautvernichtungsmittel Cyklon-A, aber gemischt mit Cyklon-B, das in den Nazikonzentrationslagern Millionen Juden vergaste, ferner mit Milzbranderregern und einem Zusatz von Botulinum, also Fleischgift, plus Plutoniumstaub. Botulinum ist die wirksamste aller Todesbakterien und Plutonium das tödlichste aller Gifte. Ein Milligramm kann die Bevölkerung einer Stadt auslöschen. Durch diese satanische Kombination ist Cyklon-C auch auf dem Schlachtfeld anwendbar. Es kann ganze Erdteile ausrotten. Das wäre das verheerendste Verbrechen des Jahrhunderts nach Hiroshima.«

»Und Dresden«, ergänzte Lützow. »Da starben auch dreihunderttausend Menschen in einer Nacht.«

Der andere Wissenschaftler äußerte noch eine Mutmaßung.

»Gegen Ende des Krieges schickte Hitler gewisse Mengen dieses Giftes nach Japan.«

»Aber woher hatten die Deutschen damals den Plutoniumstaub?«

»Es gab schon einige Versuchsreaktoren«, erinnerte sich Lützow, »zum Glück erreichten die Fässer niemals Tokio. Die Japaner hätten es möglicherweise sogar zum Einsatz gebracht.«

Kopfschüttelnd stieg Lützow wieder nach oben. Ihn schauderte. Was für ein Satansspiel war hier versucht worden. Eine gigantische Manipulation, die bis hinauf zur Regierung in Washington reichte, hautnah bis an den ahnungslosen Präsidenten.

Um den Schmerz über Judiths Tod zu bändigen, machte sich Lützow an die Lösung anstehender Probleme. Er überlegte, was als nächstes zu tun sei, versuchte zu telefonieren, und zwar mit Admiral Rickover, dem einzigen Mann, dem er noch vertraute. Denn zum Ohr Eisenhowers hatte er leider keinen Zugang.

Er bekam das Amt und bestellte eine Leitung nach San Francisco/Kalifornien. In Kuala-Lumpur erklärte die Vermittlung, das könne acht bis zehn Stunden dauern. Zu lange. Also ließ Lützow seinen Funker kommen.

»Reicht Ihr Sender bis Kalifornien?«

»Mit dem großen Dreihundert-Watt auf achtzehn Meter Kurzwelle müßte ich hinüberkommen, Käptn.«

»Notieren Sie!« Lützow diktierte: »Operationsabteilung West. US-Navy San Francisco. Admiral Rickover persönlich. – Objekt gefunden. Kelang-Langet-Delta – stop. – Lassen Sie sich von Obersteuermann Klein die genauen Koordinaten geben. – Weiter: Schickt starken Hochseeschlepper, Fallschirmspringer. Strahlenfeste Kleidung. Chemische Reinigungseinheit. Alles top secret behandeln. Leckstelle entdeckt. Nichts an S.M.H. Details binnen vierundzwanzig Stunden. Oder es gibt das alte Schlachtschiff nicht mehr. – Gruß Lützow.«

»Es muß Sie noch geben, Commander.« Die Baronesse, der älteste der Atomwissenschaftler hatte sie als ihren rettenden Engel bezeichnet, stand in der Tür. »Es muß Sie noch geben«, wiederholte sie eindringlich. »Sie müssen Ihre Frau beerdigen. Und schlagen Sie dieses Monstrum, diesen Schweinekerl, dieses Stück Hundescheiße kaputt. Egal wie. Auch wenn er mein Ehemann ist und der Vater meines Sohnes, wünsche ich ihm die Pest an den Hals. Bitte kommen Sie zurück, Commander.«

Der Eingang von Brandenburgs Sprechfunkdurchsage lag schon Stunden zurück. Es war Abend geworden. Das Monsun-Boot hatte sich seitdem nicht mehr gemeldet. Aber zweifellos lag es draußen und lauerte auf sie.

»In seiner verquasten Denkweise wird Brandenburg den Waffengang wohl als den letzten Kampf der edlen Ritter der Tiefe bezeichnen«, bemerkte Wessel.

Auf vertrackte Weise hatte Lützow diesen Brandenburg noch für fair gehalten. Das war jetzt zu Ende. Fortan gab es keine Schonung mehr. Weder für Brandenburg noch für ihn selbst. Daß er sich nicht irrte und auch Brandenburg aufs Ganze ging, wurde wenig später deutlich, als er das Büchsenlicht nutzte, um seinen Unterschlupf in der Lagune mit Salven von Sprenggranaten einzudecken. Sie orgelten heulend heran, pfiffen, Aufschlag, Detonation. Stahlhammerschläge, Blitze, Stichflammen, Fontänen. Es hagelte nur so und dies ohne Rücksicht darauf, daß Brandenburg auch den Frachter und seine Frau treffen konnte. Das Sperrfeuer hielt an wie ein Gewitter aus Donner, Dreck und Wetterleuchten.

»Dieser Mann ist wirklich am Ende«, sagte Rahn Dekkung nehmend.

»Ja, auf dem hinterletzten Drücker«, ergänzte Wessel.

Bevor sie einstiegen und dem ultimativen Feind entgegenliefen, hielt Lützow vor seinen Männern noch eine seiner berühmt drögen Ansprachen, mehr eine Kurzandacht.

»Wie das Duell ausgeht, ist ungewiß«, predigte er, »aber es wird dazu kommen. Ihr seid mir bis hierher treu gefolgt. Wer will, darf aussteigen, ohne daß es ihm verübelt wird. Dies ist unser letzter Kampf. Er kann tödlich enden.«

Keiner ging von Bord. Alle meldeten sich freiwillig und ergaben sich stumm in ihr Schicksal, das sich in der nächsten Stunde entscheiden würde.

Um die lähmende Beklemmung zu lösen, lief Wessel zu großartiger Form auf.

Getreu dem Prinzip der Hollywoodfilmer, daß im Augenblick höchster Spannung eine Entspannung wichtig sei, am besten in Form einer schnoddrigen Bemerkung, witzelte Wessel. »Freunde«, sagte er, »wenn das mal hinhaut, setz ich mir eine blonde Perücke auf und mime auf Marikka Röck.«

Doch keiner lachte.

»Danach werden wir wieder zentnerschwere Weiber schänden.«

Noch immer lachte keiner.

»Jetzt möchte ich um meine Leibspeise bitten.«

»Was Feines oder was Ordinäres?« fragte der Koch.

»Pommes de Bordelle«, sagte Wessel, »Kartoffelpuffer.«

Daß zumindest einer ans Essen dachte, machte den anderen Mut. »Und dann jagen wir ihn.«

Rahn wollte auch etwas beitragen: »Oder er uns.«

Sie machten die Leinen los und trieben mit dem Ebbstrom.

Fauchend sprangen die Diesel an.

# 28

Draußen, eine Meile vor dem Kalkriff, lag Brandenburg mit seinem U-Kreuzer. Er war aufgetaucht, hatte alle Waffen besetzt. Die 8,8 feuerte Sprenggranaten in die Lagune, die Granaten orgelten herüber, heulten, ehe sie pfeifend aufschlugen und detonierten.

Das Monsun-Boot war eingehüllt in grauschwarzen Pulverdunst, der offenbar die Sicht beeinträchtigte.

Doch dann meldete der Turmausguck: »Ein Boot, Sir. Schmale Silhouette.«

Brandenburg erkannte *U-136* im Glas, nahm das Mikrofon des Sprechfunkgeräts und forderte Lützow abermals auf, endlich zum Duell anzutreten.

»Wir reißen euch den Arsch auf!« endete seine Durchsage.

Die Umrisse von *U-136* zerflossen im grellen Licht des Abendrots.

Noch hielt es sich in der schmalen Fahrrinne, aber von Minute zu Minute wurde es größer.

»Zielwechsel!« befahl Brandenburg.

»Frage: Entfernung?«

»Dreizehnhundert. Abkommen Turmmitte.«

»Ziel aufgefaßt«, meldeten Richtschütze und Kanonier.

»Wieviel Munition noch?« wollte Brandenburg wissen.

»Acht Schuß Sprenggranaten, Sir.«

»Wenn ihr den Turm trefft, gibt es tausend Dollar extra. – Noch abwarten!«

Minuten später gab Brandenburg: »Feuer frei!»

Die 8,8, eine der besten Kanonen des Zweiten Weltkriegs, schoß sich ein. Die ersten Granaten detonierten nahe vor *U-136* und seitlich. Eigentlich mußte der dritte Schuß im Ziel liegen. Da erkannten sie in den Gläsern, daß die Umrisse von *U-136* kleiner wurden, obwohl das Boot näher kam.

Brandenburg fluchte, daß sein Fernglas beschlug.

»Er riskiert tatsächlich hier zu tauchen. Totaler Wahnsinn ist das in diesem engen Fahrwasser.«

Insgeheim mußte er eingestehen, daß nur einem Könner wie Lützow dieses lebensgefährliche Manöver zuzutrauen war. Dann würde er ihn eben auf andere Weise kriegen.

Die 8,8 schoß weiter. Der Gegner war noch nicht völlig weggetaucht, als sein Boot den ersten Treffer abbekam. Dicht am Rumpf stob eine gelblich-weiße Wasserfontäne empor. Die nächste Sprenggranate erwischte den Turm von *U-136*, detonierte in einem grellen Blitz und zerfetzte ihn. Der Donner hallte herüber.

In der schmalen Durchfahrt zwischen den Kalkriffs und dem tiefen Wasser wurde Lützow mit Granatfeuer empfangen. Obwohl kaum an der Hundertmeterlinie, ließ er alarmtauchen. Draußen lag das Monsun-Boot, eingehüllt in grauen Pulverrauch, aus dem es immer wieder punktförmig blitzte. Eine Granate schlug dicht an Steuerbord ein. Der Druck schleuderte sie gegen das Schanzkleid der Brücke.

»Auf fünfzehn Meter gehen, äußerste Kraft!« befahl Lützow und turnte, so gut es mit seinem Arm ging, durch das Luk. In diesem Moment wurde die Turmverkleidung getroffen. Das Boot schüttelte sich unter der Explosion wie ein Hase in der Schrotgarbe.

»Anblasen!« schrie Lützow. »Anblasen!«

Vielleicht war das Boot so getroffen, daß sie absoffen. Er kletterte wieder nach oben. Kaum erlaubten Rauch und Gischt genügend Sicht, bot das Verdeck den Anblick eines wüsten Trümmerhaufens aus ineinandergeschobenen Rohrleitungen und zerfetzten Metallteilen. Die U-Boot-Kanone war aus der Pivotierung weg und verschwunden, die Holzplanken aufgerissen. Die beiden Reservetorpedos in den Oberdeckbehältern lagen frei. Ein Wunder, daß sie nicht explodiert waren. Das hätte sie gespalten wie ein Beilhieb.

Aus dem Backbordbunker sprudelte Öl. Lützow glaubte zu spüren, daß das Boot langsam wegsackte.

»Boot tauchunklar!« meldete Behrens von unten.

»Tauchretter anlegen!« befahl Lützow. »Besatzung klar zum Aussteigen. Dieser verfluchte Brandenburg. Wenn er gut ist, ist er gut, wenn er schlecht ist, ist er immer noch besser als zehn andere.«

Sie lagen gestoppt, eine fabelhafte Zielscheibe im Abendrot. Mindestens zehn Minuten würde es noch hell bleiben.

Lützow dachte an einen Torpedoschuß. Aber das Monsun-Boot per Daumenpeilung auf diese Entfernung zu erwischen, stand hundert zu eins.

Der Landwind traf wie ein glühender Hauch seinen Nacken.

»Jetzt gibt er uns den Fangschuß«, murmelte Wessel geduckt neben ihm. »Oder nicht.«

»Warum nicht. Er kennt keine Gnade.«

»Aber er könnte sich verschossen haben. Er hat den ganzen Nachmittag rumgeballert. Wie wär's mit der Freudenmeldung: Munition alle!«

Vom grellen Licht der tiefen Sonne geblendet, ließ Lützow jeden Mann, der zur Verfügung stand, heraufkommen.

»Schmeißt die Trümmer einfach über Bord«, schrie er. »Los, bewegt euch!«

Er wunderte sich, wie wenig seine Stimme dem wirklichen Gefühl Ausdruck verlieh. Er sah die müden Gesichter der Männer, ihre erschöpften Bewegungen.

Sie holten das Werkzeug an Deck, die hydraulischen Spreizer, die Sägen und arbeiteten fieberhaft. Sie schnitten, schweißten, hämmerten alle zerstörten Teile ab und warfen sie über Bord. Sie meißelten die Trümmer weg, bis der Druckkörper frei lag wie eine meterlange offene Wunde.

Von Zeit zu Zeit hörte Lützow im Innern die Stimme seines Leitenden Ingenieurs.

»Horchanlage defekt. Sender ausgefallen. Backborddiesel unklar, Boot weiterhin tauchunklar.«

Immer ausdrucksloser wurde Lützows Gesicht.

»Laßt euch Zeit, Leute«, sagte er beherrscht. »Ruhe bewahren, bald wird es Nacht.«

Offenbar wußte Brandenburg drüben auch nicht, was er als nächsten Schritt tun sollte. Nicht, daß Lützow Angst davor hatte oder auch nur Nervosität zeigte, er mußte seinen Leuten Vorbild sein, aber ein lähmendes Gefühl erfaßte ihn, als sehe er, wie in einem Film, was in den nächsten Minuten kommen würde.

Er blickte auf die Uhr. Seit dem Auslaufen war fast eine Stunde vergangen. Plötzlich schrak er zusammen. Stotternde heiße Stöße und im Wasser gurgelnde Auspuffgase durchbrachen die Stille. Der Steuerborddiesel war angesprungen.

Mit verschmiertem Gesicht, aber lächelnd, erschien der Kopf von Behrens im Turmluk.

»Boot klar!« meldete er erleichtert und streckte den Daumen aus der Faust.

Die Aufräumungsarbeiten an Deck waren soweit beendet. Rahn trimmte das Boot neu. Lützow ließ alle einsteigen. Ein Zentralmechaniker dichtete noch das Turmluk ab.

»Tauchen!« befahl Lützow. »Nichts wie runter in den Keller.«

Behrens riß die Entlüftungen. Die entweichende Luft gab ein zischendes Geräusch von sich. Lützow starrte auf die Tiefenmesserskala. Im Papenberg, dem Feinmeßgerät, kletterte die Säule. Zehn . . . fünfzehn . . . zwanzig Meter.

Er wandte sich an den Obersteuermann.

»Wie weit können wir runter, Klein?«

»Bis siebzig. Tiefe rasch zunehmend.«

Lützow saß auf der Kartoffelkiste. Er fühlte, wie sein Körper steif wurde.

Sie kamen rasch bis zur Hundert-Meter-Linie. Dort ließ Lützow das Boot auf Grund legen.

»Alle Maschinen abschalten. Absolute Ruhe. Horcher aufpassen!«

Sie warteten.

»Gegner hat noch nicht getaucht«, meldete der Horchraum. »Läuft mit Diesel. Er sucht uns.«

Brandenburgs Monsunboot fuhr in einem Kreis, der spiralig immer enger wurde, bis er ihre Position hatte.

»Jetzt geht es uns wie gestern ihm«, sagte Lützow, »er hat unsere Ölspur.«

Dieses quälende Warten. Was sollte er tun. Mit einem Mal kam er sich sehr alt vor. Er glaubte zu wissen, was sterben war, ohne es je erlebt zu haben.

Während droben Brandenburg immer näher kam, löste Lützow das Boot vorsichtig vom Grund und lief mit Schleichfahrt nach Westen in Richtung tiefere See ab.

»Wir stoßen einen Bold aus«, sagte er zu Rahn.

Der Bold war ein Gerät, welches das Vorhandensein eines U-Bootes vortäuschend den Gegner irreleiten sollte.

Der Bold wurde durch Torpedorohr-1 gesetzt.

»Jetzt taucht er ebenfalls«, meldete der Horchraum, »bläst aus. Schraubengeräusch in hundertzehn. E-Maschinen.«

Lützow ging auf 130 Meter. Flüsternd wandte er sich an den Tiefenrudergänger.

»Langsam auf hundertfünfzig.«

Dem Horchgerät konnten sie entnehmen, daß Brandenburgs U-Kreuzer ständig die Tiefe wechselte. Zweifellos war auch das große Boot instabil und nicht voll manövrierfähig. Lauernd umkreisten sie sich wie angeschlagene Kämpfer, versuchten sich gegenseitig zu orten.

Brandenburg lief jetzt mit kleinstmöglicher Unterwasserfahrt, um das Boot gerade noch auf Tiefe steuern zu können.

»Gleich löst er einen Viererfächer«, fürchtete Rahn.

Beklemmende Pause. Nur Kondenswasser tropfte, sonst kein Laut.

»Er holt noch mal Luft.«

»Hoffentlich schießt er auf den Bold.«

Ein Bold war auch in der Lage, die Geräusche eines U-Bootes zu imitieren. Aber Brandenburg kannte den Boldtrick.

Tatsächlich vernahmen sie Sekunden später das Ausstoßen von Torpedos. Lützow schlug einen Haken.

»Hart Backbord. Beide E-Maschinen AK.«

Zugleich nahm er erneut Tiefenänderung vor.

Die Torpedos schnürten hörbar vorbei und detonierten in der Ferne irgendwo am Strand. Es löste Erleichterung mit Durchatmen aus.

Danach herrschte erst einmal Stille.

Lützow versuchte sich in die Gedanken seines Gegners hineinzuversetzen. Brandenburg würde es wohl ebenso tun.

Irgendwo im Boot fiel ein Werkzeug klirrend auf die Flurplatten.

»Zum Teufel, paßt doch auf!« fluchte Lützow ungewohnt scharf.

Weitere Minuten vergingen. Ohne Reaktion.

»Was macht er?« fragte Lützow Richtung Horchraum. »Wo steht er?«

Mit den Kopfhörern auf den Ohren zermarterte der Horcher sein räumliches Vorstellungsvermögen.

»Er läuft wieder an, Käptn!« rief er plötzlich.

Lützow ließ die E-Maschinen stoppen, dann erneut AK laufen. »Er hat kein anderes Mittel mehr«, beruhigte er die Männer in der Zentrale. »Zum Auftauchen kann er uns nicht zwingen, also wird er uns wohl durch einen Rammstoß vernichten.«

Diese großen IX-D-2-Boote für den Fernosteinsatz verfügten über einen speziell gepanzerten Eisbug für Fahrten im Treibeis antarktischer Gewässer. Das wußte Lützow. Also kurvte er wie eine Achterbahngondel und wechselte die Tiefe. Aber der Gegner war nicht abzuschütteln. Brandenburg mußte über einen exzellenten Ortungsspezialisten oder ein moderneres Sonar verfügen.

»Gegnerabstand vierhundert«, meldete der Horchraum, »bleibend.« Und wenig später: »Gegner dreht auf uns zu. Höchste Maschinendrehzahl.«

Der zweitausend Tonnen schwere U-Kreuzer konnte sie glatt in den Grund bügeln. Es war schon gespenstisch.

Der Entschluß fiel Lützow schwer, aber nun mußte er sein letztes Abwehrmittel, den überlegenen amerikanischen Radartorpedo, den SA-T, einsetzen. Dabei war ihm, als würde er einen nackten Wilden, der nur Pfeil und Bogen führte, mit einer Maschinenpistole abknallen. Aber er hatte keine andere Wahl.

Der SA-T steckte im Heckrohr. Lützow drehte wenige Grad.

»Der beste Torpedo ist der, den man vermeiden kann. Tut mir sorry, Herr Admiral.«

Dann schoß er ihn, so gut er konnte, in die ungefähre Richtung des Gegners ab.

»Feuer!«

»Torpedo läuft!‹

»Bitte mit Gottes gnädigem Daumen.«

Sie warteten gespannt, blickten auf die Stoppuhren. Das Monsun-Boot preschte auf sie zu. Lützow schwenkte mit *U-136* schräg abwärts. Der Gegner schwenkte mit. Er war schon gefährlich nahe. Distanz etwa hundertfünfzig Meter.

Brandenburg hatte sie im Visier. Bei AK überwand er eine Kabellänge in einer Viertelminute. Und davon war die Hälfte jetzt um. In letzter Sekunde traf der Torpedo.

Es war wie ein mittlerer Weltuntergang. Brandenburg hatte der überlegenen Technologie nicht entkommen können.

Nach der extrem starken Detonation, die auch *U-136* erschütterte, es hin und her warf, das Licht verlöschen, Gläser bersten ließ, tauchten sie auf.

»Frage: Wassereinbruch?«

»Alles dicht, Käptn.«

Droben war jetzt Tropennacht. Mit dem Scheinwerfer suchten sie die schwarze dunkle See ab. Sie sichteten treibende Trümmer und aufgeplatzte Leichen. Der Tod hatte im Wasser eine blutig-rote Spur hinterlassen. Die Körper der Toten schimmerten weiß. Schon waren die Haie da und umkreisten sie.

»Kaum ein Malaysier dabei«, sagte einer. »Alles europäische Gesichter.«

»Deutsche U-Boot-Männer. Die alte Besatzung.«

Sie suchten bis 22 Uhr. Doch was sie suchten, fanden sie nicht.

»Wo zum Teufel ist er, der Admiral?«

Brandenburg war nicht dabei, obwohl er sich ein zweites Mal gewiß nicht aus einem sinkenden U-Boot hatte retten können.

»Solange ich ihn nicht tot sehe, sind wir ihn nicht los«, fürchtete Lützow, »ein verdammt harter Johnnie.«

»Aber irgendwie war dieser Brandenburg auch ein elendig frecher Hundesohn«, bemerkte Wessel fast anerkennend.

Sie drehten auf die Küste zu. Noch einmal passierten sie die enge Einfahrt des Kalkriffs.

»Jetzt hat Reserve Ruh«, sagte Rahn fast feierlich.

»Aber ohne uns wäre das zwanzigste Jahrhundert völlig trostlos«, ergänzte Wessel, der ja immer das letzte Wort haben mußte. Sie holten die alte Zarah-Leander-Platte hervor. Sie hatte einen Sprung.

»Ich weiß« – knacks – »es wird einmal« – knacks – »ein Wunder geschehn« – knacks – »und dann werden« – knacks – »alle Wünsche wahr«, sang sie.

Wieder auf der *Pazific Sun* meldete Lützow, obwohl zu Tode erschöpft, ein Ferngespräch nach Kalifornien an.

Bis es kam, nahm er sich den russischen Chemiker noch einmal vor. Er füllte ihn mit Wodka und quetschte ihn aus. Es war schon nach Mitternacht, als Lützow endlich die Stimme von Admiral Rickover in der Marineoperationsabteilung hörte. »Es ist vorbei, Admiral«, meldete er mit trockenen Worten, »endgültig finito.«

»Habe Ihren Funkspruch erhalten und verstanden«, bestätigte Rickover. »Achttausend-PS-Hochseeschlepper ist unterwegs. Fallschirmspezialisten und Einheiten der Siebten Flotte laufen aus dem Golf von Siam mit Höchstfahrt Ihre Position an. Diplomatische Verwicklungen sind uns diesmal scheißegal.

Wegen S. M. H., wegen Senator Mortimer Harvey also, habe ich Sie da richtig verstanden, Admiral Lützow?«

»Beförderung zur Kenntnis genommen. Wichtiger ist, daß ihr euch den Senator schnappt«, forderte Lützow, »aber ohne Samthandschuhe.«

»Das ist nicht so einfach. Wir brauchen dazu nicht nur wasserdichte Beweise, sondern welche aus Stahl, fest wie die Washingtonbrücke. Außerdem ist Harvey unterwegs nach Europa.«

»Das ist der Beweis«, bekräftigte Lützow, »nach Aussagen eines Russen trifft er sich in der Schweiz mit den Abnehmern seiner Ware, die er noch zu haben glaubt. In Genf soll die Geldübergabe stattfinden.«

»Und wann?«

»Das war nicht zu eruieren.«

»Leider ist die Schweiz neutral«, bedauerte Rickover.

»Euer Problem. Dann müßt ihr eben ein Arrangement mit den Eidgenossen treffen, Ricky.«

»Wir werden uns was Hundsgemeines ausdenken, Admiral Lützow. Und danke für alles.«

# 29

Vor dem Flughafen Genf Cointrin beobachteten CIA-Agenten eine dunkelgrüne Wolga-Limousine. Der Wagen führte CD-Schild und eine Nummer, die der sowjetischen Botschaft zugeteilt war.

Die Schweizer Sicherheitspolizei wurde hinzugerufen. Sie kontrollierte die Ausweise der Russen. Zwei ordnungsgemäße Diplomatenpässe. Dann durchsuchten sie den Wagen, obwohl die Russen es zu verhindern suchten.

Die Russen weigerten sich, den Kofferraum zu öffnen. Also hebelten ihn die Schweizer auf und fanden zwei Koffer, zwei Samsonites, vollgestopft bis obenhin mit Geldbündeln.

Mehrere Millionen Schweizer Franken und Dollars.

»Damit verstoßen Sie gegen die Devisenordnung«, entschieden die Schweizer Beamten.

»Wir haben diplomatische Immunität«, erklärten die Russen daraufhin.

Die Schweizer Beamten behielten die Pässe ein und sagten trocken: »Jetzt nicht mehr, meine Herren.«

Zu diesem Zeitpunkt befand sich ein Dienstreiseflugzeug der US-Regierung, eine DC-3, unterwegs von Frankfurt in die Schweiz. Über Funk wurde der Pilot verständigt und angehalten, nicht in Genf Cointrin zu landen. Er sollte zur amerikanischen Luftbasis Oberrammstein in der westdeutschen Pfalz umkehren und dort landen. Möglichst so, daß die Passagiere nichts davon merkten.

Siebzig Minuten später setzte der Pilot die zweimotorige Douglas auf der US-Basis auf.

Kaum war das Flugzeug ausgerollt, stürmten es Männer einer Spezialeinheit.

Mit dem Passagier hatten sie einige Mühe, obwohl es nur

einen einzigen gab. Senator Mortimer Harvey protestierte und wehrte sich energisch. Er befahl dem Piloten, sofort wieder zu starten. Doch es nutzte ihm wenig. Das Cockpit war leer. Die Marins bändigten ihn, fesselten seine Arme mit Handschellen auf den Rücken.

Harvey schrie den Offizier des Kommandos an. Er tobte geradezu. »Wissen Sie überhaupt, wer ich bin? Ich bin der Chefberater des Präsidenten. Vorsitzender des staatlichen Sicherheitsrates.«

»Sorry, Sir«, sagte der Captain, »ich habe meine Befehle.«

Admiral Lützow übergab den Navy-Einheiten den Atomfrachter *Pacific Sun*. Besonders legte er ihnen die Wissenschaftler, den russischen Chemiker und auch die Baronesse von Königsau ans Herz.

Rahn beauftragte er damit, *U-136* auf der nächsten Werft der US-Navy so weit wiederherstellen zu lassen, daß eine Rückführung nach Europa technisch möglich war.

»Und wohin nach Europa?« fragte Rahn, der wie immer und in allem auf Nummer Sicher gehen wollte.

»Das weiß Obersteuermann Klein«, sagte Lützow. »Bringen Sie es dorthin, wo es herkommt. An die bretonische Küste, die Bucht von Lorient hinauf, wo wir es geklaut haben, und machen Sie es dort fest.«

Der Kommentar von Wessel dazu lautete: »Was braucht ein Mann mehr als ein Boot und die See und die Liebe, den Wahnsinn, den Suff, den unehelichen Beischlaf, den Papst und den Puff.«

Mit einer Linienmaschine der PanAm flog Lützow von Singapore über Manila und Hawaii hinüber nach Kalifornien. Er nahm Judith mit nach Hause, um sie dort zu beerdigen.

Sie lag im Laderaum der Constellation in einem zugelöteten Zinksarg. Allein und tot.

An der Bestattung auf einem Friedhof nahe San Diego

nahmen eine Menge Trauergäste teil. Die Freunde von Judith, die Verwandten Rothild aus New York, Eleanor Roosevelt aus Washington, Kollegen vom Hospital. Danach blieb Admiral Rickover noch auf einen Drink bei Toni Lützow.

»Mit Senator Harvey, das war ein haarscharfes Spiel«, berichtete er, absichtlich den tragischen Tod von Judith nicht erwähnend. »Es stand auf Messers Schneide. Der Präsident war entsetzt, wollte ihm aber die Treue halten. Sie kennen doch die alten Kommißköpfe. Und wir hatten ja nichts, keine Fingerabdrücke, kein Aktenmaterial, kaum Beweise. Nur die Aussage dieses Russen. Aber jetzt ist er endlich weich geklopft, der Herr Senator. Nach zweiundsiebzig Stunden Verhör brach Harvey zusammen. Er hat ausgepackt und die Anschuldigungen zugegeben. Aber was für ein Jammer. Was für ein armer Junge, der doch nur mal ans große Geld wollte.«

»Und an die große Macht«, ergänzte Lützow.

»Uns kamen die Tränen«, führte Rickover weiter aus. »Er hatte alles für eine Absetzbewegung organisiert und sich in Spanien bereits eine Finca gekauft. Jetzt redet er sich darauf hinaus, daß ihm angeblich am Kräfteausgleich zwischen Ost und West lag. Am Weltfrieden also. Zugleich verübelte er seiner Partei, daß sie ihn nicht als Präsidentschaftskandidaten nominierte. Aus Rache wollte er die Panne mit dem H-Bomben-Frachter der Administration in die Schuhe schieben. Dabei hatte er ganz andere Pläne entwickelt. Durch CIA-Informationen, die ihm zugänglich waren, wußte er, daß Brandenburg in Malaysia aufgetaucht war. Das kam ihm sehr gelegen. Er nahm Kontakt mit ihm auf, und sie drehten ihr großes Rad. Mit Brandenburg und seinem Boot hätte Harvey notfalls die Bomben und das Giftzeug nach Wladiwostock, Tokio oder auch nach Shanghai transportiert. Verkauf an den Meistbietenden. Andererseits hatte er eine krasse Abneigung gegen Sie, Toni, und wollte Sie vernichten. Er baute Sie in das infame Spiel ein und brachte Sie in Singapore in Schwierigkeiten. Gewiß hätte er nichts dagegen gehabt, wenn Sie später, im Duell der Admirale, umgekommen wären. Soweit die Story von Gentleman Harvey. Nur dieser Brandenburg ist mir nach wie vor ein Rätsel. Was wissen Sie über ihn?« Lützow erzählte aus den Kriegsjahren und was ihm die Baronesse noch berichtet hatte.

»Aber wie kam Brandenburg zur Piraterei?«

»Durch seine Verbindungen zur einflußreichen malaysischen Mafia wurde er aus dem Gefangenenlager herausgeholt. Sie sagten ihm, wie er zu einem Vermögen kommen könne. So übernahm er das Monsunboot mit Teilen der alten Besatzung. Im Laufe der Jahre machte er große Beute, die er mit den Clans teilte. Senator Harvey, der von Brandenburgs Rolle erfuhr, setzte ihn wohl unter Druck, damit er bei seinem Plan mitspielte. Vermutlich drohte Harvey ihn bei der Regierung des Malaysischen Bundes als Kriegsverbrecher anzuzeigen und ans Messer zu liefern. So stieg Brandenburg bei dem *Pazific Sun*-Unternehmen ein.«

»Und wenn er nicht gestorben ist, lebt er noch heute«, bemerkte Rickover nach einem tüchtigen Schluck Bourbon.

»Davon können Sie ausgehen«, pflichtete ihm Lützow bei.

»Wovon?«

»Keiner steht zweimal von den Toten wieder auf, Admiral.«

»Darauf noch mal. Cheers! Übrigens noch eine Neuigkeit, sie betrifft Senator Harvey. Der Staatsanwalt kam in seine Zelle wegen des Geständnisprotokolls und sagte: ›Ich habe eine Anklageschrift von tausend Seiten zusammengestellt. Das kostet Sie die Höchststrafe, Mister Harvey.‹ Harvey lachte ein wenig irre und antwortete: ›Das sitze ich mit links ab. Bei guter Führung kriege ich Drittelerlaß.‹ Daraufhin der Staatsanwalt: ›Sie irren Sir, wir begnadigen keinen, den wir liquidieren wollen.‹ In der Nacht hat sich Harvey in der Zelle erhängt.«

»Hochanständig von ihm«, bemerkte Lützow, »ein beinah ehrenhaftes Verhalten.«

»Well, es war das Beste, was er für Amerika tun konnte. Seine erste anständige Handlung. Noch mal cheers!«

Konteradmiral Lützow trat einen längeren Urlaub an.

Er nahm den vom vorletzten Jahr, den vom letzten Jahr und den für die nächsten zwei Jahre. Die Trauer um Judith ließ ihn nicht los. Er wurde nicht damit fertig, konnte es nicht überwinden. Erst recht nicht in dem großen Haus, wo er mit ihr gelebt hatte.

Einmal, morgens, als er erwachte, allein in dem Bigbett, und als die Frühsonne auf sein Lieblingsbild schien, kam ihm der Chirico verändert vor. Es war das gleiche Gemälde, das ›Metaphysische Interieur‹, und doch war es anders. Die Farben wirkten frischer, natürlicher.

Lützow stand auf, um es näher zu betrachten, um zu erfahren, woran es lag. Schließlich fand er die Erklärung. In der Ecke unten links stand: Chirico pinxit 1917. Das Bild war signiert. Also das Original.

Es gab nur eine Möglichkeit. Judith hatte es gefunden und gekauft, um ihn nach seiner Rückkehr damit zu überraschen. Tragischerweise war es anders gekommen. Jetzt war es ein letzter Gruß von seiner Geliebten.

Seine Kehle schnürte sich zusammen. Als er so dastand und ihn der Schmerz überfiel, brach ihm noch einmal das Herz. Verstohlen wischte er sich das Feuchte aus den Augen. Am selben Tag noch trat er eine Art Flucht an.

Wochenlang fuhr er im Land herum, soweit er es noch nicht kannte. Dabei besuchte er mehrere Ranches, die zum Verkauf standen. Immer noch folgte er seinem großen Jugendtraum und fand schließlich ein Objekt an einem Fluß in einem grünen Tal.

Die Ranch lag nordöstlich von Hollywood. Vom großen Herrenhaus im Atlanta-Stil war das Meer zu sehen. Der Besitz eignete sich zu allem. Es gab Weiden für das Vieh, man konnte Pferde züchten oder Schweine mästen. Sogar die Möglichkeit von Obst- und Weinanbau ergab sich.

Doch von Pampelmusen und Ananas verstand Lützow nicht allzuviel. Auch nichts von vergorenem Traubensaft. Also ließ er sich Zeit damit.

Die Ranch, mit allem versehen, kostete einskommasechs Millionen Dollar. Aber Judith hatte ihm noch eine Kleinigkeit hinterlassen. Für Wiedergutmachung und Entschädigung, daß die Nazis das Bankhaus ihres Vaters enteignet hatten, überwies das Finanzministerium in Bonn eine zweistellige Millionensumme als erste Rate.

Die Hälfte davon würde er in eine Stiftung gegen die Not von Waisenkindern einbringen. So wie Judith das gewollt hatte.

Im Herbst erfuhr Lützow, daß *U-136* wohlbehalten Lorient erreicht hatte.

Der Besatzung war das vertraglich zugesicherte Honorar bezahlt worden. Für jeden ein guter Start in diesen schweren Nachkriegsjahren. Speziell hinter Rahn und Wessel waren die Reporter her. Es gelang ihnen aber nicht, das Geheimnis dieser Reise zu enträtseln. Sie stießen auf eine Mauer des Schweigens.

Einer der Reporter bedrängte Wessel besonders.

»Sie unterliegen doch keinem Soldateneid«, betonte er mehrmals.

Hinten in der Wohnung tänzelte eine nackte rothaarige Person vorbei.

»Ist was, Darling?« rief sie.

»So gut wie fast gar nichts«, antwortete Wessel.

Da der Reporter ihn weiter bedrängte, erklärte Wessel: »Stimmt, ich habe nicht noch einmal einen Meineid geschworen, gab aber Freunden mein Wort. Außerdem habe ich im Moment null Lust, mit Ihnen zu reden. Also laßt dem Kind gefälligst seinen Luftballon. Und außerdem habe ich, sofern Sie gestatten, jetzt etwas Besseres vor.«

Erstaunlicherweise fiel ihm dazu kein Witz ein. Nicht mal ein alter.

Er ließ den Reporter stehen und schlug die Tür zu.

Im Herbst bekam Lützow in San Diego Besuch.

Ein Taxi war vorgefahren. Wenig später standen sie bei ihm in der Wohnhalle. Eine Frau und ein etwa dreizehnjähriger Knabe. Es war die Baronesse von Königsau, verwitwete Brandenburg.

Sie äußerte nicht den Wunsch, über vergangene Dinge zu sprechen.

»Man soll nicht in alten Sachen stöbern. Das Vergangene muß begraben sein«, sagte sie.

Gekommen war sie nur, um an Judiths Grab einen Strauß Rosen niederzulegen.

Der Knabe schien Sigurd Brandenburg wie aus dem Gesicht geschnitten. Er hieß auch Sigurd. Nur seine Züge waren weicher und seine Augen verträumt.

Während er an seinem Orangensaft nippte und die Eiswürfel darin lutschte, fragte Lützow seine Mutter: »Was haben Sie vor, Dorothea?«

»Es war schwer genug, für Amerika ein Visum zu bekommen. Aber offenbar lautete ihr Bericht günstig, und wir hatten auch einen Fürsprecher. Wir werden hier völlig neu beginnnen.«

»Und der Junge?« fragte Lützow.

»Vielleicht bringe ich ihn irgendwo in Texas unter. Er schwärmt davon, Cowboy zu werden. Er hat richtiges Bauernblut.«

Lange dachte Lützow nach. Schließlich sagte er: »Ich habe eine Ranch droben bei Santa Maria. Da müßte eine tüchtige Hausfrau mal nach dem Rechten sehn. Es gibt zwar einen Verwalter, aber Anordnungen sind gut, Kontrollen jedoch besser. Wenn Sie möchten, können Sie eine Weile dort bleiben.«

Mutter und Sohn bedankten sich herzlich für dieses Angebot. Schon im Gehen fragte Dorothea von Königsau: »Sieht man sich noch einmal wieder, Admiral?«

»Ich komme gelegentlich vorbei«, deutete er an. »Wohin gehen Sie jetzt, heute meine ich?«

»Wir wissen es nicht, Admiral, wir haben kein festes Ziel.«

Er zögerte kurz.

»Kein festes Ziel. Ich auch nicht. Na schön, dorthin fahren wir jetzt.«

Er eilte zurück ins Haus und holte die Autoschlüssel.

## 30

Im Sommer des Jahres 1958 unterquerte das erste Atom-U-Boot der Welt die Eiskappe des Nordpols. Die *Nautilus* tauchte nördlich von Alaska unter und beim Verlassen des Eises bei Grönland wieder auf. Nur ein einziges Mal streckte sie ihren Turm aus dem Wasser, als sie die Eiskappe über dem Punkt Null, dem Nordpol, durchbrach. Das war am 3. August, dreiundzwanzig Uhr fünfzehn Minuten.

Admiral Toni Lützow, der als Kommandant für diese Unternehmung vorgesehen war, trat von der Aufgabe zurück. Dies in der ehrenvollen Absicht, einem Amerikaner, nämlich Commander William R. Anderson, den Ruhm zu überlassen.

Inzwischen widmete sich Lützow neuen geheimen Aufgaben, dem Bau einer ganzen Flotte von atomkraftgetriebenen Unterseebooten für Amerika. Als Beitrag zur Stärkung der NATO und für die Sicherheit des Westens.

Als Hinweise auf besondere Ereignisse dienten:
Prien, Günther: Mein Weg nach Scapa Flow.
Guenter, C. H.: Das letzte U-Boot nach Avalon.
Dokumentation: U-Boot Tracking Room der Admiralität London.

Bitte beachten Sie
die folgenden Seiten

## *Ali Cremer's Lebensgeschichte*

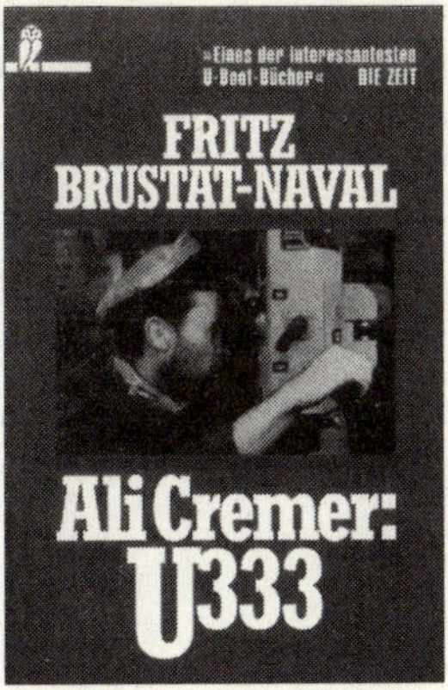


In diesem packenden Bericht wird die authentische Lebensgeschichte des U-Boot-Kommandanten Peter E. Cremer geschildert, der unter dem Namen »Ali« die U-Boote U-152, U-333 und U-2519 kommandierte. Cremer und seine Mannschaft stehen hier exemplarisch für die rund 40 000 Mann Besatzung der 820 deutschen U-Boote, von denen 781 Boote und 30 000 Männer nicht zurückkehrten. Das Buch gibt alle dokumentarischen Details ihrer Feindfahrten wieder.

Fritz Brustat-Naval
**Ali Cremer: U-333**
400 Seiten
Ullstein TB 35423

*Ullstein Taschenbuchverlag*

# *C. H. Guenter bei Ullstein*

C. H. Guenter
**Kriegslogger-29**
Den letzten fressen die Haie
Roman
176 Seiten
Ullstein TB 24304

**Das letzte U-Boot nach Avalon**
**Band 1:**
Einsatz im Atlantik
Roman
256 Seiten
Ullstein TB 23925

**Band 2:**
**U-136 in geheimer Mission**
Roman
320 Seiten
Ullstein TB 23926

*Ullstein Taschenbuchverlag*